SÉ LAS MANOS Y LOS PIES DE CRISTO

Autor *bestseller* internacional y del *New York Times*

NICK VUJICIC

SÉ LAS MANOS Y LOS PIES DE CRISTO

ORIGEN

Título original: *Be the Hands and Feet*

Esta traducción se publica según acuerdo con WaterBrook, sello editorial
de Crown Publishing Group, una división de Penguin Random House LLC.

Primera edición: agosto de 2018

© 2018, Nicholas James Vujicic

© 2018, Penguin Random House Grupo Editorial USA, LLC.,
8950 SW 74th Court, Suite 2010
Miami, FL 33156

Traducción: María José Hooft
Adaptación del diseño de portada de Kristopher K. Orr:
Penguin Random House Grupo Editorial
Foto de portada: Mike Villa

Todas las citas bíblicas, a menos que se indique lo contrario, han sido tomadas
de la *Santa Biblia, Nueva Versión Internacional*®, NVI® Copyright © 1986, 1999,
2015 por Biblica, Inc.® Usada con permiso. Todos los derechos reservados
mundialmente. Otra versión utilizada es la *Santa Biblia, Nueva Traducción Viviente*
(NTV) © Tyndale House Foundation, 2010. Todos los derechos reservados.

ISBN: 978-1-947783-13-3

Impreso en Estados Unidos – *Printed in USA*

Penguin
Random House
Grupo Editorial

Quisiera dedicar este libro a la memoria de mi padre, Boris Vujicic, quien partió al hogar celestial el 14 de mayo de 2017.

He peleado la buena batalla, he terminado
la carrera, me he mantenido en la fe.

—2 TIMOTEO 4:7

CONTENIDO

Introducción 13

PRIMERA PARTE:
DEJA QUE TU LUZ BRILLE

1. Llamado a servir.............................. 19
2. Respondiendo preguntas...................... 41
3. El evangelio en casa........................... 73
4. Fruto delicioso 93
5. Listo para usar 117

SEGUNDA PARTE:
ARMAR EL EQUIPO

6. Bienaventurados sean los mentores 145
7. Servir como un ejemplo de cristiano 155
8. Aliados para el evangelio 167
9. La gran carpa de Dios 183
10. Aventuras en la fe............................ 209

TERCERA PARTE:
TERMINAR BIEN

11. Mi padre, un ejemplo de vida 241
12. Pase lo que pase 265

Predicar el evangelio.............................. 285
Agradecimientos.................................. 291

Si Dios puede usar a un hombre sin brazos ni piernas para ser sus manos y sus pies, entonces ¡ciertamente, usará cualquier corazón dispuesto!

—NICK VUJICIC

INTRODUCCIÓN

Cristo no tiene cuerpo, sino el tuyo.
No tiene manos o pies en la Tierra, sino los tuyos.
Tuyos son los ojos con los que ve
la compasión en este mundo.
Tuyos son los pies con los que camina para hacer el bien.
Tuyas son las manos con las que bendice todo el mundo.

—Atribuido a Santa Teresa de Ávila,
"Cristo no tiene cuerpo".

Probablemente, el primer pensamiento que te venga a la mente al tomar este libro en tus manos sea: "¿Cómo puede una persona que nació sin extremidades considerarse las manos y los pies de Jesús en la Tierra?"

Estoy de acuerdo, sin dudas, en que es una buena pregunta. Yo mismo me la he hecho muchas veces mientras iba creciendo. ¿Qué propósito podría tener Dios para un hombre sin extremidades?

La cita anterior de Santa Teresa de Ávila tuvo un gran impacto en mi vida, como podrás imaginar. Sus palabras sirvieron como uno de los muchos escalones que tuve que subir en la búsqueda de mi propósito como orador motivacional y ejemplo a imitar como un cristiano que transmite su fe a otros. No puedo hacer de todo, pero hago todo lo que puedo para impulsar a la gente a llenar la casa de Dios. Eso es lo que se supone que debemos hacer como cristianos.

13

La verdad en torno a quiénes somos radica en la manera en que vivimos el día a día. Si quieres influenciar a otros, lo más importante que puedes hacer es ser un ejemplo viviente de los principios, los ideales y la fe que defiendes. Esto afecta, en especial, a los cristianos. La mejor manera de transmitir tus valores a otros es viviendo de acuerdo a tu fe cuando estás bajo presión, cuando llegan los desafíos y cuando la vida parece estar acumulando una dificultad tras otra. Los que te rodean, miran y toman nota de cómo reaccionas en los momentos más duros de tu vida. Observan la forma en que amas y tratas a los demás. Juzgan tu sinceridad por la manera en que te conduces, y si es que, en efecto, vives lo que dices cuando los días oscuros asoman.

En parte, la sabiduría consiste en saber cuándo reaccionar con fuerza y cuándo dejar que las cosas pasen. No se trata de poner buena cara o de fingir una sonrisa de acero, o de ser positivo para aparentar. Se trata de sacar las fuerzas de lo profundo de tu ser y, en vez de andar vagando en la desesperación, dar un paso a la vez, en una dirección positiva.

He escrito y hablado muchas veces sobre los desafíos que he enfrentado en mi vida, porque en mi nacimiento falté al reparto de extremidades. Al describir mi vida, mencioné el tema de mi temprana crisis de fe, mi desesperanza y depresión —las cuales me llevaron a intentar el suicidio—, y cómo, finalmente, llegué a entender que yo no era un error de parte de Dios, sino que él, de hecho, tenía un plan y un propósito para su hijo "perfectamente imperfecto".

La historia de mi vida ha sido bien documentada en mis libros anteriores, en el libro que escribió mi padre acerca de mi crianza, y en cientos de charlas y videos. En este libro trato sobre importantes acontecimientos más recientes —y algunos sustos— en mi vida. Pero es más sobre la *obra de mi vida*, cómo encontré mi llamado a ser las manos y los pies de

Jesús en la Tierra, cómo algunos desafíos recientes han afirmado y fortalecido ese llamado, y cómo creo que tú y yo podemos expandir nuestra influencia y llevar más hijos a Dios, viviendo nuestra fe e inspirando, amando y sirviendo a otros.

En un principio pensé en ponerle el título *Aventuras en la evangelización*, pero, desafortunadamente, el término *evangelización* se ha teñido de una connotación negativa con el correr de los años en algunas partes del mundo. Lo sé. Muchas personas se han visto desilusionadas por cristianos demasiado fervientes que, probablemente, tenían buenas intenciones, pero hicieron un acercamiento muy poco estratégico. Quizás se toparon con gente que los presionó o que estuvo más preocupada por llevar a cabo sus propios planes en vez de enfocarse en los sentimientos y pensamientos de aquellos a quienes se acercaban.

Yo creo que todos los cristianos tenemos la responsabilidad de compartir nuestra fe y llevar a otros a Cristo. Sus seguidores somos, después de todo, "pescadores" de hombres y mujeres. No podemos, simplemente, ser pasajeros de un barco. Tenemos que echar nuestras redes, porque hay un océano de gente que precisa el poder redentor del amor de Dios. Tengo la esperanza de que este libro te inspire a encontrar tu propia forma de hacerlo, en una manera que se adapte más a tu personalidad y sirva mejor a nuestro Padre celestial.

Hay muchos orando por *avivamiento*, otra palabra que en verdad se ha usado en exceso, particularmente en los Estados Unidos y otras partes del mundo occidental. Pero ¿cómo luce un avivamiento? Yo, personalmente, deseo cumplir el mandato de predicar el evangelio a toda criatura y ver a las personas llegar a Jesús, comenzar a tener una relación activa con él, ser transformados día a día y convertirse en verdaderos seguidores suyos.

Muchos esperan un movimiento, cuando, en realidad, la única cosa básica que Dios nos dijo que hiciéramos —contarles a los demás que él vive— no siempre la hacemos. Decimos: "Dios, muévete". Pero Dios dice: "Me moveré a través de ti cuando tú te muevas".

PRIMERA PARTE

DEJA
QUE TU
LUZ BRILLE

1

LLAMADO A SERVIR

Definitivamente, no siempre pensé que fuera las manos y los pies de Dios, ni me veía como un evangelista que proclamaría las buenas nuevas. De hecho, si bien crecí en una familia con fuertes valores cristianos y con un padre que era pastor laico, debo confesar que, por un tiempo, en el colegio fui parte de los adolescentes que rehuían al "escuadrón de Dios". Yo quería estar a la moda y ser aceptado por todos y, entonces, compartir tu fe a otros adolescentes no era algo considerado muy *cool*.

Tuve que llegar a sentirme cómodo conmigo mismo y con mis creencias antes de poder ser eficaz en compartir mi fe con otras personas. Aun después de aceptar a Jesús como mi Señor y Salvador, no era muy propenso a dar un paso al frente y salvar al resto del mundo. Yo quería ser un jugador de fútbol profesional, pero soy tan bajito que los directivos de la liga decían que nadie podría detenerme. Entonces tuve que buscar una carrera distinta, solo para que fuera justo para los otros muchachos.

Una vez que la opción de jugar para el Manchester United quedó eliminada, no estaba muy seguro de qué hacer con mi vida. Mi papá, un pastor laico, pensó que yo sería muy bueno como contador y, a falta de otras opiniones, le seguí la corriente.

Nunca había considerado que mi fe podría transformarse en mi profesión, porque era un aspecto de mi vida muy íntimo y personal. Nuestra familia de fe era la Iglesia cristiana apostólica del Nazareno, en Keilor Downs, en el estado de Victoria. Mis recuerdos de cuando asistía a la iglesia se centran mayormente en estar con mis padres, mi hermano y hermana, mis tías, tíos y primos. El servicio de adoración era una experiencia bastante social para mí.

Mi padre y mi tío Ivan cantaban como tenor y bajo, respectivamente, en el coro de la iglesia. Como pastores fundadores de la congregación, se sentaban en la primera fila con los otros miembros del coro. Yo me unía a ellos como el percusionista no oficial. Llevaba el ritmo golpeteando mi pie pequeño sobre el himnario, el cual sustituía a la batería. Más tarde me compraron una batería electrónica y, luego, un teclado que podía tocar con mi pie. Me encantaba la música, y esa era una de las partes favoritas de la iglesia para mí. Yo asociaba a Dios con todo lo que amaba hacer.

Mi padre siempre hablaba de Dios de una forma muy personal, y yo incorporé eso también. Parecía que conversaba con Dios todo el tiempo. Él era muy real para mí y siempre estaba cuando lo necesitaba. Dios no era una figura paterna ni un poder vengador, sino que era más como un amigo o mentor anciano y sabio.

Oraba todas las noches, pero no me veía a mí mismo como alguien religioso, ni soñaba con ser pastor. Nuestra familia simplemente vivía la fe. Para mí, ser cristiano era como ser serbio o australiano. Yo no creía que hubiera nada especial en ello y, ciertamente, no me sentía más santo que los demás.

Me sentí culpable por muchos años, porque tuve malos pensamientos cuando los amigos de nuestra familia, Victor y Elsie Schlatter, hicieron una presentación en diapositivas sobre su obra misionera en la salvaje Nueva Guinea. Ellos tradujeron la Biblia al inglés *pidgin* para los nativos y reclutaron a cientos de ellos al cristianismo. Me resultaba difícil creer que hubiera gente que nunca había escuchado de Jesucristo. Yo daba por sentado que todo el mundo lo conocía. Confieso, no obstante, que lo que me produjo la mayor impresión fueron las diapositivas de las mujeres papuanas desnudas. Eso probablemente no fue lo que ellos deseaban que yo recordara acerca de su presentación, pero ¡eh!, yo era apenas un niño y me distraía con facilidad. Especialmente con la señorita Isabell, nuestra maestra de escuela dominical. Ella tenía el cabello rubio y corto, unos ojazos azules y una sonrisa encantadora. Me resultaba muy bonita, y ¡estaba perdidamente enamorado de ella!

Yo no era ningún santo, créeme. Me metí en problemas más de una vez por masticar chicle en la iglesia, y un domingo me atraganté con un caramelo justo antes de que comenzara el servicio. Como nos sentábamos al frente, toda la congregación vio que mi padre me agarró, me puso boca abajo y me palmeó la espalda para desatascar el caramelo atorado.

LA BÚSQUEDA DE RESPUESTAS

Esa no sería la última vez que fui salvado en la iglesia. Otros chicos podían liberar su energía nerviosa durante los servicios jugando con sus pies en el reclinatorio o tamborileando los dedos sobre los bancos. Cuando yo me encontraba ansioso, me iba hasta el último banco de la iglesia y refregaba mi nuca contra la pared de ladrillos. ¡Muy loco, lo sé! Gracias a ese mal hábito, por un tiempo yo fui el más joven de nuestra iglesia en tener una calva.

Era un poco tonto, y también algo ingenuo. Quedé totalmente confundido cuando un inmigrante sudamericano llamado Jesús se apareció en mi clase de primer grado de la escuela.

"¿Por qué te llaman Jesús?", le pregunté, tratando de entender si acaso estábamos en el tiempo final cuando Jesús regresaba como Mesías.

Tenía mis sospechas, porque nuestra maestra de escuela dominical nos había enseñado que cuando el diablo se presentaba, decía que era el Cristo. Yo estaba a la caza de los impostores. ¡Pobre Jesús, mi compañero, que no entendía por qué razón continuaba interrogándolo acerca de su nombre!

Yo me tomaba muy en serio mis clases dominicales. Cuando tenía seis o siete años, después de aprender sobre la segunda venida de Jesús, tuve un sueño acerca del arrebatamiento. En ese sueño, yo visitaba la casa de mis abuelos, que estaba a la vuelta de la iglesia, y veía un montón de ángeles descendiendo y llevándose a las personas al cielo. Vi a uno de los miembros de mi familia ascender y esperé lo mismo para mí, pero nadie vino a buscarme. En mi desesperación y tristeza pensé: "¿Dónde está mi ángel?" Después me desperté, lo cual fue un alivio.

No quería quedarme atrás, así que redoblé mis esfuerzos por tratar de ser un buen niño cristiano. Cada domingo, en la iglesia, el pastor preguntaba si teníamos a Jesús en nuestros corazones, y yo siempre respondía que sí tan fuerte como podía, por si acaso los ángeles estaban escuchando. Nos habían enseñado que para ser cristianos necesitábamos a Dios en nuestras vidas cada día. Yo no tenía miedo de decirle a la gente que iba a la iglesia, pero no éramos tan valientes como para hablar de Jesús con los que no eran cristianos. Se suponía que eso era algo que debíamos guardar para nosotros mismos, mientras amáramos a los demás. No recuerdo haber orado abiertamente por amigos para que aceptaran a

Jesús en sus vidas. Más bien, yo lo hacía en privado, así que ellos nunca se enteraban.

Los únicos evangelistas de los que hablábamos eran misioneros heroicos como los Schlatters, los amigos de mi familia. Victor y Elsie se convirtieron en mis mentores más adelante. Ellos fueron los primeros verdaderos soldados de Cristo en el mundo que yo conocí. Victor era como un personaje bíblico, un hombre grandote de cabello largo canoso y una barba gris más grande que mi cabeza. Ellos hacían que la obra misionera sonara grandiosa a mis oídos. Contaban historias fantásticas sobre la vida en la jungla y sobre gente que tomaba prisioneros a los cristianos porque no les agradaban.

Yo estaba asombrado con ellos. Eran tan exóticos como Indiana Jones fusionado con Billy Graham. En los días de su juventud, mis padres habían considerado ir como misioneros a Nueva Guinea junto con Victor y Elsie. En su luna de miel, incluso visitaron a los Schlatters para echar un vistazo a la obra, pero mi padre dijo que era una vida demasiado salvaje para ellos. A menudo solía imaginarme cómo hubiera sido mi vida si ellos hubieran decidido quedarse allí. Agradezco que se hayan quedado en Melbourne.

UNA VISIÓN SUPERIOR

Así que somos embajadores de Cristo, como si Dios
los exhortara a ustedes por medio de nosotros
(2 Corintios 5:20).

A decir verdad, creo que jamás podría ser misionero, porque los Schlatters eran personas especiales que lograban vivir y salir adelante bajo condiciones extremadamente duras. Aun así, ellos me inspiraron a hacer todo lo posible para ayudar a los pobres en todo el mundo.

Proyectaron sus diapositivas en la pared de la iglesia y ahí se veían todos esos niños desnudos, comiendo lo que parecía ser raíces e insectos. Oramos por ellos y vaciamos nuestras alcancías para ayudar a comprar comida y ropa para ellos. Yo realmente admiraba a Victor y Elsie por dedicar sus vidas a servir como embajadores de Dios.

Estaba en mi preadolescencia cuando escuché una historia muy impresionante sobre un misionero cuyo avión se estrelló en una isla remota en la zona de Papúa Nueva Guinea. Fue tomado cautivo, pero se escapó. Vi una entrevista que le hicieron, donde dijo que hubiera sido imposible para él salir de allí, pero Dios cerró los oídos de sus captores para que pudiera liberarse, tomar posesión de su avión y escapar. La película se llama *Ee-Taow* [Es verdad].

Después leí *El hombre celestial*, del hermano Yun, un evangelista chino, líder del movimiento cristiano de la iglesia clandestina allí. Me identifiqué con las historias del hermano Yun, que fue apresado y torturado por autoridades gubernamentales en China, porque mis padres y abuelos habían tenido que huir de Serbia por la persecución a los cristianos en ese lugar.

El libro de Yun dice que Dios siempre apareció para protegerlo en los peores momentos. Durante su estadía en prisión, el hermano Yun escapó de la muerte en varias ocasiones. Se suponía que iban a colgarlo, pero cuando llegó el momento, el verdugo dijo que estaba muy cansado y que, por alguna razón, se sentía paralizado. Luego le dijo a Yun que él le prometía que no lo matarían en la prisión.

El hermano Yun también cuenta que se escapó de una prisión de máxima seguridad porque escuchó la voz del Espíritu Santo que un día le dijo que simplemente saliera de su celda caminando. Él siguió estas instrucciones y caminó sin ser detenido por los guardias de seguridad; era como si fuera invisible. Aunque muchos alegan que esta historia no suena creíble, el gobierno chino dijo que su huida fue un "vergonzoso incidente".

Era un adolescente cuando leí el libro del hermano Yun y los libros de otro cristiano valiente que me han servido de ejemplo, el exlíder pandillero de Nueva York, Nicky Cruz. Su libro *¡Corre! Nicky ¡Corre!* es un clásico que trata sobre un problemático chico callejero que entregó su vida a Cristo y se convirtió en misionero de otros jóvenes.

La inspiradora película de la década de 1970 acerca de su vida, *La cruz y el puñal*, fue vista por más de cincuenta millones de personas en ciento cincuenta países. Al igual que el hermano Yun, Nicky Cruz soportó muchas tribulaciones, pero Dios intervino cada vez que sus vidas se vieron amenazadas. Él cuenta de cómo tuvo una pistola apuntando a su sien, pero cuando el tirador apretó el gatillo, el arma no disparó y él salvó su vida.

Libros como *El hombre celestial* y *¡Corre! Nicky ¡Corre!*, junto con las historias que contaban los Schlatters, más tarde me infundieron el coraje para dejar la seguridad de mi familia y mi hogar a los diecinueve años y hacer mi primer viaje como predicador cristiano a Sudáfrica. Ellos me enseñaron que no hay otro lugar más seguro que donde Dios te lleva.

Cuando somos jóvenes, la mayoría de nosotros no podemos ver o incluso comprender lo que Dios ha planeado para nuestras vidas. Sin embargo, al repasar ahora lo sucedido —a mis treinta y pico de años y después de haber viajado millones de millas y de haber hablado con millones de personas—, es que puedo ver las influencias y experiencias que me llevaron a seguir su camino.

Tengo que reírme, en especial cuando pienso lo confundido que estaba cuando era niño y mi tío Sam me palmeaba la espalda diciendo: "Un día, Nicky, estrecharás la mano de presidentes".

Ciertamente, no podía verlo en ese momento. Dios debe haber estado susurrando al oído de mi tío, porque he estado con más de una docena de presidentes y jefes de Estado en estos años. Ahora bien, no he estrechado sus manos por razones obvias, ¡pero he abrazado a la mayoría de ellos!

ALENTADORES Y GUÍAS

Como he escrito anteriormente, mis otras influencias siendo adolescente incluyeron al conserje de mi escuela secundaria, el señor Arnold. Por alguna razón, todos lo llamaban el señor Arnold, aunque este era su nombre y no su apellido. De hecho, nunca supe su apellido, pero él siempre estuvo presente cuando lo necesitaba yo o alguno de los estudiantes. Me alentó a hablar abiertamente sobre mis luchas con mis discapacidades y sobre mi fe: al principio, con los compañeros del grupo cristiano que él lideraba y, luego, con otros alumnos y grupos en la región.

En esos momentos, yo no creía ser un evangelista en lo absoluto. Estaba más interesado en romper las divisiones entre la gente y en compartir, únicamente, cómo yo pensaba que no había esperanzas hasta que le permití a Dios ayudarme. Con el tiempo, vi que mi historia de vida inspiraba a otros, especialmente cuando les explicaba cómo finalmente llegué a entender que yo no había sido un error de Dios y que todos somos una creación hermosa y perfecta a sus ojos.

Cuando oí al primer orador motivacional profesional en mi vida, Reggie Dabs, quien dio una charla en mi escuela, logró calmar a casi mil cuatrocientos estudiantes bulliciosos y luego inspirarlos simplemente contando la historia de su vida, que era un mensaje de esperanza: "No puedes cambiar tu pasado, pero sí puedes cambiar tu futuro".

Reggie me mostró que podía hacer una carrera como orador motivacional. A causa de esas veces en que me sentí diferente por mi falta de brazos y piernas, siempre recalqué en mis discursos la importancia de decirles a todos que son hermosos para Dios y que él los ama. Pensaba que eso era algo que todos debían escuchar. Todos somos hermosos, ya que somos creación de Dios.

Incluso cuando comencé a creer en una carrera como orador profesional, mi enfoque se centraba más en el ámbito de la motivación y la inspiración. Sabía que mucha gente no quería oír un mensaje que estuviera basado en la fe, pero como me oían hablar sobre la vida, el amor, la esperanza y la fe en términos generales, se sentían libres de hacer preguntas sobre mis creencias. Incluso en esas situaciones, yo no me veía como un ejemplo de fe para otros cristianos o aspirantes a serlo.

Mi papá tampoco lo veía así. Él me alentaba a hacer una carrera en contabilidad y administración de empresas. Seguí su consejo, pensando que no tenía nada de malo tener un plan B por si el plan como orador no funcionaba.

ENCONTRAR UNA SENDA

Dios apareció muy silenciosamente y me dio un pequeño empujón en dirección a la senda que él había escogido para mí. Me pidieron que en mi tiempo libre fuera maestro voluntario de educación religiosa en mi antiguo colegio de la secundaria. Ellos querían que los recién graduados dieran cuatro clases por semana, hablando acerca de Dios y de la Biblia.

Me encontré frente al público adolescente en mi antiguo colegio, compartiendo mi fe y alentando a otros en sus creencias. Yo no veía este trabajo como un simple proselitismo o reclutamiento de cristianos, pero mirándolo en retrospectiva, fue un buen entrenamiento para ello. Nunca había escrito acerca de esto porque es un tema un tanto escabroso, ya que en ese tiempo había un poco de reticencia dentro de mi propia congregación porque había sido invitado a hablar en otras iglesias de la zona.

En ese entonces la familia de mi iglesia era bastante cerrada. No les gustaba que los miembros de la congregación visitaran otros templos, probablemente porque temían perderlos. Incluso mis padres y algunos parientes me decían que no debería hablar en otras iglesias.

Yo entendía por qué lo decían, pero pensaba que todos los cristianos debían abrazarse, dejar de lado sus diferencias doctrinales y enfocarse en nuestro mutuo amor por Dios. Mi misión era contar mi testimonio para animar a todos a confiar en Dios. Un amigo, Jamie Pentsa, me animó a aceptar invitaciones de toda mi zona, y él se ofreció para conducir y llevarme en su Volvo.

Al principio hablaba ante grupos de jóvenes, dando lecciones de la Biblia que me habían impactado. Esas presentaciones se hicieron tan populares que armé un boletín mensual que distribuía en una lista de correo electrónico. También pude crear mi sitio web para que la gente leyera mis escritos y se comunicaran conmigo si querían que hablara en algún lugar.

Enseguida comencé a recibir más de setenta invitaciones por semana para dar charlas en grupos de estudios bíblicos, eventos juveniles y congregaciones de toda la región.

Esa respuesta favorable me inspiró a grabar un video de mi testimonio. Envié esos primeros DVDs de *Vida sin Extremidades* (*Life without Limbs*) a todos los que lo encargaban en mi sitio web.

Algunos de esos videos llegaron a Sudáfrica, donde un hombre llamado John Pingo lo vio. Me contactó y me ofreció armar una gira de conferencias en todo el país. Ese viaje, sobre el que mis padres tenían tantas reservas, marcó el comienzo de mi alcance internacional, el cual, hasta la fecha, me ha llevado a más de sesenta naciones del mundo. A medida que se presentaban las oportunidades, Dios tocaba a otros amigos, primos, tíos e incluso a mi hermano, para llevarme a esos lugares, sirviendo como cuidadores, ayudándome a alentar a más personas, ¡y hasta ver algunos que lograban ser salvos!

UNA EVOLUCIÓN OBSEQUIO DE DIOS

Mi carrera como referente cristiano y orador motivacional fue una bendición inesperada y —en retrospectiva—, ciertamente, fue parte del plan de Dios para mi vida. Mi pasión crecía con cada nuevo compromiso de hablar en público. Habiendo salido de una niñez en donde sentía que no había ninguna esperanza para mi futuro, ahora estaba muy emocionado al ver las respuestas a mis discursos y videos. Para un hombre que una vez no tuvo ninguna esperanza, no podía haber nada más gratificante que dar esperanza a los demás. El hecho de que, siendo un jovencito, yo pudiera expresar mis sentimientos acerca del evangelio de Jesús con grandes grupos de personas de todas las edades, me brindó un sentido de propósito en la vida. Sentía que podía hacer una contribución a este mundo, lo cual era algo muy importante para mí. Y me sentía más cerca de Dios, dado que tantas personas pasaban adelante en el llamado al altar y entregaban sus vidas a Cristo.

También vi con mis propios ojos el poder del evangelio. Para mí, el 80 % de la inspiración es contar testimonios. Mucho de lo que hallamos en la Biblia es ánimo que se encuentra en la forma de testimonios, historias que inspiran fe, relatos de la fidelidad de Dios. Al leer la Palabra, ella produce fe.

Pocas veces he contado esto, pero cuando tenía doce años, estaba saliendo de un oscuro período de depresión. Tenía esta fuerte compulsión por aprender todo lo que podía acerca de Dios y empecé a transcribir la Biblia entera en mi computadora, usando mi pequeño pie como si estuviera escribiendo con un solo dedo.

Comencé por Génesis 1, el principio, y estaba casi por la mitad de ese libro cuando mi mamá entró a mi habitación, me oyó golpeando el teclado y me preguntó qué estaba haciendo.

—Estoy escribiendo la Biblia —le respondí.

—Nicky —respondió—, la Biblia ya está escrita.

Ella tenía razón. Yo solamente podía teclear alrededor de dieciocho palabras por minuto en ese entonces. Finalmente, me di cuenta de que era una tarea mucho más grande de lo que había creído y no la iba a poder acabar. Mi compulsión terminó, pero mi amor por la Palabra de Dios nunca ha disminuido. Cada vez que leo la Biblia aprendo algo nuevo, algo más profundo y significativo. Mi reverencia por Dios y mi amor por Jesús crecen con cada nueva lectura.

TRANSMITIR LA FE

Gran parte de ser cristianos es compartir lo que Dios significa para ti de un modo que resulte relevante para los que te oyen. Así es como la fe cobra vida. Cuando yo comencé a contar mi testimonio a un número cada vez más creciente de personas, el pensamiento generalizado entre los protestantes era —según mi visión como joven— traer más personas a sus iglesias; todo lo que tenían que hacer era decirle a gente desconocida que los amaban y ser generosos con ellos.

Eso se suponía que debía convencerlos de que los seguidores de Cristo eran buenos y amables. La idea era plantar semillas de fe en ellos por el ejemplo, de manera que ellos fueran atraídos a los cristianos y quisieran saber más. El problema con esto es que hay otra gente buena y amable en el mundo, incluyendo muchos hinduistas y musulmanes.

Los seguidores de Jesús precisan ser más que buena gente. Tenemos que tener mensajes poderosos para compartir. Cuando le conté a mi papá que estaba escribiendo este libro, él me dijo: "La gente piensa que es complicado, pero evangelizar no es para nada complicado. Tenemos que estar listos para transmitir nuestra fe en todo momento, y eso puede reducirse básicamente a sentarse al lado de alguien, mirarlo a los ojos y ser uno mismo. Diles *qué* significa Jesús para ti. Cuéntales *cómo* cambió tu vida luego de conocerlo. Ser un creyente tiene que ver también con la forma en que uno vive".

La Biblia dice: "Por sus frutos los conocerán". Inspirar a otros a ser buenos cristianos requiere salir y motivar a la gente a pensar en la importancia de Dios en sus vidas, pero tienes que ser muy sabio y orar pidiendo que Dios te guíe en cuanto a la manera en que debes comunicarlo. Tienes que adaptar tu manera de abordar a cada persona, porque todos tenemos diferentes personalidades y experiencias. En 1 Pedro 3:15-16 dice: "Más bien, honren en su corazón a Cristo como Señor. Estén siempre preparados para responder a todo el que les pida razón de la esperanza que hay en ustedes. Pero háganlo con gentileza y respeto...".

CRISTIANISMO AMBULANTE

Mi transformación natural en los brazos y las piernas de Jesús incluyó, al principio, un cristianismo "ambulante" acompañado de un perro. Cuando tenía diecisiete años salía con mi silla de ruedas para sacar a pasear a nuestro perro, y me ponía a conversar con casi todos los que se me cruzaban en el camino.

No sé si era la simpatía del perro, Seth (una mezcla de Jack Russell terrier con Cavalier King Charles), o era simplemente yo, pero siempre parecía haber un montón de personas dispuestas a conversar mientras caminaban a mi lado.

Hablábamos acerca del perro, y si no nos conocíamos, a menudo daban rodeos para preguntar cómo había perdido mis extremidades. Cuando les contaba mi historia, quedaban intrigados o conmovidos. Estas conversaciones a menudo conducían a discusiones acerca de la fe. Se maravillaban algunas veces por mi actitud positiva, y yo les decía que creía que Dios me había creado con un propósito y que depositaba mi fe en eso.

Me ofrecía a orar con aquellos que se veían interesados. No sé si estaban conmovidos por mi fe o por alguna otra cosa, pero no era raro que las personas derramaran una o dos lágrimas cuando yo les hablaba sobre la importancia de tener a Dios en mi vida y de estar agradecido por las bendiciones que él me daba.

Esta rutina de pasear, hablar sobre mi perro Seth, conversar sobre mi fe, se volvió una verdadera pasión para mí. Salía de la casa con Seth y no sabía qué sería lo que ocurriría a la vuelta de la esquina. Después de un tiempo, me ofrecía a contar mi historia de vida y mis creencias dondequiera que iba. No recuerdo haber sido rechazado nunca, aunque es probable que alguien me esquivara cuando me veía venir. Yo trataba de no ser muy fanático o de presionar a la gente. Solo les preguntaba cómo les iba y, después de unos minutos de conversación, les decía: "¿Hay algo por lo que quieres que ore?" La mayoría de las personas apreciaban el ofrecimiento. ¿Quién no necesita una oración de vez en cuando, ya sea por sí mismos o por alguien querido? Es como que un extraño te dé un regalo, ¡y es mejor que ganarse la lotería, porque el premio de la oración es eterno!

LLAMADO AL ALTAR

Mi primer evento de magnitud fue en la iglesia Logan Uniting, en Springwood, Queensland. El pastor de jóvenes Jim Haak, que era el capellán del colegio secundario de la zona, me había oído hablar en un evento y luego me invitó a su Conferencia del 10.º Año, junto con tres estudiantes de segundo año de la secundaria. Él no me pidió que fuera orador, sino solamente que asistiera al evento, así que llevé conmigo algunos amigos y primos.

El décimo año de educación en Australia es donde muchos adolescentes deciden si continuarán sus estudios o buscarán trabajo. Esta conferencia estaba diseñada para ayudarles a desarrollar algunas habilidades que les serían útiles, tanto en la universidad como en el mundo laboral. Hablar sobre la fe era una gran parte de esa jornada, pero había actividades al aire libre, foros, talleres y eventos de inspiración y motivación.

SÉ LAS MANOS Y LOS PIES DE CRISTO

**El día en que Nick se convirtió en evangelista...
y se unió a una pandilla de motociclistas**

Por Jim Haak

Esa mañana oí que había una gran conmoción y alboroto en alguna parte. La muchedumbre incluía a un puñado de chicos, algunos de contextos complicados. Pensé que se estaba armando una pelea. Me dirigí hacia allí para separarlos, pero cuando me acerqué, me di cuenta de que estaban reunidos alrededor de Nick.

Estaban cautivados con este jovencito que no tenía brazos ni piernas, que jugaba su versión particular de balonmano (*handball*) con algunos otros chicos. Estaba rebotando el balón por encima de su cabeza y lanzándolo al aire con su pequeño pie. Era muy diestro y todos querían verlo jugar.

Por supuesto, también estaba hablando en voz alta, en un australiano coloquial. Era sólido en su fe, pero no demasiado religioso ni santurrón. Ya en ese entonces sabía cómo atraer a un grupo.

Nick resultó ser una atracción por sí mismo ese día. Los niños se juntaban a su alrededor dondequiera que iba. Los consejeros se maravillaban de la forma en que chicas y chicos se veían atraídos a él, contándoles sus temores y problemas, inclinando sus cabezas mientras él oraba por ellos. Era tan abierto y vulnerable que todos se sentían seguros de confiar en él. Sabían, con solo mirarlo, que Nick había vencido el sufrimiento y las burlas de sus compañeros. Confiaban en él y le creían cuando les decía que los amaba.

El evento central de ese día era el discurso de apertura y un foro en el escenario principal. Había sido un largo y caluroso día. Se suponía que un muchacho del *God Squad* [Escuadrón de Dios] debía dar una presentación, pero no pudo hacer funcionar su PowerPoint. La gente se empezaba a impacientar. Él me miró y me dijo: "Estoy teniendo problemas con esto. ¿Puedes entretener a la audiencia por un rato?"

Yo estaba sentado en el escenario junto a un panel de líderes juveniles experimentados, de modo que me volví y les pregunté:

—¿Alguno de ustedes puede contar un chiste?

Ahí vino Nick y dijo:

—¡Yo les hablaré!

—¿Qué vas a decirles?

—No te preocupes. Nada más les hablaré —respondió.

Yo todavía estaba pensando que el muchacho del Escuadrón de Dios terminaría de resolver el inconveniente y estaría listo en un instante, pero le di permiso a Nick para que hablara un poquito. Primero, pensé, tendremos que ver cómo nos las arreglamos para darle un micrófono, ya que no podía sostenerlo. Dimos algunas vueltas y, finalmente, Nick dijo: "No se preocupen, ya lo tengo".

En ese momento, ya los participantes estaban muy inquietos, y necesitábamos llenar el vacío hasta que estuviera listo nuestro orador final. Yo estaba un poco preocupado por poner al pobre Nick al frente de todos ellos. No debería haberme preocupado.

Luego de algunas palabras, la audiencia entera estaba en silencio. Nick los cautivó a todos simplemente hablando de los desafíos que él había enfrentado al no tener extremidades y ser tan distinto a todos los demás. Habló de su fe como fuente de su fortaleza, y les dijo que el amor de Dios podía afirmarlos a todos ellos, pero no los presionó a creer.

En muchos sentidos, fue un discurso motivacional tradicional, pero Nick cuenta sus historias con tanta pasión, humor y poder, que los mensajes parecen más naturales y cautivantes.

Cuando anima a la gente diciéndoles que pueden hacer todo lo que quieren, le da un sentido más profundo a su mensaje. Los jóvenes que estaban luchando con algo sabían que él los entendía. Los que se sentían rechazados o desplazados sabían que él también había soportado el rechazo. Los muchachos más duros admiraban su coraje y candidez. Todos querían ser amigos de Nick, y él los alentó a todos a tratarse mutuamente con respeto.

Aprendimos que Nick no está simplemente para entretener a la gente. Él toca temas muy complejos y tristes, cosas muy reales, no solo la fe sino también los desafíos de la vida. Dice que se dio cuenta de que, aunque su discapacidad es una carga, también puede ser un don, lo cual es un mensaje del evangelio mismo: "Dichosos los pobres en espíritu". Nick es humilde, pero tiene el reino y es feliz al compartirlo. Dios usa lo extraordinario y simple a la vez, a los quebrantados y heridos. Los usa para transformar y redimir.

Sinceramente, todos quedamos asombrados ese día. Aun el motociclista del Escuadrón de Dios, quien se suponía que iba a ser el orador principal, le cedió su espacio a Nick. Su presentación de PowerPoint ya estaba lista, pero él no quiso seguir después de Nick en ese escenario.

"No te preocupes, está bien así", me susurró al oído mientras Nick estaba cerrando su parte.

Aunque Nick había hecho un tremendo trabajo al subir a ese escenario, tuve mis dudas cuando él extendió una invitación al final de su discurso, diciendo que, si alguien necesitaba un poquito de amor, podía pasar al frente y darle un abrazo.

Los otros líderes que formaban parte del foro y yo nos reímos un poco, pensando que no había manera de que esos adolescentes quisieran ser vistos abrazando a alguien en público. En los Estados Unidos son más abiertos a esas demostraciones, pero Australia tiene una cultura mucho más reservada y poco sentimental. Los australianos somos poco emotivos. O al menos eso creemos...

Nick nos puso en ridículo por haber dudado de su poder para llegar a la audiencia. Los chicos vinieron de a montones, dejando atrás sus sillas y formando largas filas delante de Nick, lo cual fue un milagro en sí mismo. Muchos de ellos tenían lágrimas en los ojos después de haberlo abrazado. Todo nuestro panel de líderes juveniles veteranos miraba boquiabierto. ¡Nunca habíamos visto nada igual!

Después del último abrazo, me dirigí a Nick para hablarle. Él era tan talentoso que pensé en invitarlo para el foro del año próximo. Cuando estaba yendo a buscarlo, se dirigió al estacionamiento en su silla de ruedas, acompañado por sus nuevos fans.

Antes de poder atraparlo en la salida, uno de los miembros del club de motociclistas del Escuadrón de Dios vino rugiendo con su Harley-Davidson. Otro de ellos levantó a Nick y lo sentó en el asiento trasero, y salieron rápidamente con Nick gritando: "¡Hurra!"

¡Esa fue nuestra presentación con alguien que pronto sería muy famoso, Nick Vujicic!

Ese fue un evento muy loco. Hasta había un puesto atendido por miembros de una banda de motociclistas llamada El Escuadrón de Dios. Algunos tenían unas caras que daban miedo; eran soldados de Cristo con chaquetas de cuero y motos bien ruidosas, y se consideraban a sí mismos fieles a su contracultura.

Cuando tienes a muchos chicos australianos en un solo lugar, las cosas tienden a agitarse, así que cuando el pastor Haak observó que había un tumulto en una parte y escuchó a algunos gritando, enseguida pensó que había una pelea.

De hecho, yo me había vuelto el objeto de su curiosidad, pero Jim cuenta mejor que yo la historia en el recuadro anterior.

ENCONTRAR UN PÚBLICO QUE TE ESCUCHE

Tengo que decir que ese día, en la conferencia del décimo año, tuvo un enorme impacto en mi vida. Todo se acomodó de manera natural, y los adolescentes y los chicos de las motocicletas fueron tan receptivos y acogedores. Me sentí totalmente sorprendido. La mejor parte fue cuando, durante mi charla, vi a una jovencita llorar y levantar la mano para captar mi atención.

Me preguntó si podía venir a darme un abrazo. Le dije: "Claro, hazlo". Cuando llegó hasta mí, me dio ese abrazo, me rodeó con sus brazos y me susurró al oído: "Nunca nadie me ha dicho que me amaba. Nunca jamás nadie me dijo que soy hermosa de la manera en que soy".

¡Guau! Allí fue cuando supe realmente que había nacido para ser un predicador que comunica mensajes de esperanza. Más adelante, ese mismo año, Jim me pidió que hablara en su grupo de jóvenes. Muchos lloraban cuando les contaba la verdad sobre cómo Jesús cambió mi vida. Invité al grupo a hacer una oración en silencio a Jesús allí mismo.

Luego de la presentación abracé y les hablé a varios de ellos. Una chica vino y me dijo: "Hoy le entregué mi vida a Jesús, y sé que nunca seré la misma". Mi mundo se detuvo allí; parecía que todo había pasado del blanco y negro al color.

Era la primera vez que alguien me decía en la cara que yo lo había ayudado a aceptar a Jesús como su Salvador, y eso me voló los sesos. Tener ese efecto en la vida de una persona fue emocionante. Yo sabía que no había sido yo o mis palabras, sino que era Dios que había obrado por medio de mí. Otra bendición de ese día fue que Jim Haak se convirtió en un mentor para mí. En ese tiempo todavía tenía algunas dudas sobre si podría vivir como conferencista, mucho menos como referente cristiano. Le dije que mi meta era ser un empresario exitoso y hacer mucho dinero para poder autosostenerme y no ser una carga para mi familia por el resto de mi vida. Jim me dijo, muy tranquilo, que pensaba que yo podría ser un mejor orador profesional. Fue muy bueno conmigo. Creo que él fue el primero en decirme que los obstáculos de mi vida podían servirme como escalones más que como barreras.

Jim y los otros consejeros juveniles que estaban en ese programa comenzaron a invitarme para hablar en varios eventos en la región. Ellos estuvieron entre esos primeros que me entrenaron, dándome consejos y secretos que me ayudaron a refinar mi mensaje.

Mi visión sobre mi vida era un poco borrosa en ese tiempo, pero estaba empezando a enfocarme rápidamente. Fue durante un evento en esa época, probablemente uno organizado por Jim Haak, que me presentaron por primera vez ante un grupo como el evangelista Nick Vujicic.

¿Evangelista? ¿Yo?

Y luego sentí esa pasión brotar desde mi corazón, de anunciarle al mundo que Jesús quiere vivir en cada uno de nosotros.

Mi próximo pensamiento fue bien simple: "¿Qué se pierde con intentarlo?"

Dios abrió la puerta, y su hijo sin brazos ni piernas pasó a través de ella.

2

RESPONDIENDO PREGUNTAS

Trabajo entre dos mundos en esto de mi carrera dual como conferencista. Muchos me han oído hablar de asuntos espirituales en las iglesias, donde también hago llamados al altar en mi misión de llevar la mayor cantidad posible de almas a Jesús. Sin embargo, muchos más me conocen en todo el mundo como orador motivacional, enfocado en audiencias seculares en colegios, sistemas de educación pública, corporaciones, conferencias de liderazgo empresarial y agencias de gobierno.

Nuestra misión en *Life without Limbs*, LWL, Vida sin Extremidades en español, es alcanzar el mundo entero con el evangelio y animar a todas las personas a vivir como discípulos de Jesús. Un informe de 2017 de las Naciones Unidas dice que para el 2030 habrá más de ocho mil millones de personas en la Tierra, así que compré varios dominios de internet que hacen referencia a ocho mil millones de almas, para usarlos algún día en nuestro ministerio.* Logré crear una estrategia clara en el 2002 y la escribí en mi diario. No puedo solamente estar en plataformas religiosas para alcanzar

*Departamento de Economía y Asuntos Sociales de las Naciones Unidas / División Población, Expectativas de población mundial: Revisión 2017, descubrimientos clave y tablas avanzadas, Nueva York, 2017, https://esa.un.org/unpd/wpp/Publica tions/Files/WPP2017_KeyFindings.pdf

a todos. Tengo que dirigirme a la sociedad, a las plataformas gubernamentales, a los sistemas educativos, donde quizá no puedo predicar, pero aun así puedo plantar semillas de amor y de esperanza.

Mis valores cristianos se manifiestan con claridad a través de esos discursos seculares que doy de una manera personal, porque mi historia no estaría completa si no contara sobre mi peregrinaje espiritual. La mayoría de las veces, los clientes que me pagan para dar una conferencia, me piden que reduzca el contenido espiritual a lo mínimo posible o que no lo mencione en lo absoluto. A veces, el comité ejecutivo que organiza una conferencia me solicita que les asegure de antemano que mantendré mi charla dentro de lo secular, mientras que solo unos pocos del grupo me dicen, de manera discreta, que cuente un poco más.

Dios, generosamente, me ha dado sabiduría y discernimiento en cada oportunidad. Yo trato de ser respetuoso, y Dios me guía en el escenario, ayudándome a saber hasta dónde hablar, si es que cuento algo con respecto a la fe. Soy conocido por transgredir un poco los límites aun cuando los gobiernos que me patrocinan se opongan a expresiones religiosas. Aprovecho, con cautela, cada oportunidad que tengo y digo solo un poquito, para así poder regresar otra vez y decir un poco más. Esto me permite tener un impacto a largo plazo en cada país.

La razón por la que no hablo solamente en plataformas religiosas es porque quiero llegar a la gente que está en el mundo. No puedes salvar a los perdidos si solo los buscas dentro de las iglesias. Ellos están allá afuera, en el mundo. Cuando la gente me pregunta por qué acepto invitaciones a países que restringen o incluso prohíben el cristianismo, les digo que debo ir donde la gente necesite saber de Dios. Esa es la estrategia de base.

Considero cada presentación como una oportunidad para compartir mi fe, ya sea de una manera más discreta o abierta. La gente a menudo se me acerca con preguntas sobre mi fe. Ya sea en los aviones, aeropuertos, comercios y restaurantes, o por la calle, recibo muchos pedidos de oración por parte de personas que no conozco.

Muchos me paran para manifestarme sus dudas, sus recelos o cuestionamientos más sinceros. Muchas personas me dicen que se alejaron de Dios luego de que algo terrible les sucediera, a ellos o a un ser querido. Quieren saber cómo yo amo tanto a un Dios que me trajo a este mundo sin el paquete estándar de brazos y piernas.

Algunos llegan un poco más lejos en sus indagaciones: "Nick, ¿por qué no estás enojado con Dios? Me refiero a que él te arruinó la vida, después de todo".

Después de tantos años, ya puedo manejar la mayoría de las preguntas como estas y otras acerca de mi fe, pero, ciertamente, comprendo por qué muchos cristianos encuentran desafiante el compartir sus creencias en situaciones improvisadas.

En un viaje a China en el 2016, un hombre se me acercó y me hizo algunas preguntas durante una subasta benéfica en un banquete. Su sentido del momento oportuno no era muy acertado, ya que la subasta estaba en plena acción, y cualquiera que hablara podía ser tomado como alguien que quería ofertar.

Después de presentarse, me pidió consejo sobre cómo ser un buen padre. Yo no quería entrar en la conversación, por temor a que el subastador pensara que estaba tratando de comprar uno de sus costosísimos artículos. Todo lo que pude decirle al pobre hombre, en un tono de voz suave, fue: "Ama a Dios y ora mucho".

Él soltó una risotada y dijo: "Mi esposa es cristiana; ella ora un montón. Yo no lo soy, no creo en Dios. Nosotros tenemos discusiones sobre si nuestros hijos deberían ir a la iglesia o no".

El hombre estaba sinceramente buscando respuestas, y aunque no era la mejor situación para una charla seria, yo no quería restarle importancia. Creo que todos los cristianos tenemos la responsabilidad de hablar sobre nuestra fe, especialmente cuando un no creyente hace preguntas amablemente. De modo que fuimos a un lugar más tranquilo para conversar. Le relaté la versión abreviada de mi camino de fe. Luego, él me hizo las preguntas típicas de un no creyente y yo le di mis respuestas.

Nuestro intercambio fue franco y cordial. Estábamos tratando de entender el punto de vista del otro, más que de armar un debate. Yo tenía un par de ventajas. Ya había tenido muchas pero muchas conversaciones similares y, por supuesto, me gusta recordarme a mí mismo que tengo a Dios de mi lado. Él sabe con exactitud lo que es necesario decir y cómo hacerlo, y se moverá a través de mí siempre y cuando yo me anime a dar un paso de fe.

Cuando nuestra charla llegó al final, me agradeció con lágrimas en los ojos y me dijo que su vida nunca más iba a volver a ser igual. Le pregunté si podía orar por él y respondió que sí. Yo no sé con seguridad si él se convirtió en un creyente o si más tarde le dio su vida a Dios, pero tuve la impresión de que Dios me usó para encaminarlo en ese sendero. Si así fue, estoy agradecido por esa oportunidad de compartir mi fe, así como también por todas las demás oportunidades que he tenido y las que espero tener.

Para esas ocasiones debemos estar preparados y tener cierto nivel de conocimiento. Algunos no creyentes son expertos en discutir, y pueden estar decididos a convencer a un creyente de que Jesús no es real. Algunos quieren probar si estás realmente persuadido de tu fe y si de veras tienes conocimiento de la Biblia o no. Al mismo tiempo, no te engañes pensando que Dios no puede usarte, aun si sientes que te falta conocimiento sobre todos los aspectos de la fe.

No se trata de ver a los Estados Unidos volverse una nación cristiana, sino de cumplir el deseo de nuestro Padre de que todos lo conozcan. Al principio, cuando hallamos a Jesús, nos entusiasmamos por contarles a todos de nuestra fe. Ese fuego a veces se extingue un poco si sentimos la necesidad de ser perfectos y de saber todo acerca de las Escrituras antes de poder hablar con alguien. Algunos pueden sentirse poco preparados a menos que asistan a un instituto bíblico o un seminario. He hablado con gente que me dijo que al comienzo se sentían como desnudos y expuestos cuando les hacían preguntas.

Los cristianos deben estar atentos y listos para compartir su fe, pero muchos no saben siquiera por dónde empezar. La mejor forma de demostrar nuestra fe es vivir cada día con fortaleza, paz y gozo, aun en medio de las pruebas.

¿Pero qué hacemos cuando Dios nos impulsa a hablar de nuestra fe con los no creyentes?

Yo amo a mi primo Daniel, no solo porque es mi primo sino también porque él me hace ser un mejor cristiano. Da la impresión de ser fuerte a veces, pero es muy apasionado cuando habla de ayudar a los pobres. Daniel no es un creyente en la idea de que Jesús es el Señor, en el sentido de que el Señor está por encima de todo.

Aunque nuestras familias se criaron en la iglesia, varios miembros no creen en las enseñanzas de la Biblia. Algunas veces, a los niños se los obliga a ir a la iglesia, y ellos tal vez cuestionan las enseñanzas, especialmente cuando ven que algunos de los líderes discrepan y los miembros causan división y distraen a la gente del enfoque en la fe cristiana.

Daniel y yo hemos tenido muchas charlas con respecto a la fe. Él es una de las personas más cultas e informadas que yo conozco, y siempre dice lo que piensa. Algunos debaten por el simple hecho de que les gusta discutir. Pero creo que Daniel no es así. Él piensa con lógica y pregunta por qué Dios no interviene algunas veces en la forma en que él piensa que debería hacerlo, como por ejemplo, aliviando el hambre y el sufrimiento.

Daniel siempre pone sobre el tapete algunos temas fantásticos. Disfrutamos mucho conversando, aun en momentos en que la situación se pone candente. Nuestras conversaciones siempre finalizan con un abrazo y besos en las mejillas al estilo europeo. En realidad, me dijo su hermano que el hecho de que Dios no me haya dado extremidades es una de las razones por las que algunos miembros de la familia tienen dudas y cuestionamientos en la fe.

Mi primo no puede aceptar que un Dios amoroso me "deje" a mí, su seguidor más devoto, sin brazos ni piernas. Yo traté de explicarles que la Biblia presenta con claridad que el tema del dolor, el sufrimiento, la enfermedad, las discapacidades y la muerte vinieron después de que el pecado fuera instigado por Satanás mismo. Nuestras piezas rotas, nuestras heridas y vergüenza, pueden ser cambiadas para bien por Dios nuestro Redentor. Dios a menudo utiliza esas cosas que una vez parecieron terribles para ayudar a otros a ver la verdadera esperanza, el gozo, el amor y la paz que podemos tener a través de él, incluso en medio de las tormentas.

Daniel no ha aceptado lo que yo sí acepté hace mucho tiempo. Nunca olvidaré los servicios dominicales en los que yo lloré en un banco trasero porque sus preguntas acerca de Dios y de la fe nunca hallarían respuesta en un servicio de la iglesia local.

Algunas personas no encontrarán a Dios en una iglesia. Yo lloraba por el alma de Daniel. Me preguntaba: "¿Quién liderará el ejército de los que saldrán a buscar a esos que están fuera de las paredes de la iglesia?" Varios de mis primos, que son como hermanos para mí, no han iniciado su camino con Jesús ni han terminado de buscar la verdad. Al menos son sinceros y auténticos en querer buscar la verdad y admitir que todavía no la han encontrado.

Siempre seré parte de la vida de Daniel y él siempre será parte de la mía, y eso vale para todos mis primos, aunque podamos no vernos seguido. Somos familia. Yo amo y respeto a Daniel, que estudió otras religiones y filosofías. Es una persona muy culta y estudiosa. No siento que yo le haya fallado, porque aún no he perdido la esperanza con él.

Mi misión no es convertir a Daniel ni a nadie, sino que mi misión es amarlo a él y a cada persona mientras los animo a comenzar a andar con Jesús. No se trata de fallarle o no a Daniel, sino de fallarle a mi Padre celestial cuando me dice que hable y yo no lo hago. El amor de Dios nunca cambia. Todo lo que quiero hacer es servirlo y ver a otros ser libres para encontrar su verdadero propósito en la vida, su camino y su libertad.

Daniel no cree en los milagros ni en lo sobrenatural ni en nada que la ciencia no pueda explicar. Él sostiene que hay un montón de cristianos en la televisión y en las iglesias que engañan a sus oyentes y seguidores dándoles falsas esperanzas, mintiéndoles y dando información imprecisa. Tengo que admitir que eso es verdad. No todos los "telepredicadores" son malos, por supuesto, pero de que hay algunos malos por allí, eso es cierto.

Uno de mis amigos fue a un hospital de Los Ángeles con un dolor inexplicable. Su madre, en Arizona, me llamó y me preguntó si yo podía ir a visitarlo y quedarme con él hasta que ella llegara. Encontré a mi amigo en una sala de emergencias saturada de personas que habían recibido disparos. Los guardias de seguridad habían cerrado el hospital completo, por temor de que los tiradores volvieran en busca de sus víctimas para ultimarlos. Esto era aterrador y muy real, aunque a mí me parecía que era una pesadilla.

Mientras estábamos muertos de miedo y tratando de mantener un perfil bajo en el área de emergencias durante toda esta escena escalofriante, un evangelista estaba en la televisión intentando vender un trozo de tela blanca de noventa y nueve dólares que, supuestamente, tenía la "unción para sanar". Yo quería arrancar el televisor de la pared. Artistas inescrupulosos y depredadores existen en todos los campos, claro que sí, pero esta clase de cosas ensucian a todos los cristianos y les otorgan a los no creyentes una razón válida para rechazar a Dios, aunque su Hijo advirtió acerca de los lobos disfrazados de ovejas y arrojó a los cambistas fuera del templo.

Los ateos a menudo citan historias sobre clérigos corruptos cuando critican a los cristianos y sus creencias. Tienen una larga lista de quejas contra los creyentes, incluyendo ejemplos de los "telepredicadores" que profesan falsedades y cristianos regulares que dicen una cosa en la iglesia y hacen lo contrario en sus vidas cotidianas. Ellos también recalcan el hecho de que tantas denominaciones cristianas tengan doctrinas sectarias. Muchas denominaciones incluso niegan la validez de las demás, alegando que solo su iglesia es el único camino al cielo.

INCREDULIDAD LÓGICA

Los incrédulos tienen muchas armas para disparar en su ataque contra la religión organizada. Y, a menudo, están entre los habitantes más sensatos de este planeta. Para ellos parece ridículo creer en un Dios al que no puedes ver. Daniel y yo hace poco tuvimos una larga charla sobre los cristianos que dicen ser sanadores. Él es bien escéptico, como es de esperar, aun cuando le he contado de varias sanaciones que he visto con mis ojos y que, en mi opinión, fueron ciertamente milagros. Yo no pierdo el tiempo debatiendo sobre ministerios, pero he visto a Dios sanar de primera mano.

La única sanidad que impresiona a Daniel es la mía. Los doctores me dijeron durante años que tenía una enfermedad degenerativa en la columna vertebral, que a la larga me confinaría en mi cama. En el 2002 me hicieron rayos X y se veía que había tres agujeros en mi columna. Yo comencé a orar inmediatamente y, a lo largo de estos años, les he pedido a otras personas que oraran.

Si no quieres creer en milagros, es asunto tuyo. Pero puedo decirte que, cuando me hicieron nuevamente rayos X en el 2012, solo había dos agujeros en mi columna vertebral. Dos años más tarde, los rayos X detectaron que solo había uno. Y en el 2015 ya no había ninguno. Hoy en día, después de muchas oraciones, no hay signos de esa enfermedad, aunque conservo una importante curvatura en la columna. Yo lo considero un milagro, aunque muchos podrán decir que las mejoras en mi columna fueron el resultado del universo o de un cambio químico basado en el positivismo o la meditación.

Todavía tengo fe en que mi primo se dejará convencer, y a veces siento que yo debería estar más en contacto con los familiares más cercanos. Todos ellos encabezan la lista de aquellos que quiero ver en el cielo. A través de la oración, la fe y la amistad, tengo esperanza de que todos mis parientes confesarán a Jesús como su Señor y caminarán en el poder de Dios.

Teníamos otro ateo duro en la familia, el tío Steven, que se bautizó después de pasar la mayor parte de su vida negando la existencia de Dios. Todos los que lo rodeábamos orábamos por su conversión. Muchos de nosotros debatíamos con él y discutimos sobre nuestra fe durante años, aunque sin fastidiarlo. Lo respetábamos, pero siempre lo animamos a abrir su mente. Cuando él aceptó a Jesucristo en su vida, fue una gloriosa bendición, el resultado de la familia de Dios haciendo todo lo posible por ayudarlo a caminar con Jesús.

El bautismo de mi tío fue una victoria para el reino de Dios. Yo he dedicado mi vida entera a compartir mi fe en favor de ese reino. Siempre estoy buscando nuevas maneras de abrir puertas que me ayuden a alcanzar a más posibles conversos.

TRAER LAS ALMAS A CRISTO

He hablado tanto acerca de mi fe con no creyentes, que aprendí a no ponerme sentimental cuando me desafían. He tenido algunas discusiones acaloradas con "debatidores" profesionales y muy astutos. Muchas veces le pedí a Dios que me diera sabiduría. Mi objetivo no es necesariamente convertir a alguien en específico, sino más bien plantar semillas de fe con amor y respeto y, a la vez, provocar un pensamiento que los incite a buscar la verdad.

Un día Jesús regresará y hará justicia. Ese será el día en que todos sabremos que el infierno es verdadero y la muerte es real para todos los que han hecho lo malo o han elegido no creer en la Palabra de Dios. Ellos no serán admitidos en el cielo. Hasta entonces, mi misión en la Tierra es amar a Dios y conocerlo más, amar a mi familia y a mi prójimo, y compartir mi fe. Dios es un Dios justo. Él no permitirá que su Hijo regrese por segunda vez hasta que toda persona en el planeta haya oído hablar de Jesús. Yo creo que estamos avanzando. Cobro esperanzas cada vez que *The Christian Post* reporta que incluso en Irán, donde los líderes de la república islámica persiguen y atrapan a los cristianos, Open Doors USA estima que hay alrededor de 450 000 cristianos practicantes que adoran en secreto en iglesias en los hogares.

Si esos creyentes son tan valientes como para arriesgar sus vidas en un entorno tan hostil, entonces todos los cristianos deberían tener la valentía para compartir su fe. Los ateos e incrédulos tienden a pensar que los cristianos creemos ciegamente y somos rígidos de pensamiento y poco abiertos al debate o la discusión sobre nuestras creencias, de manera que el estar dispuestos a escucharlos y presentar nuestro pensamiento con humildad, pero con seguridad y confianza, puede ayudar a cambiar esa percepción distorsionada y abrirnos puertas. Yo siempre trato de entender dónde están respecto de su creencia, para poder comprender sus posiciones, escucharlos con atención y responder con sabiduría.

A continuación, brindo algunas preguntas frecuentes y puntos de discusión que abarco en mis charlas con ateos y otros que cuestionan los valores cristianos o que desean entenderlos mejor.

Si hay un Dios bueno,
¿por qué permite el dolor en el mundo?

No es Dios quien inflige el dolor. Es la maldición del pecado la que trajo el dolor, el sufrimiento y la muerte a este mundo. Dios podría haber detenido a la serpiente en el Huerto del

Edén, pero porque nos dio libre albedrío, no lo hizo. Podía haber detenido a Satanás, pero eligió no hacerlo (todavía). La gente puede decir que es injusto que Dios, sabiendo que esto pasaría, lo permitiera.

Pero él nos formó para ser sus hijos, no sus ángeles; hijos que eligen creer en él por fe y no por vista. ¡Qué injusto sería Dios si nos hubiera dicho que teníamos libre albedrío, pero nunca hubiéramos oído otra cosa más que órdenes proviniendo de un jefe dictador! Adán y Eva recibieron libertad de decisión; Dios le permitió a la serpiente que viniera y les dijera algo distinto a lo que él les había dicho.

Vendrá un día en que Dios acabará con el sufrimiento. Antes que ese tiempo llegue, él nos llama a ayudar a todos los seres humanos a oír el evangelio, así como también a unírsele para aliviar el sufrimiento de la humanidad. Cada persona tiene la misma oportunidad que Dios les dio a Adán y a Eva. No está muy claro en las Escrituras lo que les sucede a aquellos que nacen y mueren sin oír de Jesús, pero sabemos que servimos a un Dios misericordioso. Eso nos da aún más razones para hacer nuestra parte en alcanzar al mundo. Cuando ese día llegue, no habrá más sufrimiento y, ciertamente, no más dolor para siempre. Estaremos con Jesús y experimentaremos su plan final de estar en el cielo con nuestro Padre celestial.

Hasta ese momento, si confías en él, Dios te dará gracia para superar cualquier cosa que te permita experimentar. Mientras estás lidiando con ese dolor o sufrimiento, tienes la capacidad de decidir si crees en lo que Dios dice o en lo que la gente dice. Los que confían en el Señor sentirán su paz a través de las tormentas y sus fuerzas aun en las noches más oscuras. Tenemos esperanza de que, no importa lo que suceda, él nos llevará en sus brazos un día a la vez.

¿Por qué creen que los cristianos son los únicos que entrarán al cielo?

Lo reconozco, esta es una pregunta difícil de responder. La Biblia nos dice que la salvación no se encuentra en nadie más, porque no hay otro nombre bajo el cielo dado a los hombres, en el que podamos ser salvos (Hechos 4:12). Jesús no es sencillamente un camino más hacia Dios; es el único camino a Dios. Él dijo acerca de sí mismo en Juan 14:6: "Yo soy el camino, la verdad y la vida. Nadie llega al Padre sino por mí".

Tanto creyentes como no creyentes por igual me preguntan: "¿Qué sucede con los que nunca han tenido la oportunidad de conocer a Dios?" Los ejemplos que me dan son los bebés que mueren antes de bautizarse, o las personas mentalmente discapacitadas que no logran captar los conceptos espirituales, o la gente indígena de culturas primitivas a las que nunca se les ha presentado la Biblia ni se les ha hablado de la existencia de Dios. ¿Acaso el cielo no está abierto para ellos?

Sinceramente, no tengo una respuesta definitiva a esa pregunta, y no me corresponde ser juez. Dios decidirá eso de acuerdo con su voluntad. La Biblia indica que todos los bebés que mueren van al cielo. Los bebés y los niños pequeños, al igual que los que tienen discapacidad mental, pueden haber nacido con el pecado original, pero no son capaces de entender las leyes de Dios o la necesidad de nacer de nuevo y bautizarse. Ellos no tienen el concepto de lo bueno o lo malo, o alguna idea de que necesitan el perdón de Dios.

La Biblia parece indicar que los niños inocentes serán admitidos en el cielo. En Deuteronomio 1:39, hablando sobre los niños que no entraron a la Tierra Prometida, Dios dice: "En cuanto a sus hijos pequeños, que todavía no saben distinguir entre el bien y el mal, y de quienes ustedes pensaron

SÉ LAS MANOS Y LOS PIES DE CRISTO

que servirían de botín, ellos sí entrarán en la tierra y la poseerán, porque yo se la he dado".

La Biblia además dice que cuando David y Betsabé tuvieron un hijo fuera del matrimonio y ese hijo murió, David sintió que vería nuevamente a su hijo en el cielo. "Yo puedo ir a donde él está, pero él ya no volverá conmigo", afirmó.

Según la interpretación de muchos eruditos, ministros y estudiantes de la Biblia, varios pasajes de las Escrituras afirman que Dios tiene misericordia de aquellos que mueren antes de poder exigirles cuentas por no haberlo conocido y por no haber buscado su perdón y su gracia. A mí me gustaría creer en esto, y oro para que sea verdad, pero no puedo asegurarlo.

Hubo una mujer que me contó su caso, acerca de su hija, quien sufría de una enfermedad mental y se suicidó. Ella me preguntó si un hijo así se iría al cielo. Lo repito, hay preguntas para las que no tenemos respuestas definitivas, y muchos han citado las Escrituras para respaldar sus deseos. Yo oro porque esto sea verdad. Todo lo que puedo hacer es orar por ello, hacer todo lo que está a mi alcance para compartir mi fe y pedirle a Dios que consuele y dé paz a todos sus hijos. Esta es una de esas situaciones en la que no lo sabemos todo, pero en todo confiamos en Dios.

¿Por qué algunos ateos y no creyentes parecen ser mejores personas y más exitosos que algunos cristianos? ¿Por qué Dios permite eso?

No coincido en que sean mejores personas y más exitosas, pero esta es una expresión frecuente. Los ateos y los incrédulos a menudo ponen como ejemplos a cristianos que ellos conocen que resultaron ser hipócritas o hasta criminales, que no viven según los mandamientos de Dios. Al mismo tiempo, señalan a otros ateos o agnósticos que viven vidas ejemplares y parecen estar bendecidos en todo sentido. Entonces preguntan: "¿Por qué es mejor ser cristiano si eso no te garantiza que serás una mejor persona o más feliz?"

Yo conozco mucha gente, con y sin religión, que dicen ser absolutamente felices y exitosas. También ha habido muchos estudios que demuestran que la gente muy religiosa visita a la familia, se ofrece para voluntariados y hace donaciones más frecuentemente que la gente menos religiosa. Los críticos de esos estudios alegan que tiene fallas, porque no incluyen a la gente no religiosa en absoluto. Ellos sostienen que la felicidad está más relacionada con lo bien que nos conectamos con otras personas y con el mundo que nos rodea.

En realidad, yo creo que estas y otras encuestas similares no reflejan lo esencial. Al practicar su fe, los cristianos no están buscando la felicidad. Buscan la salvación eterna y una relación con Dios que les dé fuerza, paz y amor. Sin mi fortaleza en mi caminar diario con Jesús y mi mirada puesta en su plan y en la visión de la vida eterna, sería sencillo estar feliz, triste y deprimido, y luego feliz otra vez, según lo que suceda en mi vida. En contraste, cuando mi gozo está en el Señor, otros ven que mis circunstancias —incluso las más extremas— no están robándome la paz, y mi fuerza y mi fe están intactas.

No soy cristiano por causa de otros cristianos y su ejemplo. Soy cristiano porque sigo a Jesucristo, por quién él es y por lo que hizo al sacrificar su vida por mis pecados y por los tuyos. Él se enfrentó con el diablo cara a cara, y lo venció. Hasta donde sé, nadie más ha hecho eso. Jesús es el único que conquistó al pecado y la muerte, por ser absoluto Dios hecho carne.

Mi meta es seguir su ejemplo y llevar a tantos como pueda conmigo en ese camino al cielo. No puedo garantizar que todos lo harán. Tampoco puedo garantizar que todos los que dicen ser cristianos lo lograrán. Cada uno tiene sus propias batallas con el pecado y con la tentación, y nuestra medida final del éxito y la felicidad es si disfrutamos la vida por la eternidad junto a Dios.

¿Por qué querría hacerme cristiano? ¡Los cristianos no se divierten mucho!

Este es el argumento que esgrimen los que sufren de MAPA (miedo a perderse algo). ¿Pero qué es lo que en realidad pierden dejando entrar a Jesús en sus vidas? La respuesta a esa pregunta suele ser, generalmente, algo por el estilo de sexo, drogas y *rock and roll*. Otros dirán que la pornografía y el alcohol o ir a clubes nocturnos.

Esas aspiraciones terrenales pueden darle un placer a corto plazo a algunos, pero yo digo que ser cristiano ofrece mucho más placer y felicidad a largo plazo, sin dejar de mencionar el gozo eterno. Es verdad que hay algunas denominaciones cristianas que hacen parecer la vida como un tramo largo y duro, pero también conozco a muchos cristianos que son felices e incluso son gente divertida, sin necesidad de estar metidos en pornografía, clubes nocturnos, drogas y otros vicios. Hacemos fiestas divertidas al igual que cualquier otro grupo, solo que sin abusar de las drogas o el alcohol, y nos encanta la música de varios estilos. Así que yo no tengo miedo a perderme nada de lo que disfrutan los no creyentes. Mis amigos cristianos y mi familia entienden que tener a Jesús es superior a cualquier placer terrenal.

Algunos no creyentes alegan que tener sexo antes del matrimonio o fuera de él es un placer que los cristianos típicos nos perdemos. Mi respuesta es que, cuando tienes sexo fuera del matrimonio, estás jugando con fuego. Cuando tienes sexo con alguien, te unes como una sola persona, sea que lo reconozcas o no. Fuera del matrimonio, el amor y el compromiso verdadero no son parte del trato y, como resultado, alguien sale herido (generalmente la persona cuyo corazón es más vulnerable).

Tener sexo fuera del matrimonio en repetidas ocasiones, adormece el espíritu y el alma. Yo he hablado con algunos no creyentes que están casados y me dicen que sus matrimonios tan abiertos les permiten tener sexo con todo aquel que quieran y —dicen— eso funciona bien para ellos. Pero la mayoría terminan divorciados y solos, por lo que he observado.

La sexualidad fuera del matrimonio es pecado, y hay muchos pasajes de la Biblia que hablan sobre esto. Dios no es un Dios de reglas y regulaciones. Él es el diseñador de todo lo que vemos y sentimos. Para poder experimentar gozo, plenitud y amor, debemos usar lo que él diseñó para sus propósitos y usarlo dentro de sus parámetros.

El sexo no necesariamente es amor, sino una expresión de amor e intimidad sagrada. Las parejas pueden disfrutar de amor recíproco y experimentar la vida tal como Dios la planeó. El sexo no es malo en sí mismo, pero su percepción ha sido distorsionada por el enemigo, que lo convirtió en un camino de lujuria y destrucción.

Claro que no puedo hablar por todos, pero como cristiano que tiene una relación personal con Dios, creo que caminar con él cada día es la aventura más emocionante de la vida. Ninguna otra cosa en este mundo se puede comparar a la paz y el gozo que se encuentran en una relación con Dios. Esa es la mismísima razón por la que creemos en las enseñanzas cristianas. Sabemos que nada más podrá satisfacer jamás nuestra alma sedienta de una esperanza, paz y amor tangibles, que no se asemejan a nada temporal o humanamente fabricado.

Cuando les pregunto a los ateos qué los hace felices, a menudo me dicen que vivir la vida al máximo, visitar nuevos lugares, conocer gente nueva y tener autos lujosos, barcos y otros juguetes para adultos. Algunos dicen que su mayor gozo es tener hijos y nietos, lo cual, ciertamente, entiendo muy bien. Yo disfruto a pleno de la vida con mi esposa y mis hijos, pero el verdadero gozo es saber que mis hijos son hijos de Dios también, y que él siempre cuidará de ellos. Un gozo aun mayor cada día para mí es saber que estoy más cerca de irme a casa con Jesús, y que nunca moriré. Hasta ese entonces, soy su embajador, estoy rodeado por sus ángeles y lleno de su Espíritu Santo.

¿Por qué querría yo comprometerme con una iglesia y sus doctrinas y filosofías restrictivas?

En realidad, cada vez menos cristianos son miembros de una sola denominación o iglesia. Muchos, en cambio, están eligiendo ser parte de iglesias no denominacionales y otros intentan con diferentes iglesias en vez de apegarse a una en particular. Los jóvenes, por ejemplo, ya no tienden a permanecer en una sola iglesia toda su vida.

Cada denominación e iglesia tienen sus puntos buenos y sus puntos malos, sus fortalezas y debilidades. Los que pertenecen a una u otra, en general lo hacen porque desean ser parte de una comunidad de fe y llegar a conocer a otros miembros. Muchos hallan aliento y disfrutan crecer en la fe como parte de la congregación, pero la tendencia hoy, particularmente entre los cristianos jóvenes, es visitar varias iglesias y denominaciones antes de establecerse en una que sea abierta y confortable.

No se trata de estar comprometido con una iglesia, sino más bien de estar comprometido en tu caminar con Jesús.

La iglesia es un lugar donde puedes sentirte a gusto, abrir tu corazón, hablar, aprender y crecer en tu relación con Dios. La iglesia te brinda un lugar donde hacer preguntas, recibir consejos y tener la familia de Dios de tu lado en oración, apoyándote a ti y a tu familia.

Allí puedes oír la Palabra de Dios, ser alimentado y crecer espiritualmente. Ella no te salva, pero es vital encontrar una iglesia que sea un hogar, echar raíces allí y servir a otros encontrando tu llamado y usando los dones que te han sido dados para complacer a Dios.

Si tú quieres creer, está bien. Cada uno hace lo que quiere. ¿Pero puedes demostrarme que Dios existe?

Esta actitud es normal entre los no creyentes en mi tierra natal, Australia. Ellos dicen respetar a los cristianos, pero no sienten la necesidad de entregar sus vidas a Dios porque no hay pruebas de su existencia.

Yo no creo que sea el papel de los cristianos tener que demostrar a los que no creen si Dios existe o no. A fin de cuentas, todo se trata de la fe. Después de todo, se necesita una gran humildad para admitir que no siempre vemos lo que en realidad existe.

Muchos ateos enseguida reconocen que no importa toda la evidencia que tú les des, ellos todavía seguirán sin convencerse de que Dios es real. Con algunos que demandan evidencias de la existencia de Dios, yo uso como ejemplo quién era yo antes, y quién soy luego de haberle entregado mi vida a Jesús.

Mi mensaje es que él puede usarnos a todos nosotros y que él tiene un plan. Les cuento las historias de testimonios extremos, como la transformación de unas esclavas sexuales en India, que encontraron a Jesús y regresaron a rescatar a otras esclavas, perdonando y lavando los pies de aquellos que una vez abusaron de ellas. Esas historias contienen verdad y poder.

Raramente, alguien me discute este tipo de testimonios, y muchos me hacen preguntas para saber más. Las preguntas fundamentales para ellos se resumen en: "¿Te sientes realizado y feliz? ¿Tienes la clase de esperanza que va más allá de esta vida, y la tranquilidad de que de veras vivirás para siempre?"

Allí es cuando dicen que nadie sabe en realidad si existe un mundo espiritual. Entonces, yo comparto mis historias personales y ejemplos del ocultismo, todo desde demonios hasta brujería y vudú. Si ellos solo se guían por la ciencia, les digo, entonces, que investiguen la existencia de estas cosas en partes remotas del mundo.

La mayoría debe decidir, en última instancia, si realmente quieren cambiar sus creencias. Si un ateo puede creer que existen poderes sobrenaturales malignos, entonces la lógica dice que esa misma persona debe aceptar que también hay poderes sobrenaturales benignos.

Los ateos suelen decir: "Si no lo veo, no lo creo". Mi pregunta es la siguiente: "¿Qué sucedería si descubrieran la verdad de la oscuridad en primer lugar?" Yo no los aliento a jugar con esos poderes reales y peligrosos, pero si queremos seguir el camino lógico, allí es donde típicamente terminan las discusiones.

¿Puedes mostrarme al menos una señal de la existencia de Dios?

Yo no puedo convencerte de que efectivamente hay un Dios. Solo por su gracia es que podemos abrirnos a ese pensamiento. Pero él sabe que, si él hiciera exactamente lo que le estamos pidiendo, exactamente en el momento que lo queremos, entonces ¿dónde entraría la fe que es tan necesaria? Para mí, ese camino comenzó con un paso de fe, buscando la verdad, y personalmente la encontré. En mi vida de oración, experimenté el milagro de la sanidad de mi columna vertebral, me casé, tuve hijos y he visto muchos de mis deseos cumplidos. He presenciado trece milagros ocurrir por medio de la oración, y los he visto en mi propia cara. Sentí una paz y una fuerza tan real, aun en ocasiones en las que supe que estaba más allá de mi poder. Yo puedo señalarte la dirección y contarte lo que yo he vivido, pero al final eres tú quien decidirá ir y buscar, preguntar e investigar hasta encontrar la verdad.

Además de esto, toda nuestra existencia es una señal cierta de la presencia de Dios. Los científicos han desarrollado explicaciones para muchas cosas, pero todavía no pueden explicar el comienzo de todas las cosas. El mundo y todo lo que en él vive tuvo que comenzar de alguna manera, en algún lugar. Todavía estoy esperando una mejor explicación que la de un Dios todopoderoso. Sea que estudies el ADN humano, mires una jirafa en el zoológico o admires una flor en tu jardín, parece haber innumerables ejemplos de un Creador y Padre en los cielos. El diseñador supremo.

Es hermoso ver las creaciones de Dios. El hombre crea cosas, pero cuánto más glorioso es alabar a Aquel que creó toda la vida.

¿Cómo es que los cristianos pueden hacer cosas malas y luego recibir el perdón de Dios? ¡No puede ser así de fácil!

Sí, es así de fácil para nosotros. Pero solo porque el Hijo de Dios ganó nuestro perdón en una forma que definitivamente no fue nada fácil. Jesús murió en la cruz para que nuestros pecados puedan ser perdonados. Fue difícil para Dios permitir que su Hijo sufriera de ese modo. No me imagino ver a mi hijo en la cruz, llevando la culpa de todos los pecados del mundo.

La única razón por la que los cristianos pueden obtener perdón en esta vida es porque Jesús murió por nuestros pecados. La paga del pecado es la muerte, y por eso nadie puede vivir para siempre con el pecado. Yo no puedo morir por tus pecados y tú no puedes morir por los míos (ni por los tuyos tampoco). Por su sacrificio, tan pronto como dé mi último respiro en esta Tierra, llegaré a las puertas del cielo.

Lo difícil para muchos no creyentes es entender que Dios ya ha ofrecido perdón para el pecado de cada ser humano. Aunque todavía éramos pecadores, Cristo murió por nosotros y lo hizo posible. Él no nos condena por nuestros pecados, sino que desea que nos unamos a él en el cielo, para lo cual debemos recibir el perdón de Dios mediante el arrepentimiento de nuestros pecados. Si seguimos pecando y nos negamos a arrepentirnos y creer en la bondad y el amor de Dios —expresado a través del sacrificio de su Hijo, Jesús— no hay perdón.

Entonces tenemos que confesarle a Dios que somos pecadores y que queremos dejar de vivir en el pecado, y alejarnos de lo que sabemos que no le agrada a Dios. Allí, el verdadero arrepentimiento, que es una decisión que nos cambia y transforma la vida, viene por la gracia de Dios y nos capacita para no vivir más por nosotros mismos sino para Dios: vivir en su plan, a su manera y en sus fuerzas, cada día.

Cuando esta es una conversión verdadera, el fruto de esa decisión se evidencia en nuestras vidas cotidianas. Dios no exige la perfección, pero, a través de su gracia, quiere perfeccionarnos para vivir de acuerdo con su Palabra, amándolo y creyendo en él como el único Dios verdadero.

Puede ser difícil creer que un Dios amoroso nos perdonará y olvidará los pecados que nosotros mismos no podemos olvidar o perdonarnos. Nuestras conciencias nos dicen lo que está bien y lo que está mal, y muchos pueden sentirse torturados por adicciones, relaciones u otros pecados del pasado. Con frecuencia nos cuesta pasar por alto los recuerdos de las cosas que hemos hecho, cosas egoístas, mezquinas, orgullosas o incluso deshonestas. Conozco gente que dio su vida a Jesús solo para sentirse deprimida días o semanas más tarde porque todavía sentían culpa o remordimiento por los pecados del pasado. Pensaron que hacerse cristianos pondría fin a esos sentimientos.

No obra exactamente de esa manera, pero debes saber que Dios perdona y olvida nuestros pecados aun cuando nosotros no lo hagamos. Él es mucho más bueno con nosotros que nosotros mismos, siempre y cuando aceptemos su perdón y lo honremos y amemos. A veces necesitamos que los hermanos o hermanas en el Señor nos aconsejen y alienten a dejar atrás el pasado. Otras veces precisamos que alguien ore por nosotros y nos ayude en nuestro andar con Jesús. A los que desean servirlo y vivir para él —día a día, dejando atrás el pecado y la maldad, y pidiendo perdón diariamente mientras él trabaja en su interior de manera continua—, la gracia de Dios está presente para sus hijos. Puedes tropezar, Dios lo entiende. Solamente sigue avanzando y orando mientras caminas.

Nunca seré un perfecto esposo, padre, hijo, hermano y siervo del Dios Altísimo, pero me esfuerzo por ser recto. Medito en las Escrituras y paso tiempo conversando con Dios. Esas actividades me ayudan a estar más cerca de él y a mantenerme en el camino hacia su plan para mi vida. Mi familia tiene una iglesia en casa, donde sentimos que podemos crecer.

Recuerda: si luchas con el pecado, no temas contárselo a alguien y pedir ayuda. Nadie es perfecto, y a veces se necesita tiempo para poder librarse de viejos hábitos y cadenas. Todos nos necesitamos unos a otros y, como familia de Dios, estamos cuando otros nos precisan. Lo bueno de hablar con algún amigo, familiar, pastor o consejero, es que eso te animará y estimulará a seguir luchando por lograr ser el mejor hijo de Dios que puedas ser.

¿Por qué los cristianos creen en un montón de cosas mágicas, como sanidades milagrosas, profecías, señales y dones de Dios?

Muchos ateos sienten que los cristianos deciden seguir a Jesucristo, no por la fe sino porque han sido manipulados a creer que obtendrán algún beneficio en la Tierra, como sanidades, visiones proféticas y bendiciones que incluyen buena salud, recompensas económicas y éxito en sus carreras. He escuchado esos argumentos de parte de no creyentes y me he topado con ministerios e iglesias que se van a los extremos, diciendo que Dios quiere que sean ricos y que tengan mansiones y autos lujosos.

Los verdaderos cristianos no amamos a Dios por los dones que él nos pueda conceder. La nuestra no es una relación transaccional con Dios, sino transformacional. Somos transformados por nuestro amor a él. No andamos tras profecías o bienes terrenales en su nombre. Esas cosas no nos brindan gozo o pasión. En cambio, nos centramos en nuestra relación con Jesucristo en cada momento.

Cuando yo fui salvo y me bauticé, eso me dio fe para comenzar una relación con Jesús. Me transformó. Yo me convertí en una nueva criatura. Mis prioridades y estilo de vida cambiaron cuando alcancé mayor intimidad con Dios. Una cosa es ir a la iglesia y tener un encuentro superficial con Dios. Pero algo completamente diferente es tener una transformación y una relación constante con él a través de la oración diaria, la lectura de las Escrituras, la meditación, y el estar presentes con nuestros ojos fijos en el Padre celestial. El Salmo 37:4 dice: "Deléitate en el Señor, y él te concederá los deseos de tu corazón". En una verdadera relación con Jesús, tú reconoces y aceptas que el plan de Dios para ti es mejor que cualquier plan que tú mismo puedas tener.

Cuando era un niño, lloraba por un milagro que me hiciera crecer los brazos y las piernas. Mucha gente todavía viene y me dice que seré sanado algún día. La verdad es que ellos no saben. Pueden desear eso para mí, y pueden orar y pedirlo, pero ninguno de nosotros conoce los planes de Dios hasta que yo dé mi último respiro aquí en la Tierra.

Siempre oro por sanidades, y he visto a muchos ser completa o parcialmente sanados, incluyendo un traficante de personas en Bombay, que fue sanado por nuestro amoroso Dios. Le digo a la gente por la que oro que no hay promesas. Dios tiene un plan. Y nosotros no tendremos lo que queremos a menos que Dios lo quiera también. Él podrá negarte lo que tú deseas, pero te dará lo que necesites, conforme a su plan para ti. Tal vez piensas que necesitas un millón de dólares, pero Dios puede estar pensando que necesitas solo lo suficiente como para alimentar a tu familia.

La única razón legítima para ser cristiano, entonces, es amar a Dios y desear lo que él desea de acuerdo con su visión para nuestras vidas. Si estás enfermo, ora por sanidad y pídele a otros que oren también. Ora por todo lo que piensas que necesitas, y aun por los deseos de tu corazón, pero recuerda que el mayor milagro de todos es conocer a Dios. Aprende a crecer más en tu amor por Dios cada día, y confía en que él está en control y te bendecirá de acuerdo con su perfecto plan.

"Señor, hazme conocer tus caminos; muéstrame tus sendas". Yo no sé si alguna vez tendré respuestas para algunas preguntas que me hacen, o incluso para las propias, hasta que llegue al cielo. Sé que la Biblia es solo una parte de la historia verdadera. No importa cuántos años busquemos la verdad aquí en la Tierra, no creo que encontremos respuestas para todo. A menudo, aquellos que buscan la verdad terminan enredados en una competencia sobre doctrinas y teología. Anhelar la verdad no debería ser una búsqueda de dominio o poder. Alcancemos la verdad y aceptémosla tal cual es.

Mientras tanto, mi meta es llevar a tantos como sea posible a la vida eterna en Jesucristo. Si logro llevar a uno solo conmigo, habrá valido la pena. Desearía que ese sea el objetivo de todos los creyentes. Creo que todos debemos concentrarnos en lo que tenemos en común en vez de pelear por nuestras diferencias. El libro de los Hechos describe el mismo comienzo de la Iglesia como un tiempo en el que todos los creyentes estaban juntos en comunión y compartían la comida y oraban "con alegría y generosidad, alabando a Dios y disfrutando de la estimación general del pueblo" (Hechos 2:46-47).

La Iglesia cristiana se inició en hogares particulares, donde los fieles se reunían. Esos primeros cristianos entendían que una iglesia no eran los ladrillos y el cemento, sino un concepto espiritual. Ellos la llamaban "iglesia doméstica". En los últimos años he asistido a varias reuniones que me recuerdan a esas comunidades de fe primitivas.

Hace poco estuve en Colorado, para hablar en el Festival NightVision. Esa no era precisamente la reunión de un pequeña iglesia doméstica. Había más de seis mil personas allí, pero seguía el modelo de iglesia de los apóstoles. Todos nos reunimos en un gran parque, sin tener en cuenta denominaciones ni doctrinas, con sillas y mantas por todos lados, con la sola intención de alabar a Dios. Era una noche calurosa y húmeda, pero la atmósfera estaba llena de gozo. Según mis cuentas, doscientos treinta y seis de los presentes aceptaron al Señor, ¡y ciento treinta volvieron a entregar sus vidas! ¡Gloria a Dios!

Llevar gente a los pies de Jesús es quizás el mayor desafío y aventura, y el aspecto más gratificante de mi ministerio. Cuando hablo acerca de mi fe desde el escenario, la gente se identifica con mi historia de vida y con la soledad y los pensamientos de suicidio que padecí. Sobre todo, creo que es Dios quien cambia sus corazones y los llama por su nombre.

El simple hecho de contar mi historia no significa que respondo a las necesidades precisa de cada uno. La mayor parte de los no creyentes tienen sus propias preguntas, como aquellas que he enumerado en este capítulo. Trato de hablarles de corazón a corazón. Les cuento por qué no creí en Dios durante un tiempo, y luego los llevo a través de mi sendero hacia la fe en nuestro Salvador, Jesucristo.

Mi historia es diferente a la de la mayoría, pero mis preguntas eran esencialmente las mismas. Quería saber por qué Dios me había creado, cuál era el propósito de mi vida. Hasta que él no me reveló mi propósito y pude ver a la gente responder favorablemente a mi historia de vida, me parecía cruel que él me hubiera creado sin extremidades.

Me llevó ocho años de búsqueda encontrar esa respuesta. Ese camino es la base para la mayoría de mis llamados al altar, de manera que, al dilatar la respuesta, Dios me ayudó a crear mi don más grande: una historia que inspira a otros y los conduce a Jesucristo. Mi testimonio genera confianza, y el contar lo que Jesús ha hecho por mí, ayuda a los que están buscando la luz de Dios para ver el camino.

EL CAMINO PARA HACERSE CRISTIANO

No importa lo que hayas hecho ni qué tan malo hayas sido, Dios está listo para recibirte y perdonarte. Él te está esperando y su puerta está abierta de par en par para ti. Ser cristiano no tiene que ver con blanquear tus actos y tratar de ser una buena persona. No es una especie de sistema extraño de gestión de pecados. En realidad, nunca seremos lo suficientemente buenos como para alcanzar el estándar divino de la perfección. En cambio, estamos delante de Dios con un manojo de piezas rotas en nuestras manos. Cuando le entregamos esas piezas, ¡allí es donde él puede cambiar nuestras vidas!

Dios hace toda la obra. Dios pone nuevamente en su lugar todas las piezas de nuestras vidas. Él es quien nos hace perfectamente limpios por dentro. Dios se dedica a restaurar vidas rotas, incluyendo la tuya.

Para conocer de verdad a Dios, debes decirle que sí a Jesús. Si estás listo para comenzar una relación con él, ¡el tiempo es ahora! Pensé en terminar este capítulo sobre las preguntas acerca de la fe, ofreciéndoles a los no creyentes un enfoque resumido de los primeros pasos en el camino a la vida eterna. A menudo me preguntan cómo convertirse en cristiano, y esta es mi respuesta a ese interrogante tan esperado. Siéntete en libertad de compartir esto con alguna otra persona que no cree y está buscando una guía.

Primero: entiende y acepta que eres pecador

La definición de pecado es simple. Pecado es quebrar la ley de Dios. Incluso la gente buena hace cosas que no agradan a Dios o no logran su aprobación. ¡La vara en la Biblia está imposiblemente alta! Ninguno de nosotros puede alcanzar la perfección, o siquiera acercarse a ella. No importa cuánto lo intentes, nunca serás lo suficientemente bueno. La Biblia dice que todos los seres humanos "han pecado y están privados de la gloria de Dios" (Romanos 3:23). El pecado es el mayor obstáculo entre tú y Dios. De hecho, la Biblia enseña que nuestro pecado es una sentencia de muerte. Romanos 6:23 dice: "Porque la paga del pecado es muerte". Es fuerte, pero es lo que enseña la Biblia.

Segundo: reconoce que Jesucristo murió en la cruz por ti

Dios proveyó la solución definitiva para nuestro pecado. Primero debes reconocer que el Hijo de Dios dio su vida por ti. ¡Estas sí que son buenas noticias! Romanos 5:8 enseña: "Pero Dios demuestra su amor por nosotros en esto: en que cuando todavía éramos pecadores, Cristo murió por nosotros". Jesucristo murió en nuestro lugar, aunque nosotros merecíamos la muerte. Él lo hizo para que podamos ir al cielo y, como sus hijos, estemos con él por la eternidad, sin más dolor.

Tercero: arrepiéntete de tus pecados

Después de admitir tu condición de pecador y de reconocer las buenas nuevas de la muerte de Jesús en tu favor, ahora es tiempo de decir que estás arrepentido.

Confiesa que has hecho mal y arrepiéntete de tus pecados. Arrepentirse significa "alejarse de", negarse a vivir en un patrón pecaminoso, y caminar hacia Dios con todo tu corazón. Hechos 3:19 dice: "Por tanto, para que sean borrados sus pecados, arrepiéntanse y vuélvanse a Dios, a fin de que vengan tiempos de descanso de parte del Señor".

Cuarto: acepta a Jesucristo en tu corazón y en tu vida

Ser salvo requiere de un paso de fe. Precisas dar un paso de fe en la dirección del único que puede salvarte. La Biblia nos dice que la salvación no se halla en ningún otro, porque no ha sido dado otro nombre bajo los cielos "mediante el cual podamos ser salvos" (Hechos 4:12). Jesús no es un camino hacia Dios, ¡Él es el único camino! Juan 14:6 declara: "Yo soy el camino, la verdad y la vida. Nadie llega al Padre sino por mí".

¿Te gustaría que Jesús fuera el Señor de tu vida? ¿Estás listo para entregar tu vida en fe y obediencia a Él? Entonces pídele a Jesús que entre en tu corazón ahora mismo. Él dijo: "Mira que estoy a la puerta y llamo. Si alguno oye mi voz y abre la puerta, entraré, y cenaré con él, y él conmigo" (Apocalipsis 3:20).

¿Estás preparado? Si te gustaría comenzar una relación con Cristo, detente un momento y haz una oración. Puedes usar tus propias palabras cuando hables con Dios. Expresa tus pensamientos de la forma que sea más natural para ti. Lo más importante es que tu conversación con Dios sea totalmente sincera y siga el ejemplo de la Biblia: "...si confiesas con tu boca que Jesús es el Señor y crees en tu corazón que Dios lo levantó de entre los muertos, serás salvo" (Romanos 10:9).

Aquí hay un modelo de las palabras que puedes usar para orar:

Jesús, admito que soy un pecador y estoy separado de ti por causa de mi pecado. Pero ahora entiendo que tú viniste a morir en mi lugar, para ocuparte por completo del problema de mi pecado. Estoy listo para arrepentirme de mi pecado y dar la vuelta para caminar hacia ti. Confieso, mediante estas palabras, a Jesús como mi Señor y Salvador. Señor, yo creo que resucitaste de la muerte por mí. Gracias por salvarme. Amén.

Si hiciste esta oración de todo corazón, Jesucristo ahora ha venido a vivir en ti. Tu decisión de seguirlo significa que Dios te ha perdonado, y pasarás la eternidad en el cielo junto a él. En 1 Juan 1:9 dice que "si confesamos nuestros pecados, Dios, que es fiel y justo, nos los perdonará y nos limpiará de toda maldad". Y hay otro versículo que también nos alienta, en el Salmo 103:12, que dice así: "Tan lejos de nosotros echó nuestras transgresiones como lejos del oriente está el occidente".

Tu fe en Jesús te salvó, ahora ve y vive en paz. Como el apóstol Pablo nos anima en Romanos 15:13: "Que el Dios de la esperanza los llene de toda alegría y paz a ustedes que creen en él, para que rebosen de esperanza por el poder del Espíritu Santo".

3

EL EVANGELIO EN CASA

Un día llegué de la oficina a mi casa, en el otoño de 2016, y enseguida que crucé la puerta, mis dos hijos menores me voltearon, besaron y abrazaron. Si hay un sentimiento mejor que ese en este mundo, yo no lo conozco.

Solo hacía un día que había llegado a casa después de haber estado afuera dos semanas, dando conferencias en siete países de Europa Occidental. Parece que cada vez me lleva más tiempo recobrarme de esos viajes extenuantes, pero los abrazos y besos de la familia me ayudan a recuperarme, emocional y espiritualmente, mucho más rápido.

Esta era la primera vez que Dejan, que nació el 7 de agosto de 2015, era capaz de darme un abrazo de pie. Él había estado observando a Kiyoshi, que es dos años mayor que él, saludarme de esta manera, y esperaba el tiempo de tener dominio de sus piernitas para hacerlo.

Ese día en particular, él vio a Kiyoshi abrazarme y vino corriendo hacia mí. Al principio, intentó sacar a su hermano de encima mío, pero luego ambos se echaron a reír y empezaron a correr alrededor mío como si yo fuera la silla vacante en el "juego de la silla". Después, Dejan se detuvo delante de mí y Kiyoshi se quedó por detrás, hasta que entre los dos me envolvieron en un abrazo, deleitándome en gran manera.

Yo fui soltero por mucho tiempo, así que, cuando viajaba, regresaba a una casa vacía. Pasaba semanas hablando ante miles de personas que hacían fila para saludarme y darme un abrazo, pero cuando llegaba a casa había un silencio y una soledad terribles. Ahora sé que Dios me permitió experimentar esa etapa para poder apreciar en su totalidad el gozo de ser esposo y padre.

En estos días, más que nunca, puedo ser los brazos y los pies de Jesús tanto en los viajes como en casa. En cuanto a compartir el evangelio, mi familia es mi primera responsabilidad. Ahora cuando viajo, mi mente a menudo está pensando en mi esposa, mis hijos y mi casa. Solo quiero estar con ellos en el santuario de nuestro hogar, donde podemos compartir todos juntos. Me encanta estar a solas con mi familia. Yo disfruto y me regocijo en su amor.

A menudo me conmuevo hasta las lágrimas cuando los veo acurrucándose y abrazándose entre ellos o a Kanae, que se adueñó de los corazones de sus tres devotos varones. Mi esposa y yo habíamos conversado este año acerca de la posibilidad de tener una niña, para compensar un poco, pero decidimos esperar un par de años más para darnos un respiro. Evidentemente, Dios tenía otra idea y nos ha bendecido doblemente con unas mellizas que pronto llegarán. ¡Cuídate de los que oran pidiendo una doble porción para tu familia!

Ser padre por primera vez —y en cada ocasión— trae consigo muchas sorpresas y revelaciones. Para el tiempo en que hallé a Kanae y me casé con ella, tenía la impresión de que ya tenía la mayor parte de mi vida resuelta. Pero los hijos enseguida disipan esas ilusiones. Ellos te enseñan que no eres tan sabio, paciente, enérgico y fuerte de corazón como creías. Ellos te enseñan a ser humilde.

Cada día, todos los días, estoy forzado a reconocer que, antes de tener una familia, vivía en un mundo unidimensional. No sabía que no sabía, pero ahora aprendo algo nuevo cada día.

Sin la sabiduría, paciencia, energía y fuerzas de Dios, no sé cómo los padres pueden arreglárselas para salir adelante cada día. Yo he orado más que nunca en mi vida, pidiendo megadosis de todos esos atributos, desde que ingresé al maravilloso, y a veces salvaje, mundo de la paternidad.

EL PEOR DOLOR

En público he confesado varias veces mi repugnancia al dolor. La paternidad, sin embargo, me ha enseñado que hay algo mucho pero muchísimo peor que mi propio sufrimiento, y es el sufrimiento de un hijo. Nada me hace sentir más desesperado y entrar en pánico más rápido que cuando uno de nuestros hijos llora y no sabemos qué le pasa.

Estábamos en Dallas en noviembre de 2014, visitando a la madre de Kanae, cuando nuestro hijito de veinte meses, Kiyoshi, siempre alegre como un cascabel, cantando y danzando, de pronto comenzó a sollozar en su cama. Cuando corrimos a su lado, parecía estar sufriendo un dolor intenso de manera esporádica en una parte de su cuerpo particularmente preocupante.

Se agarraba sus partecitas íntimas y gritaba por dos o tres segundos; luego se le pasaba y estaba bien. Nos asustamos, por supuesto, pero no entendíamos qué podía estar ocasionando su agonía. Revisamos su ropa, a ver si había algo que se le pegara o le raspara, pero no encontramos nada.

La primera vez que sucedió fue alrededor de las dos de la mañana. Cuando lo oímos llorar corrimos a verlo, pero no encontrábamos la causa de su dolor. Kanae estaba a su lado en la cama y lo consolaba hasta que volviera a dormirse. Pero a los pocos minutos se despertaba y lloraba de nuevo.

En un momento estaba bien y de repente volvía a llorar. Cuando los episodios se hicieron más frecuentes —le tomamos el tiempo y vimos que acontecían cada siete minutos— lo llevamos al hospital. Los doctores de la sala de emergencias estaban desconcertados también. Le hicieron toda clase de exámenes después de darle morfina (¡glup!) para aliviarle el dolor. ¿Morfina? ¿A mi bebé?

Aun así, llevó ocho horas calmarlo. Él estaba exhausto y nosotros también. Llamé a mi mamá, que tenía experiencia como enfermera. Ella se mostró muy preocupada también, pero no había mucho que pudiera hacer, porque estaba con mi papá en un crucero. Lloró por no poder acompañarnos en esa ocasión, pero estábamos bendecidos de estar en Dallas, acompañados por la familia de Kanae, una fuente de consuelo y apoyo.

Oramos y les pedimos a todos los que conocíamos que oraran con nosotros. Miles, o tal vez decenas de miles, de mis seguidores de Facebook, estaban orando por Kiyoshi también. Los doctores de la guardia dijeron que los análisis no revelaban ningún problema, así que llevamos al niño de vuelta a la casa de su abuela sin tener ninguna respuesta sobre la causa de su dolor. Lo pusimos en la cama y, apenas lo acostamos, estalló en llanto otra vez. Lo llevamos de nuevo al hospital y le dieron más analgésicos y lo dejaron internado por la noche.

YO TE CONSOLARÉ

Nuestro Padre en los cielos vio a su Hijo sufriendo en la Tierra, así que sé que él entiende que tener un hijo que sufre de dolor es una de las peores experiencias para un padre, cuyo instinto es protegerlo y consolarlo. El pasaje que dice "Dejen que los niños vengan a mí, y no se lo impidan, porque el reino de los cielos es de quienes son como ellos" se reproducía en mi mente.

Oré a Dios para que calmara el dolor de Kiyoshi y guiara a los médicos a encontrar la causa y la cura. También imploré su misericordia y fortaleza. Sabía que Dios tenía un plan detrás de todo, pero no tenía la menor idea de cuál podía ser. Tenía que confiar, con fe en que había un propósito mayor del que yo podía ver.

Romanos 5:3-4 nos dice que podemos regocijarnos mientras soportamos el sufrimiento, sabiendo que todo eso nos infunde perseverancia, carácter y esperanza. Primero oré así: "Señor Dios, detén el sufrimiento y, si no puedes hacerlo, ayuda a los doctores a encontrar la razón, para que puedan ayudarlo". Había una nueva profundidad espiritual en mi gemido que no había conocido antes. Cuando era niño, muchas veces vivía en el mundo de los solitarios, porque era diferente a los demás. Por momentos sentía que mi vida era más dura de lo que debía haber sido, pero esta vida tiene que ver con lo bueno convirtiéndose en mejor, y sí, algunas veces también con lo malo volviéndose peor.

Los valles se hacen más profundos mientras que las montañas se hacen más altas, pero entre los altos y los bajos es donde nuestro crecimiento en madurez acontece. Nuestro carácter se forja y recordamos lo fiel que Dios ha sido con nosotros en el pasado.

Yo creo que Dios nos permite sentirnos débiles y perdidos para recordarnos que toda nuestra fuerza y nuestra dirección provienen de él. Si la vida fuera fácil y fuéramos completamente autosuficientes, nunca pensaríamos en pedir ayuda. Se supone que dependemos de Dios para poder crecer en él, y por medio suyo, y seguir su sendero para nuestras vidas. Dios quiere que hablemos y caminemos con él todos los días.

Nos hace pasar por tiempos buenos y malos para que aprendamos a descansar en él y a seguir su Palabra. Yo paso tiempo a solas con Dios cada día. Reflexiono y medito más en los días en que las cosas van mal que cuando marchan bien, porque necesito acercarme a Dios.

Mi mayor deseo como hijo de mi Padre celestial es conocerlo, crecer en él y aceptarlo para que él me acepte a mí. Juan 15:6 dice que todo aquel que no acepta a Jesús "es desechado y se seca, como las ramas que se recogen, se arrojan al fuego y se queman". Gracias, pero yo prefiero evitar ser madera para una fogata.

ANSIEDAD PARENTAL

Todas las oraciones a favor de Kiyoshi parecieron dar resultado, porque en menos de un día el dolor desapareció tan misteriosamente como vino. Lo llevamos a casa y no volvió a sentir dolor.

Kiyoshi enseguida volvió a ser el niño feliz que suele ser. Mientras tanto, su madre y yo estuvimos preocupados por semanas acerca de la fuente de su misterioso dolor. Ese fue nuestro primer gran susto como padres, y nos costó superarlo.

En un punto, en el hospital, nuestro pequeño bebé tenía un catéter en su cuerpecito por donde le pasaban morfina, y todavía lloraba porque le dolía mucho. Eso es algo difícil de afrontar para todo padre.

Le hicieron análisis de sangre, le dieron a beber 250 mm de fluido en treinta minutos mientras el dolor lo enloquecía. Pensamos que ese trauma y sufrimiento lo asustarían de por vida; de hecho, durante un año, cada vez que veía a un doctor se impresionaba mucho. Sé que eso dejó en Kanae y en mí cicatrices de dolor que tardarán un tiempo en sanar.

Unas semanas después, todavía estábamos reviviendo lo sucedido. Nos despertábamos en medio de la noche pensando que oíamos llorar a Kiyoshi, solo para darnos cuenta de que estábamos soñando. Los padres podemos absorber todo el dolor que aflige a nuestros hijos. Solo quisiéramos que ese dolor se transfiriera a nuestro cuerpo, para poder aliviarlos a ellos.

Esta experiencia me dio una pequeña muestra de lo que mis padres deben haber soportado cuando los doctores no podían hacer nada conmigo luego de mi nacimiento. Nadie había visto nunca un niño así. Nadie tenía la menor idea de qué hacer, aparte de mandarme a casa y orar para que fuera lo mejor. ¡Y lo consiguieron! (Tal vez necesite pedir más humildad...)

Una vez que mi padre y mi madre se recobraron de su choque emocional, rindieron sus temores e inseguridades a Dios. Le pidieron fuerzas y guía, y él se los dio. Siempre pensé que ellos fueron unos padres grandiosos, pero ahora que yo mismo soy papá, mi respeto y aprecio por ellos crece cada día.

AUMENTAN LOS DOLORES FAMILIARES

Su ejemplo de vivir en fe, rendirse a la voluntad de Dios y descansar en las fuerzas del Espíritu Santo, me dio una poderosa base de fe. Verlos caminar por la fe también me ayudó a convencerme de que no habría podido tener un mayor propósito en la vida que ayudar a otros a aceptar a Jesucristo como su Salvador, porque no hay otra fuerza y esperanza en nuestras vidas más que Jesús.

Oro más que nunca porque quiero ser un padre respetable, que refleje la bondad y sabiduría de Dios. Mirar a Kanae con Kiyoshi pronto se convirtió en mi pasatiempo favorito. Ella es una madre preciosa, bondadosa y cariñosa por naturaleza, y cada día veo a nuestro hijo responder a su amor. Su conexión es increíble, y ellos le han sumado mucho a mi vida.

Yo estaba muy entusiasmado cuando Kanae quedó embarazada otra vez, porque tenía tanto amor para dar. Ella nuevamente nos sorprendió a todos al pasar por este otro embarazo sin sufrir ningún efecto adverso y sin tener que menguar su actividad normal. Las cosas se trastornaron un poco justo antes del parto. La persona que vino a darle la anestesia epidural a Kanae me dejó un poco preocupado. Pensé por un momento que estaba en uno de esos shows televisivos al estilo cámara oculta, donde graban tus reacciones ante las bromas y sucesos extraños.

A eso de las cuatro de la mañana, este hombre alto, flacucho y algo torpe entró en la habitación. Tuve la impresión de que él nunca había estado en un hospital. Se llevaba todo por delante, como si fuera un toro dentro de una sala de operaciones. Tomaba los instrumentos y los arrojaba de nuevo, haciendo un montón de ruidos innecesarios, y casi se tropieza con los tubos y los cables de la cama de Kanae.

Hablando en serio, yo miraba alrededor en busca de cámaras escondidas, ¡pensando que alguien nos estaba gastando una broma! No quería decir nada que lo ofendiera, pero la verdad es que pensaba: "¡Santo cielo! ¿Acaso este tipo es un impostor?". Finalmente, decidí pensar que debía haber dormido pocas horas, porque era la madrugada. Le concedí el beneficio de la duda, pero me alegré de que no estuviera en la sala de partos en esa condición.

DOS NIÑOS DIFERENTES

Cuando Kanae ingresó al hospital para dar a luz a Dejan, Esmeralda, su madre, vino a casa a ayudarme con Kiyoshi. Después del nacimiento, ella se quedó para ayudar mientras su hija se recuperaba. Estábamos muy agradecidos por su refuerzo en el primer mes, porque durante ese período tuvimos otra crisis familiar importante después de saber el diagnóstico de cáncer de mi padre. Normalmente, mi madre y mi hermana Michelle habrían ayudado a Kanae con el nuevo bebé, pero, por supuesto, ellas se tuvieron que enfocar en la enfermedad de mi padre.

Dejan demostró ser un niño sencillo de criar, que no necesitaba una gran cantidad de atención. Ha sido más pequeño que Kiyoshi en cada etapa de su crecimiento, pero nunca deja de comer y siempre quiere más, así que quizás algún día alcance a su hermano mayor. También tiene un espíritu más aventurero que su hermano. A nuestro primer hijo no le gustaba mucho ir a la playa cuando era bebé; parecía no disfrutar la textura de la arena. Nuestro segundo hijo corre libremente en la arena y se la lleva a la boca si no lo frenamos.

Kiyoshi siempre fue bastante relajado. Le encanta escuchar música. Creemos que será una estrella de rock o un compositor, porque ya agasaja a los extraños con historias de su colección de vinilos. Dejan, en cambio, es más activo. Probablemente será nuestro *skater* o paracaidista profesional. No se rían. Kanae y yo hemos hecho paracaidismo juntos, ¡y ella también lo hizo sola antes de conocerme!

Dejan heredó nuestros genes como amantes de los riesgos. Una vez que empezó a caminar no pudimos quitarle los ojos de encima. Se te escapa por unos segundos y sus manos pueden terminar en el retrete o puede estar haciendo maniobras para salir de la casa. Se queja si no encuentra una puerta abierta para escaparse de nosotros.

Yo pensaba que mi padre era muy protector conmigo. Bueno, ahora yo soy más protector con mis hijos. ¡Si pudiera atarlos y dejarlos sentados todo el día, por supuesto que lo haría!

Yo leí que el segundo hijo aprende del primero y, generalmente, bate los récords de caminar y hablar más temprano. Eso parece ser verdad. Yo me perdí los primeros pasos de Kiyoshi porque justo estaba de viaje.

Me sentí muy agradecido y profundamente conmovido cuando Dejan rodó por el césped hacia mí, puso sus manos en mi pecho y se puso de pie por primera vez por su propia cuenta. No me habría sorprendido si hubiera hecho el baile de la victoria, porque se veía tan feliz consigo mismo.

Su llegada a este mundo ha duplicado el amor en mi vida y también duplicó mi determinación de ser un buen cristiano, buen marido y buen padre. Enseguida supe que dos hijos parecen requerir diez veces más de trabajo que uno solo. De alguna manera, estábamos más preparados y menos estresados, porque habíamos pasado por esta etapa con un bebé. Yo estaba triste, sin embargo, por el hecho de que Kanae parecía estar llevando toda la carga en cuanto a los niños.

Bromeábamos sobre que ella *solamente* parecía poder hacer diez o veinte cosas a la vez. Kanae parece tener los superpoderes de madre: percibe cada necesidad, oye cada lloro, corre al rescate cada vez que uno de ellos se tropieza o se está buscando lío. Ella hace todo esto mientras permanece en calma, serena y compuesta, nunca quejándose o gritando.

No obstante, una vez que Esmeralda regresó a Dallas, pude ver que Kanae estaba teniendo dificultades para arreglárselas con los niños y todas las tareas de la casa, por no mencionar también a un esposo demandante. Le dije que parecía estar siempre con un bebé en brazos y dos monos corriendo por la casa, Kiyoshi y yo. Esto me preocupaba porque yo quería aliviar su carga, no agregarle más.

UN NIÑO ME GUIARÁ

Cuando Kanae quedó embarazada de nuestro primer hijo, recuerdo haber pensado que yo sería responsable de enseñarle a mi hijo los valores cristianos, mientras que también sería su guía espiritual. Poco sabía yo que sería él quien me enseñaría tanto sobre mí mismo.

Como padres, enseguida somos confrontados con nuestras debilidades y fracasos. Me considero muy bendecido de ser padre, pero al mismo tiempo, nunca me he sentido tan humilde. Creo que esto también es parte del plan de Dios.

A lo largo de mi niñez, y la mayoría de los años de mi adolescencia, oré para que Dios me diera brazos y piernas. Pero cuando Kanae llegó a mi vida, dejé en gran medida de orar así. Cuando veía que su amor por mí estaba ciego ante mis discapacidades, me acepté a mí mismo más que nunca.

Llegué a la conclusión de que, si una mujer tan hermosa y tan buena podía amar a un hombre sin extremidades como yo, ¿por qué echarlo a perder? Todavía conservo un par de zapatos en mi ropero, por si acaso Dios quisiera concederme un milagro, pero tener el amor de una mujer maravillosa aquietó mi mente más que ninguna otra cosa.

Pero desde el nacimiento de Dejan, sentí el efecto de esos sentimientos de ineptitud otra vez. Antes quería tener mis extremidades para ser más independiente y poder encajar con la mayoría de la raza humana. Pero ahora, con mis hijos, las quería para poder colaborar con su crianza. Tal como refleja el título de este libro, siento que, como evangelista cristiano, puedo servir siendo las manos y los pies de Dios alrededor del mundo. Pero quiero serlo en casa, como papá, también.

Quiero representar a Dios y a la fe para mis hijos. Deseo ser un padre tan colaborador como sea posible. Durante el primer año de vida de Dejan, sentía que no estaba haciendo lo suficiente para ayudar a mi esposa. La mayoría de los padres llegan y alzan al bebé o agarran a alguno de los niños mientras su madre está ocupada. Yo quería hacer todas esas cosas, pero me faltaban las extremidades para alzar o agarrar.

Cuando era un joven soltero, me adaptaba para poder hacer la mayor parte de las tareas por mí mismo. También tenía cuidadores que me ayudaban a hacer aquellas actividades que yo no podía. Después de casarme, Kanae y yo decidimos no tener ayudantes porque eso afectaría nuestra privacidad. Mi esposa suplía toda necesidad de asistencia, y ella siempre era tan amable y servicial. Mis preocupaciones por exigir demasiado de su parte se tranquilizaron, hasta que nació Kiyoshi y empezó a sufrir cólicos.

Esa fue la primera vez que me tocó ser padre. Pensaba que podía manejar casi todo, pero sus gritos de agonía me hicieron caminar por las paredes durante varias noches sin poder dormir. Kanae era más fuerte que yo, tan comprensiva y abnegada, que yo me sentí avergonzado.

Cometimos un error de principiante durante su enfermedad: traerlo a nuestra cama para que se calmara. Luego se acostumbró a dormir con nosotros, lo cual no era algo bueno. Si lo acostábamos en su cama, lloraba sin parar. No podíamos hacerlo dormir durante toda la noche.

Kanae nunca se quejaba, pero los dos estábamos como zombis por la falta de descanso. Yo me sentía culpable por no poder levantarme y aligerarle la carga a mi esposa cuando el bebé tenía berrinches y necesitaba que lo tomaran en brazos. Conseguimos una mochila portabebés que podía colocarme alrededor de los hombros para cargarlo, pero Kanae era quien tenía que ponerlo dentro de ella. Yo no podía calmarlo igual que su madre ni podía cambiarle los pañales o bañarlo.

Confieso que no tengo tolerancia ante el llanto de un bebé, especialmente de los míos. Me pone muy nervioso, dado que no puedo alzar y consolar a mi desconsolado hijo, así que me retraigo en una esquina lejana donde no pueda oír el llanto. Luego me preocupo, porque siento que estoy siendo un mal padre.

Finalmente logramos educar a Kiyoshi para que durmiera en su propia cama. Cuando lo habíamos logrado, apareció Dejan trayendo sus nuevos desafíos. Me di cuenta de que cuando Kanae se detenía a ayudarme a mí, dejaba de cuidar a nuestros hijos y de atender sus necesidades.

Yo quería ser la clase de padre que pudiera ayudar en algo, levantar la mesa, limpiar los platos, sacar la basura, ordenar los juguetes de los niños, y llevarlos a jugar en la piscina, pero hay muchas cosas en las que no puedo intervenir. Kanae estaba llevando sola la carga de la crianza de los hijos. Además de eso, casi no estábamos teniendo tiempo juntos para enfocarnos en las necesidades del otro.

De modo que tomamos medidas para aligerar el peso y darnos más tiempo solos. Contratamos a una empleada doméstica y a una niñera, y comenzamos a salir regularmente a solas para fortalecer nuestra relación matrimonial y nuestra amistad.

Tengo que confesar, no obstante, que las citas a solas al principio se suponía que iban a ser noches románticas, donde nos miraríamos a los ojos y expresaríamos nuestros pensamientos de amor, pero se convirtieron en salidas para cenar y mirar alguna película. Seguimos diciendo: "La próxima vez solo saldremos a cenar y a conversar", pero entonces estrenan una buena película y decidimos ir al cine. Prometo que trabajaremos en eso.

Me he dado cuenta de que, como esposo y como padre necesito más a Dios en mi vida. Estoy viendo más debilidades donde desearía ver fortalezas. Preciso más paciencia, empatía, energía y, por qué no, ¡más horas de sueño! Pero, mayormente, necesito más de Dios para poder sostenerme. Me siento muy estresado por tener que proveer para todas las necesidades de mi familia, mientras sirvo al propósito que Dios me dio de inspirar y dar esperanza a otros y de llevar a tantas personas como pueda al redil cristiano.

Cuando era soltero nunca entendía a qué se referían las parejas cuando decían que el matrimonio era trabajo arduo. Pensaba que estar soltero era difícil, ¡y me parecía que estar casado con una esposa amorosa sería entrar al cielo! Con toda sinceridad, esa es la forma en que me siento la mayor parte del tiempo ahora que tengo una esposa y una familia que cuidar.

Me encanta estar casado, y estoy muy agradecido por tener dos hijos saludables. Pero, aun así, he aprendido que el trabajo de estar casado y tener hijos tiene mucho que ver con estar agradecidos por el otro y hacer todo lo posible por mantener vivo el romance.

El desafío es que uno queda atrapado en las exigencias del día a día de la paternidad y la vida adulta. Hay mucho más para hacer, y muchas más demandas sobre tu tiempo, de modo que es fácil tan solo reaccionar y contestar hasta caer exhausto al final del día.

No puedes simplemente dejarte llevar y dar tu relación por sentado sin hacer nada al respecto. El resentimiento crece muy rápido en un matrimonio y también en una familia. Como padres y como cónyuges, tenemos que mantener las líneas de comunicación siempre abiertas, y poner nuestra fe en un primer plano de nuestras vidas.

ENCONTRAR EL EQUILIBRIO

Mi existencia cotidiana es más complicada que para la mayoría de la gente, por mi falta de extremidades. Este es un factor con el que constantemente tengo que lidiar. Mayormente, estoy acostumbrado a ello, pero a veces me encuentro resintiéndome a medida que los niños crecen más. Definitivamente necesito la ayuda de Dios con eso.

Al igual que muchos otros padres y madres yo también trabajo, dirigiendo mi organización Vida sin Extremidades, la cual administra mis compromisos cristianos y mi empresa motivacional, *Attitude Is Altitude* (Actitud es Altitud), que maneja mis compromisos como conferencista en el mundo corporativo y educativo.

Siempre estamos trabajando para encontrar nuevas maneras de alcanzar mayores audiencias y tener un impacto más grande con ambas entidades. Ahora que tengo una familia, me interesa mucho usar los medios sociales y la tecnología, como los *webcasts*, para no tener que viajar tan seguido o tan lejos de casa.

SÚBETE AL VUJIBUS

Una bendición con la que nos topamos es el VujiBus, nuestra nueva casa rodante o caravana. Kanae y yo hemos hablado por mucho tiempo sobre cómo hacer para viajar juntos en el trabajo y en las vacaciones sin tener que gastar tanto dinero.

Yo estaba preocupado por los gastos de viajar en avión con la familia. Si llevo mi mejor silla de ruedas, la cual es más sencilla de maniobrar, pero no de transportar, tengo que reservar un asiento solo para ella. Si mi cuidador viene conmigo, entonces es otro pasaje de avión de ida y de vuelta. Así que muchas veces terminábamos pagando seis pasajes cada vez que salía a dar una conferencia.

Habíamos fantaseado con la idea de tener una casa rodante lo suficientemente amplia como para que quepamos todos en un viaje de vacaciones, o incluso en algunos viajes de trabajo. Yo me había inspirado cuando el concesionario de esos vehículos nos prestó algunas para que las usáramos en una gira en el 2015. En esa gira, visitamos nueve países en diez días, y viajamos, mayormente, en esos vehículos enormes que son muy cómodos y espaciosos.

Pensamos que esa opción sería menos costosa, y un medio de transporte menos complicado que me permitiría llevar a Kanae y a los niños en algunos viajes de trabajo y de vacaciones. Yo no puedo conducir, pero pensamos que mi cuidador podría tomar el volante mientras Kanae y yo disfrutábamos con los niños. Busqué en internet una casa rodante usada y enseguida vi que la mayoría estaban fuera del rango de lo que podíamos pagar.

Casi había abandonado la idea cuando un amigo me dijo que alguien tenía una de esas, modelo 1995, para vender. Estaba bien cuidada, con tan solo algo más de ciento setenta mil kilómetros. Venía con todos los accesorios y estaba a mitad de precio del que yo había visto en todos lados.

Hicimos un excelente trato con este hotel sobre ruedas. Para probarlo, hicimos un par de viajes cortos a Santa Barbara y a Ventura. Encontramos unos hermosos parajes junto a la costa del Pacífico, que tiene unos paisajes más bellos de los que encontrarías en un hotel cinco estrellas.

Nuestro viaje más largo hasta ahora ha sido a las montañas de Colorado, donde visitamos a unos amigos en su pintoresca cabaña. Cuando viajas en una casa rodante, puedes apreciar el paisaje, y en este viaje en particular hicimos algunas paradas en Utah, que posee unos sitios espectaculares para explorar la naturaleza.

El combustible diésel no es barato, pero ahorramos en el costo de la tarifa aérea, en las habitaciones de hotel e incluso en restaurantes, porque podemos llevar nuestra propia comida y cocinar a bordo o en *campings*. Es como un condominio sobre ruedas, así como también una oficina sobre ruedas, porque puedo trabajar mientras los niños están durmiendo.

UNA MISIÓN DOBLE

Yo oro por equilibrio en mi vida, porque quiero servir a mi familia y también a mi Padre en los cielos. Mi misión y ministerio nunca cambiarán. Me apoyaré en la sabiduría de Dios y atravesaré puertas abiertas para dar testimonio de mi fe y de cómo Dios ha cambiado mi vida y la de muchos otros. También he alentado a millones más como orador motivacional, lo que me abre otras puertas para reclutar soldados para Cristo. En los primeros diez años de ministerio, alcancé un aproximado de seiscientos millones de personas en aquellos lugares del mundo en donde se me permitió hablar de mi fe en Jesús.

En los últimos diez años, la audiencia se ha duplicado. Aproximadamente mil doscientos millones de personas han sido alcanzadas por medio de todo tipo de plataformas, incluyendo conferencias, videos, vía internet, *podcasts*, eventos en vivo, medios sociales y televisión.

Todavía sigo siendo el hijo ambicioso de mi padre terrenal y de mi Padre celestial. Mi meta es alcanzar siete mil millones de personas con mi testimonio de fe en Dios. Lo sé, es una meta bastante alocada, pero espero seguir duplicando nuestro alcance cada diez años gracias al poder de los medios sociales, las redes y otras oportunidades en los medios de comunicación nacionales.

Mi pequeño y decidido equipo en estos años ha tenido que arreglárselas alguna que otra vez con lo que había, pero constantemente estamos refinando nuestra estrategia. Todavía tenemos metas grandes, pero estamos usando nuestros recursos más sabiamente.

El tiempo es un factor determinante en cada decisión, claro. El cáncer inesperado de mi padre me ha servido como recordatorio de que cada día es una bendición. Hoy puede ser nuestra última oportunidad para marcar una diferencia, para hacer un acto de bondad, para abrazar a un ser querido o a un desconocido, o para ofrecer una oración de gratitud.

Trato de no irme nunca a dormir sin resolver los conflictos o desacuerdos, especialmente con mi esposa, porque quizás no haya otra oportunidad de decirle que la amo y de pedirle perdón. Si no podemos solucionar un problema antes de que se apaguen las luces, decidimos encontrar una alternativa a primera hora de la mañana. Quiero darle las buenas noches con paz en mi corazón, para poder despertarme con gozo al día siguiente, esforzándome por ser un mejor esposo, padre y, en definitiva, un mejor siervo de Dios.

MANTENERNOS UNIDOS

De tanto en tanto me siento abrumado con tantos compromisos. Sé que necesito tomar descansos para mantener la buena salud, pero tengo una lista de cosas para hacer y asuntos urgentes inesperados que surgen y se devoran gran parte de mi tiempo. Aun cuando se supone que debo estar descansado y relajándome, siempre estoy pensando en lo que todavía falta por hacer.

Las distracciones laborales te roban el tiempo que debes darle a tu familia, aun cuando estés con ellos. Debería estar presente tanto mental como físicamente, pero mi mente vaga y me vuelvo indiferente. Esto no pasa desapercibido ni para Kanae ni para los niños, y yo me siento mal cuando sucede. Necesito estar allí para ellos, en cuerpo, alma y espíritu.

Como nos dice la Escritura, nuestros hijos son herencia del Señor y tenemos que estar disponibles para ellos como maestros y modelos a seguir de una vida cristiana guiada por nuestra fe y por sus mandamientos. Yo oro pidiendo la guía del Señor. Necesito su ayuda para ser el mejor padre que sea posible para nuestros hijos, y el mejor esposo posible para mi esposa.

Quiero inspirarlos con mi fe, y guiarlos un día a la vida eterna en los cielos. Ahora estoy en la flor de la vida, como dicen, y parece ser un tiempo muy ocupado. Estoy agradecido por todas las bendiciones y oportunidades que he recibido, y de veras siento que con el apoyo de Dios no hay límites en cuanto a lo que puede alcanzar un esposo, padre, hijo y guía espiritual.

Estamos agradecidos por un nuevo tiempo de estabilidad en el ministerio de Vida sin Extremidades. Estamos implementando planes y estrategias a largo plazo, gracias a la búsqueda de equilibro de manera intencional y sistemática. Eso también me brinda un nuevo nivel de estabilidad en casa, incluso cuando viajo.

Sé que mis hijos apreciarán de verdad los sacrificios que hago por la causa del reino. El mayor deseo de mi corazón es mostrarles cuánto los amo, expresando mi cariño por su madre. Haremos todo lo que podamos para encontrar el equilibrio entre enseñar la Palabra y mostrarla en acción. Queremos que ellos vean nuestro amor genuino por Dios y nuestro amor incondicional del uno al otro, como marido y mujer. Queremos ser una familia arraigada en la fidelidad y las promesas de Dios.

TEXTOS BÍBLICOS SOBRE PATERNIDAD CRISTIANA

- Los hijos son una herencia del Señor, los frutos del vientre son una recompensa (Salmo 127:3).
- Instruye al niño en el camino correcto, y aun en su vejez no lo abandonará (Proverbios 22:6).
- Y ustedes, padres, no hagan enojar a sus hijos, sino críenlos según la disciplina e instrucción del Señor (Efesios 6:4).
- Grábate en el corazón estas palabras que hoy te mando. Incúlcaselas continuamente a tus hijos. Háblales de ellas cuando estés en tu casa y cuando vayas por el camino, cuando te acuestes y cuando te levantes (Deuteronomio 6:6-7).

4

FRUTO DELICIOSO

Yo hablo mucho acerca de mi fe y de cómo Dios me ha guiado en cada uno de los desafíos que he tenido que atravesar en mi vida, y por eso muchas personas se animan a compartir sus historias de vida conmigo también. Sus testimonios me ayudan a recordar que mis discapacidades no son nada en comparación con las cargas que muchos otros llevan.

El camino de fe que Xayvier Swenson ha tenido es, ciertamente, uno de los más inspiradores que he oído. Solo alguien de tremenda fortaleza espiritual podría haber resistido las continuas crueldades y tormentos que ha sufrido.

Ahora, principiando sus cuarenta, Xayvier lleva muchas cicatrices y todavía afronta desafíos a nivel psicológico y físico, pero a pesar de todo lo que ha pasado, su amor por Dios y su dedicación a crecer en la fe son notables. Un amigo suyo me lo presentó en el 2016. De inmediato hubiera dicho que él era un personaje singular. Es un tipo encantador y un conversador entusiasta, pero es obvio que es alguien que ha pasado por adversidades.

Estaba sorprendido de que Xayvier sintiera lo mismo acerca de mí. De hecho, en un momento él me dijo: "¡Tú eres igual a mí, solo que sin brazos ni pies!" Creo que quiso decir que, aunque ambos habíamos pasado por cosas difíciles, estábamos en pie gracias al crecimiento continuo de nuestra fe. Aun así, tengo que decir que Xayvier está entre esos cristianos que me inspiran y me hacen sentir humilde, porque los obstáculos que ellos han superado son mucho más grandes que cualquier otra cosa que yo haya pasado.

Suelo decir que crecer sin una familia amorosa es, probablemente, una de las mayores dificultades que un niño puede sufrir. Xayvier, por ejemplo, nunca conoció a su padre. Su madre drogadicta perdió la custodia de él al poco tiempo de nacer. Él la visitó solo dos veces durante su niñez, y los dos encuentros fueron acortados debido a su uso de drogas.

Después de unos doce años de silencio, su madre lo contactó para pedirle ayuda cuando él tenía dieciocho años. Ella estaba viviendo en la calle y tenía un comportamiento suicida. Xayvier le consiguió un apartamento. La dejó allí y fue al almacén a comprar alimentos. Cuando regresó la encontró inyectándose heroína otra vez. Se había administrado una sobredosis y había perdido el conocimiento. Entonces llamó una ambulancia. "Esa fue la última vez que la vi", dice Xayvier.

Cuando era niño, vivió en más de treinta hogares de acogida, la mayor parte de ellos al norte de California. "Me mudé tantas veces que, cada vez que me iba a una casa nueva, me levantaba a la mañana siguiente y esa misma noche dormía en una casa diferente", recordaba.

Xayvier dijo que sufrió un abuso físico y sexual indescriptible durante sus años en el sistema de cuidado temporal. Lo encerraron en armarios, lo golpearon, lo quemaron y fue acosado muchas veces. Pasó la mayor parte de su niñez asustado por los ataques, a veces de parte de quienes se suponía que debían ser sus tutores y protectores.

En su adolescencia vendió drogas y se unió a las pandillas callejeras. Tuvo que enrolarse en el ejército para evitar ir preso. Se enlistó en el ejército de los Estados Unidos tres meses antes del ataque terrorista del 11 de septiembre. Mientras entrenaba como paracaidista y se preparaba para dar un salto, chocó con otro soldado que se había caído en el momento de alistarse para saltar del avión. Xayvier también tropezó y se cayó del avión, golpeando con su cara la parte lateral de la nave. Me dijo que quedó noqueado y cayó inconsciente hacia el área de aterrizaje.

"No sé cómo, pero mi paracaídas se abrió. De no haber sido así, hubiera quedado estampado contra el suelo", recuerda. Aun con su paracaídas desplegado, tuvo un aterrizaje complicado. Sufrió varias lesiones en su columna vertebral, caderas y cabeza, y quedó adicto a los analgésicos debido a este accidente y a otros daños que recibió mientras estuvo en Irak. Fue dado de baja luego de cuatro años y medio, pero sus problemas, lesiones y adicciones continuaron. Finalmente pudo librarse de los analgésicos, pero aún sigue luchando. Luego de una larga serie de operaciones para curar su cuerpo, ahora usa una silla de ruedas para trasladarse.

Xayvier tocó fondo hace aproximadamente cuatro años. Intentó suicidarse cortándose las venas, pero fue rescatado por un oficial de policía que resultó ser un cristiano con un corazón apasionado por ayudar a los oprimidos. El policía le dijo: "Puedo ver al Espíritu Santo en ti". Le dijo que Dios debía tener un plan muy grande para él, porque había perdido casi toda la sangre de su cuerpo y aun así había sobrevivido.

Conocí a Xayvier por medio de Karl Monger, abogado defensor de los veteranos y cofundador de Raider Project, una organización sin fines de lucro dedicada a ayudar a los veteranos a hacer una transición exitosa hacia su vida como civiles. Xayvier me contó que su sueño es que el Espíritu Santo obre a través de él del mismo modo que obra a través de mí.

Por medio de todas sus pruebas y tribulaciones él se ha aferrado a su fe cristiana. Tuvo que pasar por muchos horrores cuando era niño, pero uno de los lugares más seguros que recuerda fue el hogar de acogida de los Adventistas del Séptimo Día, donde se bautizó. "Desde ese momento en adelante Dios ha tenido mis emociones y situaciones bajo control, y me mantuvo con vida en circunstancias donde no debería haber sobrevivido", dijo.

Él describe su fe como "algo plantado dentro de mí, una especie de acelerador que me hace sentir con ánimo y energizado cuando hay gente espiritual alrededor". Me dijo que hubo veces en las que estuvo enojado con Dios y otras ocasiones en las que quiso acabar con su vida, pero, de alguna manera, se las arregló para seguir creciendo en su fe a través de todas esas cosas. Su sueño ahora es ayudar a otros niños sin padres y sin guía, creando un pequeño ministerio de acompañamiento.

"Lo estoy empezando de cero. La gente no hace algo como esto a menos que Dios les dé un propósito", dijo Xayvier. "Yo pasé la mayor parte de mi niñez aterrado; ahora quiero ayudar a otros y mostrarles que pueden perseverar, no importa lo que les haya sucedido".

VIVIR EN FE EXIGE ACTUAR EN FE

Santiago 2:14-17 dice: "Hermanos míos, ¿de qué le sirve a uno alegar que tiene fe, si no tiene obras? ¿Acaso podrá salvarlo esa fe? Supongamos que un hermano o una hermana no tiene con qué vestirse y carece del alimento diario, y uno de ustedes le dice: «Que le vaya bien; abríguese y coma hasta saciarse», pero no le da lo necesario para el cuerpo. ¿De qué servirá eso? Así también la fe por sí sola, si no tiene obras, está muerta".

Xayvier puso su fe en acción para vencer los desafíos que podían haberlo dejado enojado y amargado. Admite que experimentó tiempos oscuros, pero que siempre eligió seguir la luz de Cristo. La clave para él y para el resto de nosotros es continuar creciendo en fe, aun cuando los tiempos duros nos azoten. Esto requiere algo más que orar, aunque la oración es ciertamente esencial. También tenemos que tomar acción para edificar nuestra fortaleza espiritual.

No te engañes pensando que tan solo por decir que eres cristiano, es lo mismo que serlo. En particular, no digas que amas a Dios un domingo, para luego hacer cosas hirientes el resto de la semana. Si de veras tienes fe, tratarás a cada persona con amor y respeto. Otros pueden ver tu fe a través de tus obras. Te ven cuidando de los necesitados, visitando a los que están solos, haciéndote amigo de los que no tienen amigos, atendiendo al enfermo y compartiendo lo que tienes con los que están en necesidad.

Las tres mayores bendiciones de Dios para mí son mi fe en él, lo que significa que quiero vivir para él y realmente conocerlo; luego, mi familia; y, finalmente, mi misión, la cual es amar a Dios y a mi prójimo como a mí mismo. Siempre tiene que ver con el amor, para que la gente pueda saber que Dios los ama pase lo que pase.

Cuando oras por una situación complicada para que cambie, y no sucede, debes saber que todavía Dios te ama. Él te ayudará a superarla. Te consolará. Tal vez no entiendas lo que está sucediendo, por qué está sucediendo o si la situación mejorará, pero ten fe en que Dios tiene un plan.

Así que, das un paso de fe a la vez, creyendo en algo que no puedes ver. Yo no puedo hacerlo por mis propios medios. Tengo que orar. Tengo que pedirle a Dios que me consuele. Le pedí a Dios: "Enséñame tres cosas: enséñame a orar, enséñame a agradecerte y enséñame a confiar en ti".

Cuando aprendes a orar, y luego a agradecer a Dios, y después aprendes a confiar en Dios, puedes decir: "Dios: no sé lo que tienes para mí el día de hoy, pero voy a confiar en ti. Esto es difícil para mí, pero te pido tu ayuda hoy". Y este es el milagro: saber que no estoy solo, porque tengo el amor incondicional de Dios. También es saber que Dios tiene un plan para mí, que puede usar hasta las peores partes de mi vida para hacer algo bueno. Así es como la mayoría de las veces ocurren los milagros.

Allí es cuando ya no importa si viene una tormenta, porque Dios te dará alas para sobrevolarla. Y aun cuando las nubes que conforman tu tormenta no se disipen, todavía puedes cargar a alguien a través de su propia tormenta, lo cual es algo hermoso. Si Dios no cambia tus circunstancias, te cambiará el corazón, y hará algo bello con tus piezas rotas. Amamos a Dios guardando sus mandamientos, tratando de hacer lo que él quiere que hagamos, amando a nuestro prójimo como a nosotros mismos (eso es lo más importante de todo). No obstante, tienes que amarte tú primero antes de poder amar a los demás como a ti mismo. Necesitas saber la verdad acerca de cuánto vales para Dios.

Cada persona que viene a Dios es un hijo suyo, del Rey de reyes y Señor de señores. Porque Dios es el Rey y nosotros somos sus hijos, eso nos erige no solamente en príncipes y princesas amadas, sino también en embajadores de su reino y guerreros de su ejército.

No necesitas brazos y piernas para amar a Dios. No precisas brazos y piernas para amar a tu prójimo como a ti mismo. Y, ciertamente, no se requiere de brazos y piernas para pararse frente a las puertas del infierno y redirigir el tráfico.

SI NO CRECES EN FE, ENTONCES TE ENCOGES EN ELLA

Tal vez no estés consciente de ello, pero la gente que está buscando la fe observará y tomará nota de cómo actúas en los momentos difíciles de tu vida. Te observan cómo amas y tratas a los demás. Juzgan tu autenticidad por cómo te manejas y si vives según lo que dices cuando los días oscuros llegan.

Vivir como cristianos en el mundo moderno requiere buscar continuamente la sabiduría de Dios y su apoyo en todas las instancias de nuestra vida, especialmente en los tiempos de tribulación y desesperanza. Cuando le entregué mi vida a Jesucristo siendo un adolescente, después de años de haber dudado y cuestionado la voluntad de Dios, lo acepté como mi esperanza. Creo que tenemos que seguir creciendo en la fe, alimentando nuestro espíritu con la Palabra de Dios. Eso renueva nuestra mente y nos da el valor para hacer lo que él desea que hagamos.

Cuando nos rehusamos a abandonar nuestras creencias espirituales, demostramos que amamos a Dios y que deseamos servirlo. Nuestra carne es débil y nos distraemos con facilidad, por eso necesitamos pasar tiempo con Dios cada día. Él no abrirá la Biblia por nosotros, pero desea que leamos su Palabra diariamente.

Cuando era adolescente, aprendí que hay nueve cualidades —el fruto del Espíritu— que nos ayudan a crecer en la fe. El apóstol Pablo enumeró las manifestaciones del fruto del Espíritu en Gálatas 5:22-23: "En cambio, el fruto del Espíritu es amor, alegría, paz, paciencia, amabilidad, bondad, fidelidad, humildad y dominio propio".

Nos enseñaron que cuando nuestras acciones las guían esas cualidades, le mostramos al mundo que hemos abandonado los caminos egocéntricos y los deseos pecaminosos. Cuando nuestra vida cotidiana se caracteriza por el amor, la alegría, la paz, la paciencia, la amabilidad, la bondad, la fidelidad y el dominio propio, demostramos que el Espíritu Santo está obrando a través de nosotros porque le hemos rendido nuestra vida a Jesucristo.

No puedes hacer nada bueno sin Dios. Esto es lo hermoso: porque Dios es amor, con el amor de Dios yo también puedo amar. Dios me da su fruto del Espíritu y, como él me ama, me da un propósito y un destino. Las nueve manifestaciones son parte de la naturaleza divina, y provienen de su Espíritu Santo. Miremos cada uno y veamos cómo podemos aplicarlos a nuestro carácter y nuestra vida de fe.

AMA A TU PRÓJIMO

Cuando comencé a hablar a los grupos de jóvenes siendo un adolescente, les compartía muy seguido sobre las nueve expresiones del fruto del Espíritu Santo, incorporándolas en mis charlas como mismo intentaba incorporarlas en mi propia vida. Por ejemplo, cuando comencé a decirles a los adolescentes en la audiencia que los amaba incondicionalmente, así como Dios los ama, el impacto fue mayor de lo que esperaba.

No importaba que fueran chicos, chicas, maestros o padres: todos terminaban con lágrimas en los ojos. Algunos lloraban abiertamente, incluso muchachos grandes y fornidos. Hacían fila después que terminaba la charla para darme un abrazo. No deja de sorprenderme y causarme gratitud el hecho de que los adolescentes estén ansiosos por abrazarme. Me recuerdan lo mucho que todos necesitamos sentirnos amados y apreciados.

Muchas personas sienten un gran dolor en el corazón porque jamás nadie les ha dicho que son amadas. Mis padres me lo decían casi todos los días. Yo no me había dado cuenta de que tenía ese don hasta que comencé a decírselo a los demás. Muchos me dijeron que nadie jamás les había dicho eso, y se sentían muy agradecidos.

Jesús dijo que debíamos amar a Dios antes de poder amarnos de verdad unos a otros, el cual es el mayor de todos los mandamientos. Demostramos nuestro amor por Dios leyendo la Biblia y luego viviendo en concordancia con ella, lo que significa tratar a cada uno con amabilidad y compasión, incluso a los que no nos gustan o tratan de lastimarnos.

Podemos demostrar nuestro amor por Dios y por el prójimo acercándonos a los que están en necesidad. Alimentar al hambriento y cuidar del enfermo son actos supremos de amor, pero aun el estar dispuestos a escuchar y pasar tiempo con alguien que está solo, es un acto de servicio cristiano.

QUE TU GOZO SEA COMPLETO

Mirar jugar a mis hijos es uno de mis placeres más grandes. Una vez pensé que el papel del padre era enseñar a sus hijos, pero ahora que soy padre, entiendo que tengo mucho que aprender de ellos. Una de las lecciones que me enseñaron ellos es que nacemos con alegría en el corazón. Lo veo en su disposición al juego y en la manera en que se expresan amor el uno al otro y a su madre, y sí, a mí también. ¡Qué afortunado soy!

El desafío que enfrentamos cuando nos hacemos adultos es retener ese gozo en el corazón. La fe es la llave precisamente para eso. De hecho, mi fe me ha dado acceso a niveles de gozo que creo que nunca hubiera experimentado sin Jesucristo como mi Salvador.

Mis padres anticipaban sentir alegría con el nacimiento de su primer hijo, pero, en cambio, quedaron conmocionados cuando vieron que nací sin extremidades. Sintieron dolor, temor, culpa y preocupación en vez de la alegría normal, porque no sabían cómo criarían a un niño con una discapacidad tan severa.

Sus reacciones negativas iniciales poco a poco se tornaron más positivas cuando vieron mi espíritu gozoso crecer junto conmigo. Dios no me dio extremidades, pero sí me infundió una fe imbatible de que podía hacer cualquier cosa. En mi inocencia, tomé la vida como se me presentó. Me faltaban los brazos y las piernas, pero no me faltaba la habilidad innata de abrazar las oportunidades, así como también las aventuras de la vida.

Por cierto, tuve que adaptarme a vivir en un mundo que esperaba que cada uno de nosotros tuviera todas sus extremidades, pero la ayuda de mi familia superó todas las expectativas y venció mis limitaciones. Solo tiempo después, al entrar en la adolescencia, fue que me di cuenta de mis deficiencias, de mi cuerpo "diferente", y del hecho de que nunca jugaría futbol profesional o haría tantas otras cosas que son normales.

Ese entendimiento se llevó algo del viento de mis velas al principio, pero mi gozo regresó cuando comprendí que Dios me había creado para inspirar y dar esperanza a otros. Cuando comencé a viajar por el mundo para hacer precisamente eso, una de las revelaciones más increíbles que recibí fue que hay gozo aun en los rincones más pobres, necesitados y desesperados del mundo.

En Bombay, en África y en otros sitios, vi niños y niñas riendo y bailando en orfanatos, en guetos y barrios marginales. Ellos me enseñaron que el gozo viene desde adentro, y para los cristianos viene de la fe en Dios y de la creencia en la vida eterna junto a él.

Estoy convencido de que los que siguen a Jesús encontrarán un contentamiento profundamente arraigado, la clase de gozo que te permite dormir por la noche sabiendo que tu mirada está puesta en aquel que nunca cambia y permanece para siempre, aun cuando tus circunstancias son un desastre. Aprendí que si me enfocaba en Jesús y en servir a los demás mi felicidad no podía ser apagada.

Si tu corazón está empantanado por acontecimientos y situaciones que están fuera de tu control, no cedas al peso de la carga. En cambio, pídele a Dios que restaure tu gozo. Cuando hacemos de Jesús la prioridad en nuestras vidas, no hay nada que no podamos vencer. Nehemías dice: "el gozo del Señor es nuestra fortaleza".

Cuando mi vida está en el valle, como lo ha estado muchas veces recientemente, viene a mi mente el Salmo 64:10, que dice: "Que se regocijen en el Señor los justos; que busquen refugio en él; ¡que lo alaben todos los de recto corazón!" Si eso no me levanta el espíritu, entonces mi siguiente paso es moverme y tratar de incentivar el gozo en otros. Levantarle el ánimo a otra persona, levanta el mío también. Si aun así todavía lucho, sé que he puesto mi fe en acción y a la larga va a dar frutos.

BIENAVENTURADOS LOS PACIFICADORES

Algunos desafíos recientes que tuve me sirvieron para recordar que la única paz verdadera se halla en una relación personal con Jesucristo. Solo él puede protegernos y guiarnos en los peores momentos de nuestra vida. La única forma de paz perdurable es a través de Dios. Las Escrituras afirman que "Dios es nuestra paz".

Jesús dijo lo mismo poco antes de morir en la cruz, donde les dijo a sus seguidores: "Yo les he dicho estas cosas para que en mí hallen paz. En este mundo afrontarán aflicciones, pero ¡anímense! Yo he vencido al mundo".

Yo no tuve paz en mi espíritu hasta que dejé entrar a Dios a mi corazón. Para aferrarme fuerte a esa paz, y siempre ser capaz de acceder a ella, tengo que orar cada día y así continuar creciendo en la fe y ser un ejemplo como cristiano. La paz de Dios —saber que él está cuando lo precise, tener la certeza de que puedo ir a él en busca de nuevas fuerzas, y conocer que en el cielo me espera la vida eterna— es, a menudo, la única cosa que me saca adelante en tiempos de oscuridad y desesperación.

En mi *podcast* sobre la paz, hablo sobre uno de mis himnos favoritos, "It is Well With My Soul" [traducido como "Mi alma está bien"], que fue escrito en 1873 por el abogado Horatio Spafford luego de que sus cuatro hijas murieran en el naufragio de un transatlántico. En realidad, él escribió la letra cuando navegaba hacia Inglaterra para recibir sus cuerpos, lo cual es una de las cosas más tristes que se pueda uno imaginar. Con todo, Spafford fue capaz de hallar la paz por medio de su fe, tal como expresó en su himno.

Cuando la paz, como un río, acompaña mi camino,
Cuando las tristezas se suceden como las olas del mar;
Cualquiera sea mi destino, Tú me has enseñado a decir:
Mi alma está bien, está bien.

Cuando necesito paz porque algo está sacudiendo mi mundo, pienso en estas palabras, "Mi alma está bien", e inmediatamente siento paz. Las palabras me recuerdan que, porque conozco a Jesús, su Espíritu mora en mí y puedo reclamar su paz, que es mía.

LA PACIENCIA DA FRUTO

Kanae creció trabajando para su padre, que tenía un vivero y hacía paisajismo, y luego comenzó un negocio de cría de peces, para poder pasar más tiempo en casa. Su finado padre, Kiyoshi, tocayo de nuestro primer hijo, llegó a México por su trabajo como experto en agricultura. Allí conoció a su madre, Esmeralda, en un vivero manejado por un japonés, del que ella era secretaria.

Mi esposa, entonces, tiene las habilidades de jardinera en su ADN. ¡Tiene mano para la jardinería por partida doble! Ella creó y ahora cuida un enorme jardín en la ladera detrás de nuestra casa, donde plantó toda clase de flores y plantas, así como también frutas y verduras de todas las variedades. Yo me asombro de su paciencia con el jardín. Planta semillas y las riega a diario, esperando que el sol las nutra y las haga salir a la superficie.

Su amor por la jardinería me recuerda que yo tengo que ser paciente en mi trabajo, plantando semillas de fe y esperando a que crezcan. Oro porque esas semillas sean alimentadas en los millones de personas en todo el mundo a las que les hablé en mis discursos y que miraron mis videos.

Yo no nací con mucha paciencia que digamos, pero desde que soy esposo y padre, definitivamente tuve que adquirirla. Cuando nació nuestro primer hijo, un amigo de muchos años me dijo: "¡Ahora tendrás que apurarte y aprender a ser paciente!" Estaba bromeando, pero también estaba hablando muy en serio. Yo había sido soltero por mucho tiempo y Kanae y yo llevábamos un año de casados antes que naciera

Kiyoshi. Tener un bebé te enseña muy pronto que el mundo no gira solamente alrededor de tu esposa y de ti. Todo gira en torno al bebé y sus necesidades.

Esa es una lección muy valiosa, porque la paciencia no viene de forma natural para muchos de nosotros. Se precisa cierto nivel de madurez para aceptar que a veces nuestras necesidades egoístas no son la prioridad mundial. Yo lucho con esta realidad, como la mayoría de las personas. Nuestra paciencia es puesta a prueba cada día, ya sea en la fila de Starbucks, estando atascados en el tráfico, o esperando que el agua hierva o que la pintura se seque.

Dios nos dice que el amor es paciente. Si trabajamos para dominar el arte de la paciencia en lo que dure nuestra vida, cosecharemos sus beneficios, incluyendo menos estrés en nuestro cuerpo y en nuestras relaciones. También seremos cada vez más como Dios, cuya paciencia para con nosotros no conoce límites. El apóstol Pablo dice: "El Señor no tarda en cumplir su promesa, según entienden algunos la tardanza. Más bien, él tiene paciencia con ustedes, porque no quiere que nadie perezca, sino que todos se arrepientan" (2 Pedro 3:9).

Dios está retrasando el fin de la vida en la Tierra porque no quiere que nadie se pierda en el día del juicio. Está dándole a cada uno espacio y tiempo para aceptar a Jesucristo como su Señor y Salvador. La próxima vez que estés reaccionando de manera exagerada, o verbalmente ofendiendo a alguien porque has perdido la paciencia, recuerda que Dios es paciente contigo y él espera que seas el mejor cristiano que puedas llegar a ser.

Oro por paciencia en mi crecimiento como cristiano, y como alguien que desea llevar tantas almas al cielo como sea posible. Jesús nos dice en la parábola del sembrador (Lucas 8:15 NTV): "Y las semillas que cayeron en la buena tierra representan a las personas sinceras, de buen corazón, que oyen la palabra de Dios, se aferran a ella y con paciencia producen una cosecha enorme".

La paciencia es tanto un don de Dios como una virtud, que descansa en el conocimiento de que el tiempo de Dios para cada cosa es perfecto. Creo que cuando uno rinde su vida por completo, con plena confianza y paciencia, hay otra gran recompensa que viene a nuestras vidas: la fuerza de Dios.

Santiago 1:2-4 asevera: "Hermanos míos, considérense muy dichosos cuando tengan que enfrentarse con diversas pruebas, pues ya saben que la prueba de su fe produce constancia. Y la constancia debe llevar a feliz término la obra, para que sean perfectos e íntegros, sin que les falte nada". Todos pasamos por pruebas, pero ellas nos ayudan a recordar que Dios tiene asombrosos planes que nosotros no podemos ver.

EL AMOR ES PACIENTE Y BONDADOSO

Ser amorosos con los demás es una de las formas más simples de servir como modelos de la vida cristiana e inspirar a otros a dar sus vidas a Jesucristo. La Escritura es bastante clara en esto, como dice en Efesios 4:32: "Más bien, sean bondadosos y compasivos unos con otros, y perdónense mutuamente, así como Dios los perdonó a ustedes en Cristo".

Tristemente, hay muchos como mi amigo Xayvier que crecieron en este mundo sin recibir demasiada bondad. He conocido a muchísimos adolescentes y adultos que crecieron en hogares violentos, en orfanatos e incluso en las calles. Para mí, aquellos que carecieron de afecto en sus vidas están más severamente dañados que yo con mi falta de extremidades. No puedo imaginar lo que debe ser crecer sin unos padres amorosos.

Los que nunca han conocido el cariño están en mayor necesidad de él, pero con mucha frecuencia lo rechazan. Están controlados y conducidos por el enojo y el dolor. Suelen volverse violentos, belicosos y abusadores también. No se sienten valorados y no ven valor en las vidas de quienes los rodean.

Como cristianos, somos llamados a amarlos de todos modos. En realidad, debemos amarlos más todavía porque su necesidad de amabilidad y comprensión es mayor. Debemos amarlos a pesar de su hostilidad. Nosotros podemos llegar a ser un milagro para ellos. Podemos cambiar sus vidas al mostrarles que los valoramos. Podemos mirar más allá de sus circunstancias e inspirarlos a que hagan lo mismo.

La madre Teresa es, probablemente, la misionera más famosa por abrazar a los pobres y marginados, llevándolos a amar a Jesús a través de sus actos de bondad y cuidado en los barrios pobres de Calcuta. Todos nosotros podemos aprender del ejemplo de esta mujer. Tú puedes tener un impacto en cualquier lugar: en tu vecindario, en tu escuela, tu comunidad. Mira a los que necesitan de tu afecto. Sé amable y compasivo, así como lo es Dios con cada uno de nosotros.

Yo he visto que esto da resultados en los ambientes más pobres y crueles. He conocido a esclavas sexuales en Bombay y he sido testigo de su compasión por los demás. He visto cómo responden a la amabilidad y cómo ella nutre su alma hambrienta.

Esto es evidencia de que Dios está obrando: ver a los que nunca han recibido buen trato mostrar buen trato hacia otros. Si no has conocido el amor, ¿cómo puedes darlo? Yo creo que la bondad existe en cada uno de nosotros, pero también tiene que ser alimentada para revivir. La fe puede hacer eso también. De hecho, para crecer en fe, debemos practicar la bondad y la compasión.

Dios nos ama de manera incondicional, aun cuando somos pecadores y no merecemos ser amados. Como cristianos tenemos que reflejar el amor y la bondad de Dios para con el prójimo. Esa es una de las mejores formas de servir como un ejemplo para los que aún están tratando de encontrar el camino hacia Jesucristo.

Yo sé que algunas personas confunden la bondad con un signo de debilidad. En verdad, se necesita una gran fortaleza de fe y carácter, así como también una gran dosis de humildad, para ser bondadoso con aquellos que parecen no merecerlo. Así que no temas, sigue el ejemplo de Jesús y ármate de amor y bondad. Planta semillas de amor. Dale un abrazo o una sonrisa a alguien cada día. Tú puedes obrar una transformación milagrosa en alguien, convertir a un bravucón en un amigo, y a un amigo en un seguidor de Jesús.

HARÉ QUE TODO MI BIEN PASE DELANTE DE TI

No es ningún secreto que hubo un tiempo en mi vida en que yo sentí que era muy difícil apreciar la bondad de Dios. No podía figurarme qué clase de Creador compasivo podía traerme a este mundo sin brazos ni piernas. Mis padres admiten que ellos al principio también lucharon con este interrogante.

Ninguno de nosotros tenía la mínima idea de que un día millones de personas vendrían a verme como un ejemplo terrenal de la bondad de Dios. No estoy diciendo que yo sea nadie especial. Soy un hombre como cualquier otro, excepto por unas cositas que me faltan. Yo sirvo como un reflejo de su gracia, solo porque él me usa para cumplir su propósito: llevar esperanza y fe a las personas.

Cuando era niño no entendía como un Dios bueno podía permitir que mis padres sufrieran una angustia y adversidad tales, por causa de mi discapacidad. Todos orábamos que Dios me arreglara. No entendíamos que, a los ojos de Dios, yo no estaba roto. Yo era su creación perfectamente imperfecta y bien adecuada para llevar a cabo su obra en un mundo perfecto hecho imperfecto por el pecado original. Parte del problema es que tendemos a pensar que la bondad se resume en felicidad y gozo. La definición de Dios de bondad tiene más que ver con vivir de acuerdo a sus mandamientos. Mi mamá y mi papá solían decirme que tenía que ser "un buen niño". Esa siempre ha sido mi meta, pero muy a menudo no llego a cumplir con eso de ser tan bueno como puedo, aun ahora de grande. El hecho es que la verdadera bondad no nos sale de forma natural a los simples mortales. Somos seres defectuosos en todos los aspectos, incluso en el espiritual. Todos somos pecadores y peleamos esa batalla cada día.

Necesitamos al Espíritu Santo dentro de nosotros y las fuerzas de Dios como nuestro escudo contra el pecado. De otro modo estamos desahuciados. El Salmo 53 dice que nadie hace lo bueno, ninguno de nosotros. La verdadera bondad, entonces, es un resultado de nuestra relación con Dios. Si lo invitas a perdonar tu pecado cada día y noche, continuarás creciendo en fe y en favor. Él perfeccionará su obra en ti, y eso es lo que significa ser bueno.

Yo comencé a crecer en la fe cuando acepté el hecho de que, lo que una vez consideré como una carga cruel, podía llegar a ser una bendición, porque mi aspecto singular atrae a la gente hacia mí. Sé que en vez de ser discapacitado yo soy capacitado para servir a su propósito. Como dice el salmo: "El Señor brinda generosamente su bondad a los que se conducen sin tacha".

UN SIERVO BUENO Y FIEL

Nosotros siempre podemos aferrarnos a la esperanza porque adoramos a un Padre bueno y fiel en los cielos. Dios siempre es fiel con nosotros, pero ¿qué hay acerca de nuestra fidelidad hacia él? La verdadera fe es transitar el camino de Dios en todo momento y no desviarnos ni dejarnos atraer por las tentaciones y distracciones.

Quizás no siempre sintamos que Jesús nos ama o que Dios es bueno —especialmente cuando somos azotados por los malos tiempos o por retos muy grandes—, pero tenemos que seguir siendo fieles, sabiendo que Dios es bueno y que desea lo mejor para nosotros aun cuando no entendamos todo. Los altibajos de la vida son pruebas a nuestra fe. Si esperamos que Dios sea fiel con nosotros en todo tiempo, no podemos abandonarlo cuando las cosas se ponen feas u olvidarnos de orar cuando todo marcha bien.

No creo que Dios me hubiera enviado alrededor del mundo a hablarles a millones de personas si yo no le fuera fiel. Ahora bien, Dios no permitió que eso sucediera según mi tiempo. Él hizo que ocurriera solo cuando él sabía que yo estaba listo por su gracia.

Antes de desempeñarme como conferencista, él se aseguró de que supiera caminar. Dios me envió a hablarles a grupos de jóvenes y estudiantes secundarios para prepararme para estadios repletos y megaiglesias. Nosotros damos pasos de fidelidad y, si permanecemos fuertes, Dios continúa guiándonos.

Podemos pensar que Dios no está cuando las cosas no van del modo que queremos que vayan. Podemos sentirnos abandonados si nos parece que él no viene en nuestro rescate. Pero en esos momentos de duda es donde necesitamos crecer en fe y orar más. Tenemos que recordar Filipenses

4:19, que nos dice: "Así que mi Dios les proveerá de todo lo que necesiten, conforme a las gloriosas riquezas que tiene en Cristo Jesús".

No dice "algunas" necesidades, "pocas" o "solo las necesidades realmente importantes". Dios promete suplir *todas* nuestras necesidades. Él sabe cuándo las necesitamos. Nunca llega temprano; tampoco llega tarde. Siempre aparece en el momento justo para suplir la necesidad indicada.

No tenemos que estar ansiosos por el presente o el futuro. Podemos presentar a Dios nuestras más hondas necesidades y confiar en que él acudirá en nuestra ayuda. Nuestra meta debe ser hacer todo con la misma fidelidad cada día que pasa, hasta que nos reunamos con él en el cielo. Pídele a Dios que te ayude a ser fiel en todas tus relaciones y agradécele porque él es fiel para contigo.

La fidelidad es una señal de que estás lleno del Espíritu Santo. Mi oración es que cuando lo vea cara a cara, Dios me diga: "Bien hecho, mi buen y fiel siervo". Mientras tanto, mi oración por ti es que experimentes y te aferres a su paz. Que recuerdes que no debemos inquietarnos por nada, "más bien, en toda ocasión, con oración y ruego, presenten sus peticiones a Dios y denle gracias. Y la paz de Dios, que sobrepasa todo entendimiento, cuidará sus corazones y sus pensamientos en Cristo Jesús" (Filipenses 4:6-7). Debes saber que su paz es real. Cuando no puedes obtener tu milagro, aun así, él puede usarte a ti para que seas uno.

QUE TU GENTILEZA SEA CONOCIDA POR TODOS LOS HOMBRES

La gentileza es algo raro en el mundo de hoy, donde la rudeza, la insolencia y la hipercompetitividad son de lo más común. El fruto de la gentileza, necesario para el crecimiento en la fe, no es una gracia social, sino más bien una gracia bajo presión.

¿Alguna vez has visto a alguien silenciar una crítica con una palabra gentil? Jesús, que dijo "Yo soy apacible y humilde de corazón", era conocido por mostrar una fuerza sosegada delante de sus críticos y captores. La gente seguía a Jesús por sus modales gentiles y su serenidad. Sus inquisidores quedaban asombrados cuando no los agredía verbalmente en respuesta a sus acusaciones. Incluso, cuando estaba siendo torturado en la cruz, le pidió a Dios que perdonara a sus verdugos.

Esta fuerza apacible reside también en meros mortales, como por ejemplo Nelson Mandela, quien se ganó el respeto de sus carceleros, obtuvo su libertad y se convirtió en el líder de su nación usando la gentileza para aplacar el odio de sus perseguidores. Hay poder en la gentileza. Puede calmar y aliviar en muchos aspectos de la vida.

Cuando elegimos tener una interacción gentil, creamos un ambiente no amenazante en torno a nosotros. Me recuerda cuando Xayvier me contó sus experiencias con Lifesavers Wild Horse Rescue, una organización que brinda un programa de curación para veteranos de guerra con desórdenes de estrés postraumático.

Xayvier estaba atravesando un período difícil en su vida cuando ingresó en este programa. Se había recluido y apartado de la mayoría de la gente que conocía. Estaba amargado y enojado. Hasta que un día se encontró en un pequeño corral con un caballo salvaje y, como contó más tarde, "algo se activó" en él.

Instintivamente comprendió que el caballo salvaje no reaccionaría bien a él si continuaba estando enojado y ansioso. Así que buscó más profundamente y recurrió a la fe que tenía en su interior, se calmó y adoptó una postura gentil ante el caballo. El animal se serenó de inmediato y, por primera vez, se acercó a él sin temor ni hostilidad.

En 1 Timoteo 6:11 se nos anima a "seguir la justicia, la piedad, la fe, el amor, la constancia y la humildad". Esa es la manera de continuar creciendo en fe. Para contrarrestar la crueldad y la grosería, busca la gentileza y atraerás gentileza. Debes saber, al igual que Jesús lo sabía, que "la respuesta amable calma el enojo".

GENTILEZA Y DOMINIO PROPIO: CONTRA TALES COSAS NO HAY LEY

Cuando Xayvier calmó su espíritu para aplacar al caballo salvaje, practicó el dominio propio, el cual, según las Escrituras, es el fruto final necesario para el continuo crecimiento como cristiano. Esta es una cualidad esencial, pero no nacemos con ella. Como niños, nuestros instintos de supervivencia nos dominan y somos egoístas en nuestras exigencias de comida y comodidad. Yo amo a mis hijos, pero cuando eran bebés, Kanae y yo habríamos apreciado que nos dejaran dormir toda la noche en vez de llorar cada vez que necesitaban algo.

Ellos no podían dejar de hacerlo, porque no habían aprendido el dominio propio. Lamentablemente, algunas personas no parecen aprenderlo nunca. Son incapaces de controlar sus peores impulsos, ya sea que necesiten más comida o drogas, alcohol u otros falsos placeres y adicciones.

La mayoría de nosotros aprendemos a refrenar y a controlar los deseos e impulsos autodestructivos, pero no siempre es sencillo. Necesitamos la ayuda de Dios. Él nos dio el Espíritu Santo para que more dentro de nosotros y nos dé la fuerza para permanecer en la senda a la realización espiritual en vez de desviarnos hacia la autocomplacencia. La Biblia cita al apóstol Pablo: "Pues Dios no nos ha dado un espíritu de timidez, sino de poder, de amor y de dominio propio".

El fruto del dominio propio es esencial para ayudarnos a evitar caer en la tentación, así como también para ser fuertes y proclamar nuestra fe para que otros puedan hallar la vida eterna en el cielo.

5

LISTO PARA USAR

Conocí a mi amigo y cuidador, Peter, y a su esposa Isabel, en una reunión de oración en California, hace seis años. Ellos tienen más o menos mi edad, y habían estado casados desde hacía tres años cuando se convirtieron en padres de hogar sustituto. Eso fue hace seis años. Desde ese momento hasta ahora, han tenido diecinueve niños en adopción temporal por diferentes periodos. En el 2016 adoptaron a uno de sus niños en acogida, Nathan, que tenía tan solo dieciocho meses.

Por medio de esta pareja tan bondadosa, aprendí que la paternidad temporal es una de las muchas maneras en que los cristianos pueden poner su fe en acción para traer a muchos hijos perdidos de Dios a su reino. Yo me asombro por mis amigos y todos los que sirven como padres adoptivos y de crianza. Lo suyo es un llamado y una misión especial como ninguna otra. Están realmente haciendo la obra de Dios y siguiendo el camino de Jesús en la Tierra, para alentar la fe y traer esperanza a aquellos que, de otro modo, nunca conocerían un hogar seguro y amoroso o a su Padre celestial.

Cuando muchos de nosotros deseamos compartir la fe cristiana, pensamos en servir como pastores, líderes de iglesia, misioneros o voluntarios que dan su testimonio. En este capítulo quiero explorar algunas alternativas originales para compartir y alentar nuestra fe cristiana en las que muchos quizás no pensarían, pero tal vez deberían considerar porque tienen un tremendo impacto. Principalmente, quiero abrir tu mente a mayores posibilidades de practicar tu fe y crecer en ella.

El cuidado de acogida salva vidas, rescatando a los niños más necesitados, aquellos que han sido abusados, abandonados o desatendidos. Esta puede ser una de las formas más sublimes de servicio cristiano y de transmitir la fe, porque los padres de acogida ayudan a quebrar los ciclos generacionales de abuso y abandono, haciendo del mundo un lugar mejor para las décadas venideras. Un niño salvado de una vida de desesperanza puede llegar a salvar a cientos más en futuras generaciones.

La revista *Christianity Today* citó un informe del Grupo Barna, una organización enfocada en la fe y la cultura que se dedica a hacer investigaciones, que dice que el 31 % de los cristianos han considerado seriamente la posibilidad de ser padres de acogida, comparado con el 11 % de las personas no cristianas. Pero solo el 3 % de esos cristianos llevaron a cabo esa intención. El estudio descubrió que muchos cristianos que habían considerado el cuidado de acogida temporal o la adopción, habían dado marcha atrás por temor de que fuera muy trabajoso, costoso económicamente, peligroso o doloroso emocionalmente.*

Peter e Isabel son muy sinceros acerca de sus experiencias. Ellos dicen que, en efecto, es trabajo duro y, ocasionalmente, es doloroso cuando un niño con el que se encariñaron es llevado a otra ciudad o dado en adopción. Pero también dijeron que esa es la misión perfecta para ellos, y animan a

---

*Jamie Calloway-Hanauer, "Rompiendo los mitos sobre el cuidado de acogida", *Christianity* Today, junio de 2014, www.christianitytoday.com/women/2014/june/mythbusting-for-foster-parents.html

otras parejas cristianas jóvenes a abrir sus corazones y sus hogares a esta tarea especial.

Al principio, ellos se enteraron sobre la necesidad que había de más padres de acogida cuando estaban pensando en la adopción. Después de que habían estado casados por un par de años, Isabel perdió un embarazo, lo cual es siempre un suceso trágico, y luego no pudo volver a quedar embarazada. Primero trataron de adoptar mellizas, pero el proceso no marchó bien. El extenso procedimiento de solicitud y aprobación duró siete meses y luego, en el último momento, la bisabuela de las niñas apareció reclamándolas.

Después de esa experiencia emocionalmente desgarradora, Isabel y Peter se volvieron más cautelosos con respecto a la adopción. Habían soñado con tener muchos hijos, de manera que decidieron ser adoptantes temporales como una alternativa, viéndolo como un llamado de Dios.

Pensaron que salvar niños del abuso y abandono y enseñarles las Escrituras, además de brindarles una crianza amorosa, compasiva e impregnada de fe, sería llevar a cabo la obra de Dios.

Pronto aprendieron que la mayoría de los niños en hogares de acogida han sufrido abusos de alguna clase, y que tales niños a menudo crecen y se convierten ellos mismos en adultos abusadores a menos que se les provea de un ambiente cariñoso y favorable para su desarrollo, para poder quebrar el ciclo de abuso generacional. El primer niño de acogida que Peter e Isabel cuidaron fue todo un reto, pero eso no disuadió a estos dos servidores humildes. De hecho, se convencieron aun más de que Dios los había llamado para servir a una gran necesidad. Esos niños habían sido rescatados de una red de pornografía infantil. Habían sido abusados de las peores formas posibles y estaban sufriendo severos traumas psicológicos y emocionales.

Ahora tienen un cuarto niño y están tratando de adoptar. Las edades de los niños van desde los dieciocho meses, seis años, nueve años a trece años. Cada uno de ellos tiene problemas que requieren una gran paciencia, amor y fortaleza de Dios.

Una de las niñas (la llamaremos Faith) tenía cuatro años cuando mis amigos la aceptaron como padres de acogida. Ella había estado viviendo en la calle en un coche, con su madre. Era ruda y tosca para su edad. A su llegada al hogar, Faith anunció que ella no quería estar con Peter e Isabel, aunque ellos le dieran un ambiente mucho más seguro y confortable.

Peter enseguida se preocupó considerando que la niña pudiera estar atormentada por el diablo. La primera noche con ellos, Faith arremetió contra la pared y luego dio una voltereta, haciendo arcadas y arrancándose una especie de costra de su piel. Insultaba como un adulto, y usaba un lenguaje terriblemente soez. Ella rechazaba todo intento de abrazarla o calmarla; peleaba y gritaba hasta que la dejaran sola.

Ellos oraban por la niña, pidiéndole a Dios que le diera paz. "A lo que sea que haya estado expuesta, eso la traumatizó", dijo Peter. Los ataques de Faith eran un problema serio. Una vez Isabel tuvo que estacionar el coche porque la niña estaba teniendo una fuerte rabieta. En otra ocasión, en el preescolar, Faith amenazó a una maestra con una tijera, y la persiguió por toda el aula. Las autoridades escolares tuvieron que cerrar la escuela y llamar a la policía para ponerla bajo control.

"Solo conocía la violencia; era su forma de comunicarse", dijo Peter. "Nos resultaba tan difícil comunicarnos con ella o ayudarla a sentirse cuidada y amada. Yo oraba y el Señor me decía que la amara, la abrazara y le mostrara que ella me importaba. Isabel y yo teníamos que unir fuerzas para con-

tenerla, porque nunca había estado en contacto con el amor
o incluso con un poco de cuidado y atención".

Después de varios meses, poco a poco ellos se ganaron la
confianza de esta niña salvaje y desconfiada. Necesitaron
todas las fuerzas de Dios y la ayuda de consejeros profesionales y maestros especializados en niños severamente trau-
matizados con problemas de conducta.

"Ver a esa pequeña venir a la luz ha sido una increíble
bendición", cuenta Peter.

VENIR A LA LUZ

Cuando Faith empezó a recibir su amor y apoyo, mis amigos le presentaron la Biblia, y los resultados fueron notables, considerando las batallas iniciales con ella. Una noche,
mientras estaban teniendo un picnic en el jardín, Faith le
preguntó a su padre de crianza:

—¿Quieres saber cómo luce Jesús?

—Claro. Dime, cariño.

—Sus ojos son tan resplandecientes como el sol, como
llamas de fuego, y Jesús usa un hermoso vestido de varón,
con un lazo alrededor de su pecho. Su rostro es hermoso
—contó la niña.

—¿En serio? —le preguntó Peter.

—¿Y quieres saber algo más, papá? —continuó—. ¡Jesús
está aquí ahora mismo, en nuestro jardín!

—¿En dónde está? —preguntó mi amigo.

—Allí —dijo la niña, señalando un punto.

Peter dejó caer su tenedor por el asombro, y en voz baja
hizo una oración con su esposa y su hija de acogida. Si esta
pequeña tuvo una visión de Jesús, eso fue un milagro. Pero
incluso sin haber tenido una visión, el hecho de haber llegado

tan lejos, tan rápido, en su camino de fe, era algo sorprendente para sus padres de crianza.

Peter reportó que Faith tiene un largo y duro camino por delante, a medida que crece y se hace más consciente del abuso y abandono que sufrió cuando era niña. Pero gracias a mis amigos y a su trabajo para el reino de Dios, esta niña ahora camina con Jesús en su corazón.

"Ella empezó a cantar una canción acerca de Jesús regresando en una nube con muchos ángeles", cuenta Peter. "Yo le pregunté a su maestra de escuela dominical si ella le había enseñado esa canción y me dijo que no. Después le pregunté a Faith y me respondió: 'Jesús me la enseño'".

Ellos creen que Faith aprenderá a depender de la fuerza de Dios ahora que las semillas han sido plantadas. Incluso, tal vez se vuelva a ver con su madre y sus ocho hermanos algún día. "Habíamos pensado que Faith se podría quedar con nosotros de forma permanente, pero el Señor trabajó en su madre y ella se recuperó de la adicción. Está en pie nuevamente y oramos por ella y la vemos regularmente. Así que veremos cómo resulta todo", me dijo Peter.

La niña irascible que una vez insultaba a sus padres de acogida ahora llama a su padre "Papá Peter". Él le compró un hermoso collar con una inscripción que dice: "Tú serás por siempre mi princesa y la de Dios".

Faith ahora tiene un cimiento sobre el cual puede edificar una vida, y ese cimiento es el mayor regalo que un padre de acogida puede dar.

ALCANZAR Y ENSEÑAR

La paternidad temporal requiere una tremenda paciencia, empatía, comprensión y fe, pero puede ser una de las formas más gratificantes para un matrimonio cristiano de servir como las manos y los pies de Dios. Conducen a los hijos de Dios más necesitados a su rebaño y los ayudan a hacerse adultos responsables, productivos y de fe, presentándoles la oportunidad de la vida eterna en el cielo.

Muchos niños en hogares de acogida nunca han tenido la oportunidad de conocer a Dios, por causa de sus problemas emocionales y de conducta o deficiencias de aprendizaje. Peter e Isabel trataron desde el principio de enseñarles clases bíblicas usando videos y libros con imágenes, pero sus niños tenían dificultades para usar esas herramientas de enseñanza. Al final tuvieron la idea de utilizar figuras de acción para interpretar historias como David y Goliat, y eso pareció dar resultado. ¡Su paciencia, creatividad y dedicación son admirables!

Francamente, muchos de los relatos de Peter acerca del desafío que presenta la paternidad de acogida son difíciles de escuchar, por el intenso dolor emocional y sufrimiento que su hijo ha soportado. El sueño de la pareja es un día tener una granja donde puedan crear un refugio. Ellos esperan criar niños de acogida y adoptar más hijos, dándoles el amor que nunca han recibido. En un ambiente así de cuidado, también podrán enseñar y mostrar con sus vidas las lecciones fundamentales y la guía espiritual que los niños necesitan para convertirse en adultos sanos.

"Le dije hace poco a mi hijo de trece años que mi mayor esperanza para él es que continúe siempre aferrado a Dios", dijo Peter.

Él e Isabel son gente excepcional. Han hecho grandes sacrificios para llevar a cabo la obra de Dios aquí en la Tierra.

SERVIR A UNA NECESIDAD EN AUMENTO

Hay más de 420 000 niños en el sistema de acogida temporal, y muchos de ellos necesitan tener hogares permanentes.* Algunos, a causa de sus historias de abuso y abandono, requieren muchísima atención especial, y es probable que nunca encuentren un lugar permanente donde vivir con una familia.

A nivel nacional hay cada vez menos parejas dispuestas a servir como padres de acogida. Por esa razón, la tendencia en este sistema es tener grupos de hogares que funcionan como instituciones. Hay niños con historias de violencia y conducta criminal que pueden ser mejor atendidos en un entorno con un control más estricto, al menos a corto plazo, pero nadie piensa que sea lo más beneficioso a largo plazo para la salud y el bienestar de estos jóvenes tan carentes de amor y compasión.

Mis amigos se inscribieron como padres de acogida plenamente conscientes de que los niños que serían puestos bajo su cuidado presentarían un reto. No esperaban que otros parientes e individuos en sus familias y su barrio tendrían algún inconveniente con su misión de salvar a estos niños perdidos. Peter e Isabel, que son hispanos, me contaron que algunos los criticaron por aceptar a niños afroamericanos, alegando que debían servir primero a los niños necesitados de su raza.

"Nos pusimos manos a la obra con lo que el Señor depositó en nuestro corazón", dijo Peter. "Dios es el padre de los huérfanos. Las críticas nos abrieron un poco los ojos, pero de ninguna manera nos movieron de nuestra posición de hacer lo que se supone que tenemos que hacer".

*Los derechos de los niños, Nueva York, www.childrensrights.org/newsroom/factsheets/foster-care.

Intentan llevar a los jóvenes a Jesucristo a través de su dedicación y servicio. Por ley, no pueden exigir que sus hijos de acogida asistan a la iglesia o forzarlos a leer la Biblia, y eso es entendible. Mis amigos y yo estamos de acuerdo en que es mejor liderar con el ejemplo y simplemente servir como guías y mentores que, por la gracia de Dios, abren la puerta e introducen a los niños a una vida mejor, e incluso a la felicidad eterna que les espera.

PLANTAR SEMILLAS

Eso es hacer la obra de Dios en el nivel más personal. Uno de los hijos de acogida de Peter e Isabel era un chico de trece años con mucha calle, que al principio sentía que sus demostraciones de fe a través de la oración y de ir a la iglesia, eran simplemente raras.

"Estábamos dando de comer a la gente de la calle, y él preguntaba: '¿Por qué cuidan de estas personas?'", recuerda Peter. "Tenía un montón de preguntas, lo cual es bueno. Podría decir que estaba de veras tratando de entender en vez de solo desestimar nuestro deseo de seguir las pisadas de Jesús".

La posición del adolescente, al principio, era que los sintecho eran simplemente vagos. Peter les dijo que, como cristianos, ellos se sentían llamados a servir a los que estaban en necesidad, sin juzgar por qué se encontraban en ese estado. Le contó además la historia de Jesús cuando alimentó las multitudes con los panes y peces. Luego le explicó que no hacían otra cosa que seguir el ejemplo de Jesús al alimentar al hambriento.

"Puedes pensar que eso no marca la diferencia, pero algunas de esas personas no han tenido una comida decente en varios días, y siempre recordarán al muchacho cristiano que les tendió una mano cuando estaban con hambre", le enseñó Peter a su hijo de acogida.

De ese modo sutil, Peter e Isabel fueron plantando semillas de fe y orando que Dios las regara para que ellas pudieran llevar fruto.

"El Señor me dirige a orar y mostrar la fe en Dios", dice él. "Transmitir el evangelio es lo más importante".

UN CAMINO DE RESTAURACIÓN

Como me dice a menudo Peter, la paternidad de acogida es donde las creencias espirituales son probadas frente a la cruda realidad. No es tan sencillo guiar a Cristo a una niña de doce años rescatada de una red de prostitución infantil. Pero repito, eso es lo que hace que las victorias sean más gratificantes para los padres de acogida cristianos.

"Esta niña no tenía esperanza después de haber sido obligada a prostituirse, pero en el trascurso de un año, transitamos junto a ella su camino de restauración", dijo Peter. "El Señor restauró su identidad. Pudo asimilar la idea de Dios. Una pariente luego la adoptó, pero todavía estamos en contacto, y le está yendo bien, y lee su Biblia y ora".

Recuerda que Proverbios 22:6 nos dice: "Instruye al niño en el camino correcto, y aun en su vejez no lo abandonará". Yo creo que ese es el regalo que los padres de acogida les dan a esos chicos, y cuando ellos continúan en el camino de Dios, ese es el regalo que los niños les dan a sus padres temporales. "Siempre estamos felices de ver a los niños reunirse con sus familias en situaciones adecuadas, y cuando vemos que andan bien con Dios y siguen progresando, es algo que verdaderamente amamos", expresa Peter.

Este hombre compasivo entiende las actitudes, así como también las necesidades de los niños perdidos, porque tuvo amigos de la niñez que estuvieron en hogares de acogida también. Muchos de ellos fueron fugitivos que se escaparon de esos hogares luego de que sus padres los abandonaran o perdieran su custodia. Él vio que todos aquellos que nunca supieron lo que era tener un hogar permanente terminaron siendo adictos a las drogas, violentos y en prisión.

La madre de Peter lo abandonó cuando tenía trece años. Tuvo muy poca supervisión. Había ido a una iglesia cristiana cuando era niño, pero perdió su rumbo moral y espiritual por nueve años. Recordaba que algunos de los chicos amigos de su niñez estaban en buenos hogares de acogida, y eran mucho más felices que los que estaban en instituciones o en la calle.

"Vi la diferencia en ellos y estaba expuesto a ese mundo. Recuerdo que, a temprana edad, le dije a mi madre que un día yo quería tener una casa con un montón de niños que necesitaran tener una vida mejor".

Una vez que el niño de acogida se aclimata al hogar, aceptando las reglas de la casa y también el amor y la compasión de Peter e Isabel, a menudo empieza a apreciar los aspectos diarios de la vida familiar. Hace poco, uno de los chicos a su cuidado le preguntó a Peter si podían tener una barbacoa familiar. Era algo pequeño, pero que el niño nunca había experimentado. El gozo de una costumbre tan simple le confirmó una vez más a Peter que estaban haciendo la obra de Dios. "Todo lo que él quería era una barbacoa, y fue una enorme bendición haber podido dársela", expresó Peter.

Aun así, las parejas que desean servir a Dios de este modo pueden llegar a dudar. Los niños de acogida están estigmatizados porque muchos vienen de trasfondos problemáticos. Peter a menudo oye de posibles padres temporales que tienen miedo de aceptar niños que representen un reto, pero les aconseja que, con paciencia y amor, y la ayuda del Señor, milagrosas trasformaciones pueden ocurrir.

"Es desafiante, pero tan gratificante una vez que un pequeño abre su corazón. Al principio ves la conducta que refleja por todo lo que han pasado. Pero, con el tiempo, ves lo que Dios ha depositado en ellos. Esos chicos no eligieron nacer de padres drogadictos, o ser el producto de una relación horrible. El hecho es que Dios tiene un plan para ellos más allá de las circunstancias de su nacimiento y crianza".

Con cada niño de acogida, Peter le pregunta a Dios. "¿Qué has depositado en este niño? ¿Qué talentos, dones y potencial hay, que yo deba sacar a la luz?" Y Dios le ha respondido muchas veces revelándole sus dones y su plan para que ellos florezcan. "Hemos visto bendiciones encubiertas cobrar vida, y eso es parte de la recompensa de ser un padre de acogida", finaliza Peter.

UNA IMPORTANTE MISIÓN

Peter e Isabel han sido llamados a servir como padres temporales porque son un gran equipo. Ambos tienen trabajos a tiempo completo, pero el jefe de Isabel le permite trabajar desde su casa la mayor parte del tiempo, y tienen un gran equipo de apoyo entre sus amigos y familiares. El suyo es un ministerio muy difícil, pero gratificante.

En Marcos 10:13-16, Jesús impidió a sus discípulos rechazar a unos padres que habían venido trayendo a sus niños para que él los tocara. Les dijo a sus seguidores: "Dejen que los niños vengan a mí, y no se lo impidan, porque el reino de Dios es de quienes son como ellos" (versículo 14).

No todos son llamados a ser padres de acogida, pero mirando la vida de Peter e Isabel he visto la gloria de Dios revelada. Están llevando a los niños a él, para que sean tocados por la fe. El fruto de su sacrificio y su labor es inspirador. Su misión de evangelización es una de las más importantes que conozco.

CAMBIANDO VIDAS PARA BIEN

Mi amigo Michael Reagan es otro partidario de la paternidad de acogida y la adopción. Él mismo fue adoptado cuando era un bebé por dos actores famosos que estaban recién casados: Jane Wyman y Ronald Reagan (sí, quien sería el futuro presidente de los Estados Unidos). Los padres adoptivos de Michael se divorciaron cuando él tenía tres años y pasó la mayor parte de su niñez como pupilo en escuelas y campamentos de verano. No tuvo una infancia feliz a pesar de la riqueza y fama de sus padres.

A los siete años fue abusado sexualmente por un consejero del campamento, lo cual lo llevó a años de vergüenza y problemas emocionales y conductuales. Afortunadamente, terminó casándose con una mujer cristiana que lo ayudó a entregarle su vida a Jesús después de años de lucha. Se convirtió en locutor de un programa radial y en un orador cristiano, así como también en un defensor de los niños pobres, abandonados y abusados.

El Michael Reagan Center for Advocacy and Research [Centro Michael Reagan para la Defensa e Investigación] ha trabajado desde el 2005 juntamente con Arrow Child and Family Ministries [Ministerios Flecha para el Niño y la Familia], un grupo cristiano que trabaja en pro de los niños necesitados y sus familias. Como parte de sus esfuerzos, el Reagan Center y los Ministerios Arrow alientan a las iglesias cristianas a reclutar padres de acogida y de adopción en sus congregaciones. Michael dijo que hay cientos de miles de iglesias cristianas en los Estados Unidos, y si se unieran al programa de forma masiva, eventualmente eliminarían o aliviarían enormemente la necesidad de padres de acogida o grupos de hogares institucionales.

Michael observó que el apóstol Santiago llama a las iglesias a hacer precisamente esto: La religión pura y sin mancha delante de Dios nuestro Padre es esta: atender a los huérfanos y a las viudas en sus aflicciones, y conservarse limpio de la corrupción del mundo (Santiago 1:27).

Personalmente, ¡me encanta esta idea! Yo estoy a favor de que todas las denominaciones y no denominaciones se unan, haciendo a un lado sus diferencias, y poniendo la fe en acción. Ministerios Arrow toma su nombre del pasaje bíblico que dice que los hijos son un regalo de Dios, "como flechas en manos del valiente". Ellos deben ser guiados con pericia y orientados en el rumbo que Dios ha establecido para ellos.

Michael y los Ministerios Arrow también tienen la misma preocupación que yo por los niños que han sido victimizados por traficantes humanos. En mis viajes alrededor del mundo, he visto con mis propios ojos los horrores y abusos infligidos a pequeños de todas las edades, que son arrancados de sus familias y esclavizados. Otros son secuestrados por militantes que los amenazan con matarlos si no sirven en su ejército. Y algunos, son obligados a trabajar como esclavos sexuales en todo el mundo.

Una vez hablé a seiscientas cincuenta chicas que habían sido liberadas de la esclavitud sexual en un prostíbulo en Bombay, India. Algunas de ellas tenían bebés en sus brazos. La mayoría sentía que no tenían razones para tener esperanza de una vida superior para ellas o sus hijos. No tenían un lugar adonde ir, ni conocimiento sobre cómo vivir mejor, ni un Dios a quien pedirle fuerzas. Pero también he visto exesclavas sexuales aceptar ayuda y encontrar redención y sanidad entregando sus vidas a Jesús.

He observado el milagro de esas jóvenes cristianas salvadas que —aunque habían sido esclavizadas y maltratadas— volvieron a los proxenetas y madamas que las habían golpeado y abusado, y les dijeron: "Te amo, porque Jesús te ama, y te perdono, porque Jesús me perdonó a mí". Ellas han cambiado por completo el curso de sus vidas cuando se les mostró compasión y se les ofreció una guía.

Como alguien que nació con discapacidades mayores estoy muy consciente de que yo podría haber terminado en el sistema de cuidado temporal o en un orfanatorio, donde los depredadores podrían haber hecho que mi vida fuera deprimente. Los que nacimos en familias cristianas amorosas debemos tomar cada oportunidad que se nos brinda para compartir y extender nuestras bendiciones a los menos afortunados entre nosotros, en especial los niños de Dios.

No puedo imaginar una mejor manera de servir al Señor que rescatando a esos inocentes, reparando sus mentes y corazones, mostrándoles amor incondicional y luego enseñándoles a seguir a Jesucristo. Los Ministerios Arrow ayudan a las iglesias a crear sus propios programas para padres de acogida y adoptivos, y les enseñan a reclutar, entrenar, apoyar y proveer recursos para los que aceptan salvar a esta y a las futuras generaciones.

BRINDAR REFUGIO

También apoyo el trabajo de los creadores de otra iniciativa innovadora dirigida a jóvenes rescatados del tráfico sexual. Hope Refuge [Refugio Esperanza] fue fundado por una pareja de exmisioneros, Bob y Michelle Ryan, que manejaron por muchos años un campamento cristiano de retiros para niños de acogida y jóvenes en riesgo en California.

En el 2013 se unieron con unos amigos de toda la vida y también misioneros, Sally y Chuck Cook, para proveer un lugar de retiro donde los sobrevivientes del tráfico humano pudieran sanar del trauma del abuso, abandono y descuido. Hay casi trescientos mil jóvenes estadounidenses puestos en riesgo cada año por parte de empresas criminales de tráfico sexual, pero hay muy pocos lugares seguros para que, quienes son rescatados de esos procedimientos, puedan sanar y recuperarse de lo que a menudo es un trauma físico, mental y emocional sustancial, según los Cooks.

El Refugio Esperanza se creó para ser tal lugar. Está asentado sobre ochenta y seis hectáreas de bosques serenos y colinas con vista al Océano Pacífico, cerca de Santa Bárbara, California. Los fundadores lo describen como el ambiente natural perfecto para quienes han sufrido, donde pueden encontrar descanso y sanidad y comenzar a prepararse para un futuro mejor.

"Nuestra esperanza es verlos fortalecidos como para poder pensar en un futuro donde sus sueños y su potencial singular pueda ser realizado y compartido con otros", dice Bob Ryan.

Su equipo parece brindar una presencia amorosa a las vidas de los jóvenes que vienen de historias crueles y despiadadas. El Refugio Esperanza ofrece retiros de fin de semana o de toda una semana, que son como una visita a un *spa* de primera clase, con comidas preparadas por un chef profesional y habitaciones bellamente amuebladas. Para ayudar a las víctimas de tráfico sexual a que se relajen, hay actividades como excursiones a la playa, natación, fiestas en la piscina, lecciones de surf, tirolesa, clases de Pilates y barbacoas. Los programas terapéuticos incluyen plantar árboles en lugares donde hubo incendios forestales. También hay momentos de meditación en donde los visitantes pueden simplemente reflexionar y descansar, para comenzar a sanar y salir adelante.

Abrir las puertas a la fe y edificar la confianza son algunos objetivos del retiro. Sus fundadores desean ayudar a los jóvenes que han sido abusados a tomar conciencia sobre el poder y el amor de Dios, para transformar sus vidas y avanzar hacia una nueva etapa.

Muchos de ellos se sienten abandonados e indignos de amor. Han conocido solo crueldad y abuso, así que son cautelosos en cuanto a confiar en alguien. Esta es su oportunidad de comenzar a confiar otra vez, y de empezar a buscar un propósito más grande para sus vidas.

Los fundadores de Refugio Esperanza trabajan junto a Saving Innocence [Salvando la Inocencia], que rescata niños del tráfico sexual en el área de Los Ángeles, así como también con cuerpos policiales y otras organizaciones que combaten el tráfico humano en la región.

ATREVERSE A SOÑAR EN GRANDE

Siempre estoy animando a los cristianos a soñar en grande en sus iniciativas de alcance a la comunidad. Algunos lo captan, otros no. Tommy y Matthew Barnett no solo entendieron lo que significa soñar en grande, sino que además están entre los mayores soñadores cristianos que haya conocido jamás.

Fíjate esto. No solo son grandes soñadores, también son grandes hacedores. ¿Cuántas otras personas compraron un hospital abandonado, lo remodelaron y transformaron en un increíble recurso para la comunidad, para aquellos que necesitan del amor de Dios?

Aunque los conozco y admiro desde hace años, hace poco que me reconecté con este equipo de padre e hijo, y estoy asombrado de todo lo que han logrado. Me inspiran, y espero que puedan inspirar a muchos otros a poner su fe cristiana en acción a gran escala.

Allá por 1994, Tommy y Matthew fundaron Los Angeles Dream Center [Centro de los Sueños de Los Ángeles] como un centro misionero. Su iglesia tenía una asistencia promedio de cuarenta y ocho personas los domingos cuando ellos comenzaron, pero ahora su ministerio alcanza a más de cincuenta mil personas al mes.

Su Centro de los Sueños es el exhospital Queen of Angels, en el lúgubre centro de Los Ángeles. Está a unos quince kilómetros al oeste de Beverly Hills, pero totalmente desprovisto de su ostentación y glamur. Su misión es rescatar y rehabilitar a aquellos que sufren de adicciones, los sintecho, los abusados, incluyendo a las víctimas de tráfico humano.

Tommy era el pastor principal de la Primera Asamblea de Dios en Phoenix, Arizona. En 1996, su hijo Matthew, en sus veintitantos años por ese entonces, comenzó a pastorear una pequeña iglesia misionera para personas sin hogar y sin recursos en los barrios más peligrosos de Los Ángeles.

Siete años antes de eso, el hospital Queen of Angels, que atendía a los residentes más pobres de la ciudad, había cerrado sus puertas y estaba casi desocupado. El centro médico ahora cerrado, que se había fundado en 1926, había sido el hospital de enseñanza más grande al oeste del Misisipi. Había crecido hasta incorporar nueve edificios en tres hectáreas en el desesperado vecindario de Echo Park en Los Ángeles.

Cuando cerró, la propiedad completa fue puesta a la venta por diez millones de dólares. El dueño rechazó varias ofertas de grupos de entretenimiento en Hollywood antes de vendérsela a los Barnett por solo tres millones novecientos mil dólares, a causa de su visión de transformarlo en un centro espiritual de sanación. Hoy en día, la propiedad es el hogar de la "iglesia que nunca duerme" y un dedicado equipo de servidores.

Los Barnett recaudaron fondos y tomaron subvenciones del gobierno para transformar el decrépito hospital y su campus. Inicialmente, gastaron cerca de un millón de dólares para renovar el edificio principal de quince pisos y adaptarlo a las normas vigentes. Ahora esos pisos sirven a los destituidos, afligidos y victimizados. Luego invirtieron veinticinco millones más en transformar nueve pisos en hogares para los que vivían en la calle. La concesión de un crédito fiscal del gobierno de casi cincuenta millones (con un valor de quince millones) los ayudó a completar las reparaciones del resto del Centro de los Sueños. Ellos dicen que el Centro de los Sueños tiene más de doscientos cincuenta ministerios, los cuales, además del hospedaje, incluyen programas para adicción a las drogas, madres solteras y víctimas del sida, entre otros.

Ellos están, verdaderamente, haciendo la voluntad de Dios y siguiendo las pisadas de Jesús sobre la Tierra. El Centro de los Sueños es un lugar de esperanza y oportunidad y un campo listo para cosechar nuevos cristianos. Tommy y Matthew Bernett creen en encontrar necesidades y suplirlas, encontrar heridas y sanarlas. Y en el proceso, llevar las almas a Cristo.

Yo hablé en su iglesia y siempre disfruto visitarlos y ver cómo sirven a los demás de increíbles maneras. Ellos transforman vidas con el poder del amor de Dios. Están encontrando a las personas en el lugar donde están, sirviendo a los que tienen necesidades acuciantes y mostrando el poder de nuestra fe cristiana.

EMPODERAMIENTO EXTREMO

Tal como los Barnett han demostrado, el compromiso cristiano puede verse de muchas formas. No tiene que estar envuelto en la caja común. Algunos de los programas más eficaces que he visto son también los más creativos (¡y en un caso, extremo!).

Mis amigos Bryan y Mindy Schwarz fundaron Extreme Mobility Camps Inc. (XMO) [Campamentos Movilidad Extrema] en el 2008, después de pasar casi treinta años como directores voluntarios con los Campamentos Nacionales para Ciegos de Christian Record Services. Su campamento extremo les brinda a jóvenes ciegos o disminuidos visuales oportunidades de practicar deportes extremos, empoderándolos para esforzarse física y mentalmente y arriesgarse a ir más allá de toda limitación y propiciar vidas más interesantes y plenas.

Ellos les ofrecen a sus huéspedes con discapacidades visuales un programa de invierno que puede incluir esquí, *snowboard*, esquí de fondo, motos de nieve, deslizadores inflables y paseos en trineo. También arman campamentos de verano en Colorado y California, que ofrecen actividades como surf, esquí acuático, flotadores, motos de agua y senderismo.

Todas las actividades de su campamento están centradas en torno a una atmósfera cristiana, pero no es un requisito ser cristiano para poder participar. La familia Schwarz dice que han visto el poder milagroso de Dios transformar las vidas de sus campistas, ya sea liberando a alguien de adicción a las drogas o al alcoholismo o de una posesión demoníaca. Han descubierto que sus campistas, y también el personal, están más abiertos a la Palabra de Dios cuando están totalmente inmersos, física y emocionalmente, en los más hermosos escenarios de la naturaleza.

Los miembros de la familia Schwarz dicen que sus campamentos son herramientas para compartir la fe y demostrar los principios y valores cristianos. No presionan a los participantes, sino que les permiten observar y disfrutar las bendiciones terrenales de Dios en la forma de un paisaje espléndido, la camaradería y el compañerismo.

Bryan y Mindy cuentan su testimonio en el último día de cada campamento, y las respuestas suelen ser muy conmovedoras. Como dice Mindy en su sitio web: "Hemos visto a Jesús derretir los corazones más duros y testificamos que muchos entregaron su vida a Cristo".*

ESTUDIO BÍBLICO EN LA EXPLANADA NACIONAL

La familia Schwarz ayuda a los campistas a disfrutar la creación de Dios en la naturaleza, pero otra familia que yo conozco, los Green, están creando un lugar increíble para explorar la Palabra de Dios en la capital de los Estados Unidos. Hemos sido amigos de los Green por varios años; son una familia cristiana de la ciudad de Oklahoma que tiene muchos pasatiempos. Son los dueños de las tiendas Hobby Lobby.

Allá por 1970, David y Barbara Green pidieron un préstamo de seiscientos dólares para comenzar un negocio hogareño: fabricar marcos de fotos en miniatura. Dos años después,

* Vea www.xmocamps.org

abrieron una pequeña tienda, y hoy en día su negocio de manualidades tiene setecientos locales en cuarenta y siete estados, con treinta y dos mil empleados.

A medida que han edificado su imperio de 3.7 mil millones de dólares, que además incluye la cadena de librerías Mardel y las mueblerías Hemispheres, los Green y sus hijos, Matt, Steve y Darsee se han convertido en unos de los principales impulsores de la fe cristiana. Han dado cientos de millones de dólares en apoyo a programas evangélicos y esfuerzos de compromiso comunitario, incluyendo el mío. Hace poco me pidieron que tuviera un papel pequeño en lo que probablemente demostrará ser su más notable y duradera contribución al evangelismo cristiano y a todos los creyentes.

En noviembre de 2017 abrieron al público su Museo de la Biblia, que se financió con fondos privados, cerca de la Explanada Nacional en Washington DC. Este es de veras un museo de proporciones bíblicas. Tiene ocho pisos de alto, con piezas de una extensión de más de cuarenta metros cuadrados. Los Green exhibirán más de cuarenta mil artefactos, incluyendo antiguos manuscritos bíblicos, rollos de la Torá, algunos de los rollos del Mar Muerto y textos cuneiformes de su colección privada, la más grande del mundo. Las exposiciones también incluirán obras de arte, piezas rituales antiguas y, para los fanáticos de la música pop de Elvis Presley, su Biblia personal.*

Me sentí honrado cuando ellos me pidieron que participara en la creación de una exhibición que presenta entrevistas con algunos cristianos para que compartan sobre cómo la lectura de la Biblia impactó sus vidas. Yo no tendré que dejar mi trabajo cotidiano ni mudarme a Washington DC para salir al aire cada día que abre el museo porque, al igual que

---

*Visite www.museumofthebible.org y www.hobbylobby.com/about-us/our-story.

los otros entrevistados, apareceré como un holograma. ¡Qué fantástico! Quiero decir que, siempre fui muy transparente, pero ahora lo seré tanto que podrás ver a través de mí.

El Museo de la Biblia está dirigido por Steve Green, quien me contó que su visión es crear un lugar que cuente la historia de la Biblia a lo largo de cientos de años. El museo dará la bienvenida a gente de distintos credos, creyentes o no, en su misión de "hacer revivir la Palabra viva de Dios, contar la cautivante historia de su conservación, e inspirar confianza en la absoluta autoridad y confiabilidad de las Escrituras".

Steve y su familia creen que cuanto más estudiamos y aprendemos acerca de ella, tenemos una fe más fuerte y sólida. Quieren que su colección sea como un faro de luz, que atraiga e inspire a los no creyentes y a la gente de otros credos para que también puedan contemplar la belleza de la Palabra de Dios e incluso ser transformados por ella.

LOS AMIGOS Y EL PLAN FAMILIAR

Me encanta que tantas personas en todo el mundo estén encontrando formas creativas y diferentes para extender su fe y hacer crecer el ejército de Dios. Los líderes de las iglesias también, incluyendo a mis amigos de LifeChurch en Coppell, Texas, están haciendo programas de alcance a la comunidad de maneras interesantes.

Mi esposa Kanae estaba viviendo con su madre, su hermana y su hermano en un suburbio de Dallas cuando nos vimos por primera vez. Ellos asistían a LifeChurch, que está ubicada al norte del aeropuerto internacional de Dallas/Forth Worth. Cada vez que yo viajaba a Dallas, asistía con Kanae a la iglesia que iba su familia, y llegué a conocer a los pastores principales, Tim y Abigail Holland. Tim les dice a las personas que la primera vez que me vio sentado en su congregación casi se olvida su sermón. Él había mirado mis videos en YouTube, e incluso me había visto en el programa *Oprah*, así que lo descolocó encontrarme allí en su iglesia.

El pastor Tim terminó su maravilloso sermón, y conversamos al final. Kanae y yo hemos sido amigos de Abigail y Tim desde ese momento. Tim puede ser pastor, pero como también es hijo de misioneros, eso es lo que en realidad hay en su corazón. En 1991 sus padres, Rafael y Donna Holland, fundaron la hermana hispana de LifeChurch, iglesia Mundo de Fe, en Coppell, y ahora son los líderes espirituales de esa iglesia y varias otras que han plantado en Latinoamérica y España.

No es de sorprender entonces, que la extensión y el alcance comunitario sea uno de los valores fundamentales de LifeChurch. Los Holland, su equipo de liderazgo y los miembros de las iglesias son muy activos en su comunidad. Trabajan con una organización que tiene comedores comunitarios móviles donde les dan de comer a las personas hambrientas. Otro equipo visita residencias de ancianos y otro equipo más les sirve café caliente y desayunos a los obreros que hacen filas para ser contratados, en diferentes partes de la ciudad.

Los Holland son muy creativos para compartir su fe y llevar más almas a la luz. Yo me uní a ellos en una campaña de una semana, a principios de 2016, que fue particularmente interesante. Animaron a mil cuatrocientos miembros de la iglesia a invitar, al menos, a diez amigos, miembros de su familia, vecinos, o hasta extraños para oírme hablar como parte de la campaña.

Lo más impresionante fue que, seis meses antes de que invitaran a alguien, la congregación se comprometió a orar por cada persona que invitarían. Le pidieron a Dios que preparara sus corazones para aceptar la invitación de buena gana.

Mientras yo observaba desde atrás del escenario antes de subir a hablar, tuve una sensación de lo deben haber sentido las personas que vieron a Jesús multiplicar cinco panes y dos peces para alimentar a los cinco mil que lo habían seguido hasta una aldea remota. ¡La diferencia era que los Holland y su congregación multiplicaron los mil cuatrocientos miembros de sus iglesias en catorce mil invitados en la audiencia! Aún mejor, tuvimos más de mil cuatrocientos personas que respondieron al llamado al altar en las seis noches consecutivas y entregaron sus vidas a Jesucristo.

Pienso en este tipo de alcance como el Plan de Amigos y Familia, pero que también puede incluir compañeros de trabajo, vecinos y desconocidos que están interesados en aprender sobre tu iglesia y tu fe. La parte más sorprendente de este esfuerzo evangelístico es que la iglesia hizo un seguimiento a cada individuo y familia, y los ayudaron a insertarse en la iglesia local como miembros. De las 1 414 tarjetas de decisión que se completaron (en algunos casos una tarjeta representando a familias enteras), el 20 % de ellas dijeron que LifeChurch/Mundo de Fe era su iglesia. Ellos asisten cada semana para crecer en su camino de fe con Jesús. ¡Un aumento del 20 % en el número de miembros en una semana es una muy buena semana! ¿Estás bromeando? Eso fue increíble.

FOMENTAR LA FE

En este capítulo he brindado varios ejemplos de maneras creativas en las cuales algunos cristianos están compartiendo su fe. Sé que hay muchos cristianos que tienen trabajos y familia y otras responsabilidades que no les permiten trabajar a tiempo completo para extender su fe, así que desearía cerrar el capítulo dando unas simples pero eficaces maneras en que todos podemos servir como embajadores de Dios.

Podemos ayudar a compartir la realidad de su amor y animar a otros a experimentarlo respondiendo sus preguntas, recibiendo de buen agrado sus intereses, dando testimonio, mostrándoles cuán compasivos y bondadosos pueden llegar a ser los cristianos, enseñándoles la Palabra de Dios y cómo vivir según los mandamientos del Señor.

Yo aliento a cada uno a que haga lo que pueda o lo que esté a su alcance. Los métodos más básicos a disposición pueden ser:

- asistir a la iglesia
- invitar a los no creyentes a servicios en la iglesia, estudios bíblicos y grupos de jóvenes cristianos
- dar la bienvenida a los que visitan los servicios y eventos cristianos, tomando tiempo para responder a sus preguntas o servir a sus necesidades
- darles regalos prácticos o una guía del visitante, incluyendo Biblias, devocionales, libros cristianos y guías de oración

SEGUNDA PARTE

ARMAR EL EQUIPO

6

BIENAVENTURADOS SEAN LOS MENTORES

Jesús vino al mundo a expiar nuestros pecados. El Hijo de Dios también fue enviado para "salvar a los perdidos". Fue el primer y principal mentor espiritual en la Tierra, y es un deber y una gran bendición para todo cristiano que está confiado en su fe servir como un ejemplo de vida y, de ser posible, como un mentor para los que todavía necesitan una guía hacia la salvación eterna.

El Hijo de Dios garantizó que su obra continuaría, sirviendo como mentor de sus doce apóstoles. Como se nos dice en Lucas 9:1-2: "Habiendo reunido a los doce, Jesús les dio poder y autoridad para expulsar a todos los demonios y para sanar enfermedades. Entonces los envió a predicar el reino de Dios y a sanar a los enfermos". También les dio instrucciones detalladas de cómo hacerlo, incluso les dijo que no llevaran equipaje para el camino cuando viajaran a predicar el evangelio: "No lleven nada para el camino: ni bastón, ni bolsa, ni pan, ni dinero, ni dos mudas de ropa" (versículo 3).

¡Bueno, ese es un consejo serio por parte de un mentor! Jesús sentó el ejemplo con sus discípulos, que multiplicaron su obra y difundieron sus enseñanzas después de su muerte, resurrección y ascensión. También animaron a otros a ser mentores. En la Biblia, Pedro dice que debemos ser "ejemplos para el rebaño".

Yo creo que todos los cristianos tienen el deber de servir como guía y aliento para los demás, tanto a creyentes como a no creyentes. Deberían asumir ese rol una vez que hayan alcanzado una relación personal con Jesucristo y hayan llegado a un punto en donde tienen experiencias valiosas para compartir. En mi caso, me tomó por sorpresa. Nunca había pensado que yo podría ser un referente o mentor para alguien, hasta que los jóvenes comenzaron a acercarse a mí pidiendo consejo y dirección.

Yo estaba muy ocupado dándole forma a mi carrera al comienzo de mi juventud. Me consideraba más un estudiante que un maestro en ese período de mi vida. Pero cuando maduré en la fe y desarrollé mi propósito, el aconsejar a otros surgió naturalmente cuando me acercaba a otros muchachos que querían hablar en público, ser ministros, misioneros o evangelistas. Me di cuenta en mi treintena que estaba guiando gente sin saberlo, y en realidad ya tenía suficientes experiencias y una sabiduría acumulada como para ayudar a otros.

No me sentía digno de ese papel sin la ayuda de Dios y la guía del Espíritu Santo. Mi papel como mentor espiritual está basado en el del apóstol Pablo, que dijo en 1 Corintios 11:1: "Imítenme a mí, como yo imito a Cristo". Enseñar a otros no siempre es sencillo, aun contando con la ayuda del Espíritu Santo, porque yo soy un simple ser humano y por lo tanto no soy perfecto, ni como hombre ni como cristiano. Solo puedo intentar ser lo mejor que pueda ser, y espero seguir creciendo en la fe y mejorar a los ojos de Dios, y eso es todo lo que pido de los que buscan una guía.

Proverbios 9:9 lo resume adecuadamente: "Instruye al sabio, y se hará más sabio; enseña al justo, y aumentará su saber".

BIENAVENTURADOS LOS HUMILDES QUE ENSEÑAN A OTROS

Yo disfruto de enseñar a otros como una forma de guiar a los más jóvenes para que no comentan los mismos errores que yo cometí a su edad. Siempre me siento renovado y animado cuando veo que aprenden y aplican las lecciones para ser mejores cristianos. Es como si les hubiera dado un regalo que hará su viaje más liviano. Dios nos creó como una familia, entonces yo veo a cada uno que aconsejo como un hermano menor al que deseo ayudar. Esa es la belleza de tener una familia de Dios. Nos cuidamos el uno al otro.

El filósofo cristiano C.S. Lewis tenía otra forma de ver el papel de mentor: "Considéreme como un paciente del mismo hospital, que por haber llegado un poco antes, podría darte algún consejo".* Me gusta esa mirada humilde. La humildad es una parte esencial del rol de mentor. Si te presentas como infalible y que lo sabes todo, ¿qué se puede esperar aprender de ti?

El mentor que dice que nunca cometió un error no es un mentor al que alguien desee seguir. Yo busco maestros que hayan asumido riesgos, hayan tropezado de vez en cuando y hayan aprendido lecciones en el proceso, porque creo que podrán ayudarme a evitar caer en los mismos errores que ellos. Siempre he sido muy franco sobre mis caídas y fracasos, y las lecciones que he sacado en limpio de esas situaciones me han hecho un mejor mentor.

Confié en personas equivocadas, tomé decisiones impulsivas y traté de hacer demasiado en poco tiempo. A veces me estiré tan al máximo de mis posibilidades que casi temí rom-

---

*C.S. Lewis, "Una carta para Sheldon Vanauken" (22 de abril de 1953), en Sheldon Vanauken, *A Severe Mercy* [Una severa misericordia], (San Francisco: HarperSanFrancisco, 1987), p. 134.

perme como una banda elástica. Algunos de esos errores me costaron dinero, amistades y un gran esfuerzo. Unos pocos fueron realmente dolorosos, pero aprendí de ellos, y me han hecho un mejor mentor para aquellos que ahora vienen a mí pidiendo consejo, guía o apoyo.

La mentoría no es lo más fácil. Lleva tiempo y una buena reflexión, porque uno no quiere desviar a la persona, mandarla por el camino equivocado o darle información desactualizada o errada. Ciertamente, es más fácil darle a alguien un cheque o una donación, u ofrecerse como voluntario de un comedor comunitario. Tomar a una persona bajo el ala y servir como confidente y guía espiritual por un período extenso es mucho más desafiante y lleva más tiempo. A veces, cuando sugiero a otras personas que sean mentores de otros cristianos, me dicen que no están calificados o no son lo suficientemente fuertes en la fe, pero todo el que haya experimentado un largo camino de fe puede impartir sabiduría divina, aliento y apoyo.

La mentoría de otros puede ser tan simple como tomar una taza de café con alguien todas las semanas y compartir los pensamientos sobre cómo vivir una vida santa, o puede ser tan profundo como trabajar codo a codo en un proyecto. Siempre me alegra poder sostener a los que no están tan maduros en su fe y en su camino con Jesús. Quiero ayudarlos a ser responsables ante otros y a crecer y ser felices en el Señor.

LLEVAR A CABO LA TAREA DE LOS APÓSTOLES

Muchas iglesias tienen programas formales de crecimiento espiritual, en los que cristianos más experimentados sostienen a los miembros más jóvenes, los que han sido salvos recientemente o quienes están explorando opciones espirituales. Mis relaciones de discipulado cristiano han sido acuerdos informales que surgen de la amistad con jóvenes que me han pedido ayuda luego de escucharme hablar o de leer mis libros.

Aunque estoy seguro de que a la mayoría de ellos los trajo Dios a mi camino, algunas veces es más evidente que en otras. Esto es particularmente cierto en el caso de mi amigo Bradon Schwarz, que me consideró un modelo a seguir por varios años, incluso antes de conocernos personalmente.

Bradon se crio con Bryan y Mindy, quienes tienen una empresa constructora en California y dirigen los Extrem Mobility Camps en Colorado y California. El joven se rebeló contra sus padres y la fe de ellos durante la mayor parte de su niñez. "La gente siempre me hablaba de Dios y de su plan para mi vida, pero a mí no me importaba la religión. Por alguna razón, yo hacía todo lo que estaba a mi alcance para meterme en problemas", recuerda.

Tenía doce años cuando sus padres le hablaron de asistir a un concierto de rock cristiano todo un fin de semana. Bradon todavía no estaba interesado en la fe y no era fanático de la música cristiana, pero nunca había ido a un concierto, así que aceptó. Como se había educado en la casa, vio esto como una rara oportunidad de pasar el rato con otros chicos. Descubrió que le gustaban las bandas cristianas más extremas, como Family Force 5, la banda de Atlanta conocida por sus conciertos salvajes y estilos musicales que incluyen rap, metal y tecno pop.

PRIMER ACTO

La última noche del concierto del fin de semana en 2007, Bradon fue a escuchar la presentación de Family Force 5.

Llegó temprano y descubrió que en el acto de calentamiento previo al concierto estaba un curioso tipo sin piernas ni brazos (¡o sea, yo!).

"Nick empezó a hacer bromas y a tocar la batería, de modo que yo pensé que era un comediante que hacía la apertura para la banda", cuenta. "Después comenzó a hablar acerca del Señor, y sentí que me estaba hablando directo a mí. Nick derribó las barreras que yo le había levantado a la fe de mis padres. Usó el humor y su testimonio sobre el plan de Dios para su vida. En ese entonces él era igual que yo, un joven soltero, así que fue muy distinto para mí escuchar esas cosas de boca de él. Cuando dijo 'Dios tiene un plan para ti', eso me quedó grabado".

Bradon y yo no nos conocimos ese día, sino al poco tiempo de que él entregara su vida a Cristo. Sus padres estaban emocionados, y él recuerda esa primera vez que me oyó hablar como "el gran suceso" de su vida. No tengo dudas de que Dios nos cruzó en el camino esa noche en el concierto cristiano, pero aparentemente él no ha terminado con nosotros.

Avancemos seis años más. Para ese tiempo ya me había casado con Kanae, y ella estaba embarazada de unos pocos meses de nuestro primer hijo. Un día fuimos de compras porque ella necesitaba unas sandalias. Entramos a una tienda en un centro comercial cerca de nuestra casa en California. Vi un joven vendedor en la parte trasera del local, doblando unas prendas para la vidriera, y algo en él me llamó la atención. Sentí que parecía ser un joven con un futuro prometedor, que haría cosas mayores que esa.

Fui donde estaba y le pregunté si podía ayudarnos. Bradon se presentó muy entusiasmado, y dijo que me reconocía del concierto cristiano hacía seis años atrás. Me contó la historia completa de cómo mi charla de esa noche le había ayudado a volver a Cristo y había cambiado su vida radicalmente. Si me quedaba alguna duda de que Dios estaba detrás del encuentro, desapareció cuando el joven me contó que ¡había empezado a trabajar en ese local justo el mismo día! Había ido allí una semana antes y le ofrecieron trabajo en el instante. ¿Quién hubiera sabido que Dios era un reclutador para tiendas de ropa? Claro que no lo es, pero Dios debe haber estado trabajando mucho para ponerme en una posición como para guiar a Bradon. Entonces, déjame contarte cómo se precipitó todo de una manera increíble.

Después que conseguimos las sandalias, le pregunté si podía orar por él y su camino con Jesús. Me dijo que sería fantástico. Ahora, una vez más, nos despedimos sin intercambiar direcciones de correo electrónico o números de teléfono. Ese bien podía haber sido el final de todo contacto entre nosotros.

Pero una vez más, Dios no había terminado con nosotros. Aproximadamente una semana más tarde, Kanae y yo fuimos a un vivero a buscar tres árboles para nuestro jardín. Estábamos echando un vistazo a las especies, cuando un hombre se nos acercó. Dijo que su hijo era un seguidor mío, que había entregado su vida a Dios después de oírme hablar en un concierto. Me di cuenta de que era el padre de Bradon cuando me estaba diciendo que su hijo nos había atendido en una tienda. Las conexiones me sorprendieron más todavía, porque mi prima Lara había actuado en un evento de recaudación de fondos para una organización sin fines de lucro (ONG) que dirigía la familia Schwarz.

Después de conversar un poquito más, Bryan se ofreció a cargar las tres palmeras en su camioneta y llevarlas a casa. Cuando llegó con los árboles, nos explicó que él era contratista de construcción, y se ofreció a ayudar con cualquier proyecto que necesitáramos. Nosotros justo estábamos remodelando nuestra casa, así que él terminó ayudándonos con eso.

Un día, mientras Bryan estaba trabajando en nuestra casa, me dio un video, diciendo que esa era la organización sin fines de lucro que él había iniciado. Le contesté que tenía un montón de llamadas y que no podía mirarlo enseguida. Pero a cambio le di uno de mis videos, lo cual él pensó que era algo bastante divertido, ya que yo no había tenido tiempo de mirar el suyo. Los dos nos reímos juntos de eso.

Más tarde, al mirar su video, quedé impresionado. Bryan y su esposa Mindy habían fundado los Extreme Mobility Camps hacía más de veinte años. Como mencioné anteriormente, sus campamentos brindan experiencias deportivas a personas con discapacidades visuales, en su casa de vacaciones en Colorado y en distintas ubicaciones en California.

Claramente, Dios trajo a Bradon y a sus padres y su hermana Marleigh a nuestras vidas. Pronto Kanae y yo los estábamos visitando en Colorado. Nos hicimos buenos amigos de toda la familia. En una de esas reuniones, Bradon me dijo que se había inscrito en una universidad cristiana y estudiaría negocios, porque planeaba hacerse cargo de XMO y expandir en el futuro. Le ofrecí ser su mentor, basado en mis experiencias con mi propia ONG, Vida sin Extremidades.

Cuando los visitamos en Colorado por una semana, yo llegué a conocer mejor a Bradon. Una noche él estaba leyendo la Biblia y le ofrecí tener devocionales juntos. Él estaba conmovido porque —me recordó luego— yo lo había ayudado a encontrar a Jesús años antes, en el concierto.

Esa noche hablamos acerca de nuestra vida con Cristo. Él tenía algunas preguntas y me pidió consejos sobre cómo permanecer en la fe a pesar de las tentaciones de la vida diaria. Tuvimos muchas charlas esa semana porque yo había llevado una silla de ruedas especial, con unos neumáticos que me permitían hacer senderismo por las montañas y los bosques junto a Kanae y Bradon. Nos unimos mucho más en esas caminatas. Le conté mis experiencias de viajes por todo el mundo, incluyendo algunos de los milagros que había presenciado. Le dije que muchas veces había orado por un milagro que me concediera brazos y piernas, y hablamos en profundidad sobre la razón por la que Dios les da a algunas personas milagros y a otras no. Ambos coincidimos en que a menudo no podemos entender los caminos de Dios, porque nuestra visión es limitada, de modo que tenemos que creer por fe que él está obrando en nuestro beneficio.

CONSTRUIR LAZOS

Durante el próximo año más o menos, Kanae y yo nos hicimos buenos amigos de Bradon y su familia. Les brindé consejos sobre su asociación civil y para crear una junta de asesoría. Hablé en su reunión anual de recaudación de fondos, que convocó a cinco mil personas. Bradon estuvo a cargo del evento, el primero para él. Le aconsejé sobre cómo organizarlo y, más adelante, le di algunas sugerencias para ayudar a su familia a armar un plan de negocios para sus campamentos.

Cuando Bradon cumplió veinte años, estaba en segundo año de la facultad de negocios y esperaba el día de hacerse cargo de la empresa familiar. También estaba pensando en tomar pasantías en alguna empresa. Le dije que yo estaba planeando una serie de viajes por el mundo y que necesitaba contratar a otro cuidador para que me asistiera en los mismos. Le ofrecí el puesto, explicando que sería su mentor en cuestiones de la empresa y en asuntos de fe durante nuestros viajes juntos.

Mis viajes le llevarían solo diez días al mes fuera de sus actividades. Como yo tenía otros dos cuidadores rotativos, Bradon podría hacer otras cosas también. Oró sobre mi ofrecimiento por un par de días antes de aceptarlo.

SERVIR AL PROPÓSITO DE DIOS

Yo comencé esta historia diciendo que esta relación de mentor a largo plazo surgió en forma natural de una amistad. Esto es cierto hasta un punto, pero puedes ver la mano de Dios obrando aquí. Y creo que esto es cierto también de la mayoría de relaciones de discipulado cristianas. ¡Nuestro Padre celestial dirige el más poderoso programa de mentores que hay!

Él es la mano invisible. Él nos conectó con Bradon primero en el concierto y luego en su trabajo; después envió al padre al vivero en que estábamos comprando para reunirnos a todos.

"Nick me llevó a Cristo, y ha sido el mentor que me ha ayudado a madurar en la fe. Dios nos unió por razones que solo él conoce", dijo Bradon. "Yo veo mucho el corazón de Nick en sus acciones. Tiene un corazón apasionado por Dios y su ministerio, y me ha mostrado que el papel de un evangelista es mucho más que predicar. Él lo incorpora a sus relaciones y ayuda a todos los que lo rodean a ser la persona que Dios quiere que sean".

7

SERVIR COMO UN EJEMPLO DE CRISTIANO

No siempre puedo ser mentor de aquellos a los que quiero ayudar, pero hago todo lo posible por responder las preguntas que puedan tener y por ser un ejemplo de cristiano para ellos. Lo ideal sería que pudiera ser el consejero de todo aquel que busca guía espiritual y ayuda de mi parte. En la mayoría de los casos, sin embargo, no puedo estar disponible debido a mis viajes y compromisos como líder de Vida sin Extremidades y Actitud es Altitud, por no mencionar mi papel como esposo y padre de dos hijos.

Puedo servir a mucha más gente como modelo cristiano con la ayuda de las redes sociales como Facebook y Twitter, que me permiten enviar regularmente mensajes de esperanza e inspiraciones a mis seguidores. El trabajo de mentor generalmente se hace cara a cara, lo cual requiere más tiempo y esfuerzo, además de la accesibilidad para encontrarse con regularidad.

Organizaciones como Big Brothers Big Sisters of America y grupos juveniles de las iglesias pueden unir a los maestros y aprendices. Uno puede guiar a más de una persona en simultáneo si tiene la facilidad de juntarse.

Desafortunadamente, viajo mucho y tengo muchas otras responsabilidades que no me permiten ser guía espiritual de alguien en el diario vivir. Bradon es una rara excepción, pero él estuvo trabajando conmigo como cuidador por un extenso período, y eso nos dio amplias oportunidades para el discipulado.

La siguiente cosa buena que uno puede hacer como cristiano para ayudar a otros en su camino de fe es ser un modelo, un buen ejemplo a seguir e inspiración para otros a la distancia. Yo comencé siendo un modelo para Bradon, y luego continué ejerciendo el rol de mentor cuando él vino a trabajar conmigo. En mi caso, con frecuencia sirvo de inspiración y, ocasionalmente, puedo reunirme con mis seguidores, pero en general nunca llego a conocerlos en persona. Esto todavía puede ser una experiencia gratificante y reveladora, como en el caso de Khaavion Stone, un joven que conocí durante una visita a Nashville.

Tener metas siempre es importante, y también lo es dar pasos para alcanzarlas, pero los resultados le pertenecen a Dios. Cada persona debe adquirir conocimiento y crecer en fe. Los mentores cristianos comparten, animan y fortalecen por la gracia de Dios. No te desanimes si las circunstancias cambian. Los que anhelan crecer tienen necesidades, prioridades y opiniones que van cambiando a medida que maduran en la fe. Los mentores no pueden controlarlo todo. Simplemente sirven como guías y promotores y, hasta donde sea posible, tratan de mantener a las personas en el camino correcto que Dios tiene para ellos. No todas las etapas del discipulado intencional terminan de la forma que esperamos, pero en lo que Dios nos llama a hacer, servimos para ver a más de sus hijos estimulados a hacer su voluntad.

SER EJEMPLOS BAJO LA GUÍA DE DIOS

Shynithia Stone estaba embaraza de cuatro meses cuando el doctor le dio una noticia que cambiaría su vida: el bebé que llevaba en su vientre no tenía brazos ni piernas. El médico, que nunca había traído al mundo un bebé sin extremidades, trató de persuadir a Shynithia, que contaba con solo veintiún años y era soltera, de abortarlo tan pronto como fuera posible. Ella rompió en llanto.

Esta madre amorosa nos cuenta su historia, y creo que es un hermoso testimonio del poder del amor de una madre, y de Dios también:

Estaba tan emocionada cuando me enteré de que estaba embarazada. No podía esperar a tener mi primera ecografía y ver una imagen de mi bebé. Cuando lo vi, casi no podía entender lo que los médicos me estaban mostrando, o lo que me estaban diciendo sobre mi hijo. Sí, las imágenes de la ecografía claramente revelaban que nuestro bebé era un niño. Todo lo que pude oír y procesar era que los doctores me decían que este niño no tendría una vida plena y con sentido, que no podría hacer nada por sí mismo, que yo tendría que hacer todo por él y que probablemente acabaría en una institución, lo cual no sería justo ni para él ni para mí.

En resumen, los doctores me decían que lo mejor para este niño que llevaba en mi vientre, y lo mejor para mí, era practicarme un aborto lo antes posible. Mi prima LaMonica McDonald me había acompañado a esa ecografía, y al final nos abrazamos llorando. Yo tenía que salir del consultorio del médico y llegar a madre para que ella me explicara todo esto en términos que yo pudiera entender.

Le mostré a mi mamá las imágenes, y ella me dijo que a mi niño no le habían crecido los brazos ni las piernas. Me dijo también que la habían llamado del hospital y le dijeron varias veces lo mismo que me habían dicho a mí sobre hacerme un aborto. Le indicaron que intentara convencerme de que esto sería lo mejor para mí a la larga, que yo era muy joven y podría tener otros hijos luego. Pero ellos no sabían nada de la historia de nuestra familia y nuestras convicciones religiosas ni de dónde veníamos.

Nosotros somos de la Fe Apostólica, bautizados en el nombre de Jesús, recibimos el Espíritu Santo, hablamos en lenguas, santos que tienen temor de Dios y que creen en la doctrina del Señor y Salvador Jesucristo. No hay nada muy difícil para Dios. Recordé entonces todas las enseñanzas que aprendí cuando niña en la escuela dominical, y comencé a pedirle a Dios que me mostrara el camino. Oré: "Señor, que mis pensamientos sean tus pensamientos". Y así fue.

Elegí el nombre de mi hijo, que es Khaavion Auriiz Stone. Organicé un *baby shower* e hice todas las cosas normales que una madre hace cuando espera un hijo. Después de la experiencia con los médicos en el hospital, los únicos que supieron que Khaavion no tenía extremidades eran mi madre y mi prima. Mi madre no quería que nadie más tratara de interferir en los planes de Dios para mi bebé y para mí, así que dejamos nuestro destino en las manos de Dios.

Cuando los médicos dijeron que el hospital reconocía que el aborto no estaba en los planes de Dios para mí y mi bebé, se empezaron a abrir puertas de oportunidades. Ellos me conectaron con enfermeras especiales de atención domiciliaria. Verás, Khaavion siempre ha tenido ángeles de su lado. Su cuarto ángel fue una enfermera de la salud pública que trabajaba en el departamento de enfermería de neonatología. Se llamaba Nancy. Ella defendió a mi bebé como si fuera suyo. Nancy abrió muchas líneas de comunicación con diferentes doctores y organizaciones que beneficiarían a mi hijo.

Cuando los médicos del Hospital Vanderbilt dijeron que no se podía hacer nada más, ella respondió: "Sí pueden, y lo harán". Nancy me ayudó a conseguir unas prótesis para los brazos, hechas a la medida para Khaavion. Me acompañó a todas las citas médicas para poder explicar mejor los términos médicos que ellos usaban para referirse al niño. También me ayudó a inscribirlo en el Servicio de Intervención Temprana de Tennessee (TEIS, por sus siglas en inglés), que me conectó con un especialista que podía ayudarme a desarrollar y estimular sus habilidades físicas. También proveyeron otras agencias que podrían ayudar, incluyendo The Arc en el condado de Davidson, en Tennessee, el Shriners aquí en Nashville y el Hospital Shriners en Kentucky.

Nancy, además, me ayudó a anotarlo en el programa pediátrico ambulatorio de terapia física en Vanderbilt. Cuando dejó atrás ese programa, me ayudó a ingresarlo a la Escuela Susan Gray en el Hospital Universitario Vanderbilt. Luego fue admitido en el programa de la Harris-Hillman, y allí él conoció a su quinto ángel, Sally. Mira, cuando vienes de una familia temerosa de Dios, bendecida y salvada, Dios te rodea de un ilimitado número de ángeles terrenales.

Yo soy el primer ángel de Khaavion por ser su mamá. Mi madre Linda Stone es el segundo. El tercero es mi novio Phillip Deark, el único padre verdadero que mi hijo conoce y ama. Su quinto ángel es Sally, que le ha abierto las puertas con su personalidad amorosa y cariñosa. Sally es una persona muy especial, que no se detuvo hasta que logró que Khaavian conociera a Nick.

Toda mi familia y yo nos sentimos agradecidos y honrados de que Nick decidiera incluir nuestra historia, el primer capítulo de la vida de mi hijo, en su libro. Habrá muchos otros capítulos que vendrán en la maravillosa vida de Khaavian. Él ahora tiene ocho años y está logrando crecer con amor y abundancia por la gracia de Dios. Mi familia entera ama a Sally por su amor genuino hacia mi hijo. Ella es y será siempre parte de nuestra familia por la sangre de Jesús.

La historia de Shynithia es especialmente conmovedora para mí, por supuesto. A mis padres no les advirtieron que yo nacería sin extremidades, a pesar de que mi mamá se había practicado todos los exámenes y ecografías de rigor. En el caso de Shynithia, ella tuvo algo de tiempo para prepararse para el nacimiento de su hijo y, a diferencia de mis padres, tenía internet para ayudarle a buscar las respuestas que los médicos no podían darle. Yo estoy feliz de que su búsqueda en la red le haya permitido encontrar mis videos y sitios web, porque eso me permitió servir como un modelo y una fuente de esperanza para ella, y más tarde para su hijo Khaavion.

"Cuando comencé a investigar si había otras personas que hubieran nacido sin extremidades, el nombre de Nick saltó enseguida. Luego, un amigo de mi iglesia me regaló uno de sus libros. Siempre había planeado la crianza de mi hijo, pero me ayudó el saber que Nick había encontrado el propósito de Dios para él, y eso me dio esperanza de que mi hijo también encontraría el suyo", afirma.

Cuando el médico de Shynithia y otros médicos continuaron presionándola para que se practicara un aborto porque no sabían que su hijo podría tener una vida normal, ella les mostró mis videos como prueba de que, con una familia amorosa y comprensiva, una fe sólida y determinación, un niño sin extremidades puede tener una vida absurdamente buena. "Mi embarazo fue muy bueno, exceptuando las visitas al doctor, que seguía diciéndome que este bebé nunca sería capaz de hacer nada. Yo había visto los videos de Nick y todas las cosas que él había logrado. Cuando se los mostré a mi médico, él se sorprendió en gran manera. Nunca había visto a nadie como Nick. Entonces, ellos se entusiasmaron por las posibilidades para mi hijo", dijo ella.

UN PAPEL PARA RECIBIR

Comparto la historia de Shynithia y Khaavion contigo porque mi relación con ellos es similar a las relaciones que tengo con muchos otros en todo el mundo. En mis viajes por el mundo conocí al menos a treinta personas que nacieron sin brazos ni piernas. Estoy agradecido de haberlos conocido y de haber podido darles esperanza y ayuda, porque creo que ese es uno de los propósitos que Dios me dio en esta vida.

Esta madre y su hijo están entre las muchas personas que primero me encontraron en los medios sociales e internet. Me siguieron y me permitieron ser un ejemplo para Khaavion y luego, al igual que muchos otros, hallaron una oportunidad de conocerme en persona cuando vine al área de Nashville.

No tengo dudas de que nuestro encuentro fue parte del plan de Dios para ambos. Le doy todo el crédito a nuestro Padre celestial, y estoy seguro de que él desearía compartirlo con una joven mujer llamada Sally Hamrick, que fue la tutora, defensora y amiga de Khaavion.

Le pedí a ella que explicara cómo llegamos a conocernos los tres por el plan de Dios. Cuando leas su relato, estoy seguro de que te maravillarás, como yo lo hice, por la forma en que él nos reunió. Esta es otra instancia en la que el mentor y el modelo son de tanto provecho para el uno como para el otro.

SÉ LAS MANOS Y LOS PIES DE CRISTO

Todos tenemos un propósito

Por Sally Hamrick

Crecí en una familia que me mantuvo en la iglesia y me enseñó que la confianza, la fe, el amor y la obediencia a Dios eran las cosas más importantes de la vida. Más aun, me enseñaron que servir a los demás era uno de los ejemplos más poderosos de Cristo que podemos representar en la Tierra.

Cuando era una niña, veía a mis padres servir a otros en todas las maneras que estaban a su alcance. Ellos me transmitieron ese amor por el prójimo y por Cristo, lo cual fue un fundamento firme en mi vida. Después de la secundaria me especialicé en educación para la primera infancia con enfoque en educación especial por la Universidad de Tennessee.

Serví como misionera en África por un par de años, y luego asistí a un instituto bíblico y trabajé con niños discapacitados y sus familias. Pasé por un periodo difícil, con muchos cambios, debido a la muerte de varios seres queridos, junto con la ruptura de algunas relaciones. Estuve en un valle de desaliento y me encontré llorando y pidiéndole a Dios que me ayudara y me diera fuerzas.

En medio de todo ese caos él me susurró suavemente que Nashville sería mi hogar. Todo lo que pude hacer fue confiar. Me mudé a Nashville y encontré un trabajo como maestra sustituta en escuelas primarias. Luego, en 2004, conocí al joven que cambiaría mi vida para siempre. Me asignaron para suplantar a una dulce maestra, Laura Neumann, en una escuela maravillosa.

Mientras ella me preparaba para que tomara su clase, iba nombrando a los alumnos, y el último nombre que mencionó fue el de Khaavion. Su rostro se iluminó cuando me contó sobre este niño maravilloso que había nacido sin extremidades pero que se las arreglaba para inspirar a todos los que lo conocían.

Yo tenía veinticinco años y había visto muy poco del mundo, pero él fue el primer niño que conocí si brazos ni piernas. Desde nuestra primera reunión sentí que Dios lo había puesto en mi camino por un propósito especial. Yo era su maestra sustituta y luego me convertí en la asistente de su maestra en esa clase. Supe que este sería un desafío para ambos, pero Dios me llenó de paz.

El año siguiente fue uno de los años más difíciles, pero también más alentadores, de mi vida. Durante ese tiempo llegué a conocer a la maravillosa y amorosa familia de Khaavion, gente de fe que cree que uno puede alcanzar todo lo que se proponga.

Los nuevos compañeros de clase de Khaavion no estaban preparados para encontrarse con su apariencia singular y, como resultado, al principio tuvo que soportar muchos cuestionamientos y, tristemente, comentarios que fueron más hirientes de lo pensado. Nuestro primer día en la cafetería estuvo más marcada por miradas perplejas y silencio que por aceptación y apertura.

Más tarde, supe que Nick había tenido experiencias similares durante sus primeros días en las distintas escuelas a las que asistió, pero que había superado esa falta de aceptación inicial casi del mismo modo en que lo hizo Khaavion: tomando la iniciativa y fascinando a todas las personas con las que conversaba.

Nunca había visto a nadie lograr un cambio tan asombroso, simplemente irradiando gozo y esperanza. Observé que este pequeño niño hacía de cada uno que lo rodeaba una mejor persona por el solo hecho de tratarlos con amor, amabilidad y generosidad.

Khaavion transformó a sus compañeros del jardín de infancia, de ser extraños a amigos y defensores. Algo acerca de él te hace sentir aceptado y amado, y esa es una característica que no muchos poseen. Es, verdaderamente, una hermosa imagen de Cristo la forma en que ama a la gente por lo que son.

Después de pasar seis meses trabajando con él, comencé a hacer una investigación en internet sobre otras personas que hubieran nacido sin extremidades, esperando encontrar algún ejemplo de vida para él. Khaavion estaba aprendiendo a leer y hablar más, y yo sabía que era capaz de muchas otras cosas. Me topé con la historia de Nick, y quedé asombrada por lo que estaba haciendo y cómo estaba alcanzando a otros para la gloria de Dios.

Cada vez que veía algo que Nick había conquistado, me daba más esperanzas de que Khaavion sería capaz de hacer las mismas cosas, tales como nadar, moverse en sentido vertical y operar una silla de ruedas eléctrica.

Al principio, no me di cuenta de que Shynithia y su madre ya sabían de Nick. Habían estado mostrándole sus videos a Khaavion para inspirarlo también. Me encanta cómo Dios ordena las cosas aun antes que nosotros sepamos que están viniendo. Él orquesta hermosas y poderosas experiencias para sus hijos en maneras asombrosas.

Mientras estábamos viendo a Nick, Dios nos estaba mirando y organizando una reunión entre nosotros. Esta fue la primera vez que Khaavion habló con un hombre igual que él, alguien que le diera a este niño una esperanza de futuro.

Yo, cada vez estaba más determinada a darle a Khaavion la misma inspiración que él me había dado a mí. Quería que se encontrara con Nick y lo viera como un mentor que podía entenderlo mejor que nadie. Deseaba ayudarlo a ver que no está solo, que tiene un propósito esencial y que, al igual que Nick, puede hacer todo lo que se proponga en su mente.

Al final supimos que Nick iba a estar en Nashville en julio de 2016. Escribí un correo electrónico a su oficina y su asistente, Karla Mills, acordó una reunión con Khaavion, su familia y yo.

La reunión se dio un 22 de julio en el hotel en que paraba Nick en Nashville. Cuando él llegó, Khaavion al principio estaba un poco tímido, lo cual es la forma en que suele responder ante la gente nueva. Sin embargo, para el final de la charla estaba sonriendo y siendo el mismo niño juguetón y animado de siempre.

El prometido de Shynithia, que ha sido como un padre para Khaavion desde que él tenía quince meses, estaba allí también, y Nick nos animó a todos en una manera poderosa. Otros podrán decir que ellos tienen empatía por las luchas que experimenta el niño, pero Nick es uno de los pocos que entiende verdaderamente lo que es no tener extremidades desde el nacimiento.

Shynithia siempre ha impulsado a su hijo a no aceptar las limitaciones, y Nick apoyó sus esfuerzos, animando al niño a intentar nuevas cosas y a seguir luchando por superarse. Él pronunció palabras de vida sobre su futuro. Se ofreció a apoyarlo, ayudarlo y a ser su mentor en caso de que Khaavion algún día quisiera hablarles a las personas. Dijo que lo consideráramos parte de la familia, y que siempre estaría disponible si teníamos alguna pregunta.

Oramos juntos al final de la reunión, y yo sentí la presencia de Dios de una forma que no había experimentado desde hacía un largo tiempo. Dios me recordó que le había dado un propósito a cada persona en nuestro círculo.

Cuando Nick oró por la familia yo sonreí, porque supe que esta era una experiencia que cambiaría la vida de cada uno de los presentes. Khaavion había tenido alguien igual que él a quien admirar, alguien que le diera motivación y aliento, que le recordara que puede cumplir un profundo propósito. Estamos todos agradecidos para siempre.

Khaavion todavía lucha con eso de hablar en público, porque tiene un impedimento del habla, pero cada vez que mira-

8

ALIADOS PARA EL EVANGELIO

Me encanta la recompensa personal que uno recibe al ser mentor de otra persona. No hay nada como ver a un joven aplicar el consejo y las lecciones que le enseñaste. Tengo que admitir, sin embargo, que hay mucho más para decir sobre el tema a gran escala. En algunos casos, comencé una relación de mentor, pero con el tiempo terminó siendo una alianza espiritual en la que unimos esfuerzos para trabajar juntos en torno a objetivos comunes.

Eso me lleva a otro joven con el que he estado trabajando. Cumplir el trabajo de mentor debe haber sido una de mis mejores experiencias, porque sé que mis esfuerzos se multiplicaron varias veces. Este muchacho ambicioso ha estado haciendo la obra de Dios a gran escala, reclutando cientos de jóvenes para su ejército en la Tierra.

Brian Barcelona y su Misión Estudiantil Una Voz (OVSM, por sus siglas en inglés) están abordando el tema preocupante de que, como las investigaciones han demostrado, cada vez menos jóvenes están asistiendo a la iglesia con regularidad. Para llegar a esta generación no alcanzada, Brian desarrolló un ministerio que trabaja con las iglesias locales, yendo a los colegios públicos de secundaria y abriendo clubes bíblicos. Los miembros se reúnen en el tiempo del almuerzo para explorar la fe cristiana y abrirle la puerta a aquellos que de otro modo nunca encontrarían el camino a nuestro Padre en los cielos.

Como dice una nota del periódico sobre el programa de Brian en los colegios, ¿cuántos misioneros cristianos saben "exactamente en qué momento los no creyentes llegarán, cuándo harán una pausa para almorzar, y en qué momento se irán, los cinco días de la semana, nueve meses al año"?*

Brian sabe cómo alcanzar a los jóvenes que tienen dudas acerca de su fe porque él fue uno de ellos hace unos años. Aunque creció en una familia cristiana —su abuelo plantó cinco iglesias y fue predicador itinerante—, Brian vio a sus padres apartarse de su fe y eso lo desanimó. Se consideró un ateo la mayor parte de su adolescencia.

Sentía que la mayoría de los cristianos que conocía no practicaban lo que creían. Había oído discusiones sobre cosas horribles que ocurrían dentro de la iglesia y entre sus miembros, y sentía que todos los cristianos eran hipócritas. "Cuando tenía quince o dieciséis años pensaba que Dios no existía, ya que aquellos que decían conocerlo y amarlo no vivían conforme a sus enseñanzas o mandamientos", dijo.

Uno de sus amigos cristianos lo invitó a asistir al grupo de jóvenes de su iglesia. Brian rechazó la propuesta varias veces, pero el amigo seguía invitándolo cada semana, negándose a darse por vencido. Al final, le hizo un ofrecimiento especial: le prometió comprarle un licuado de frutas naturales a cambio de asistir a la reunión de su grupo de jóvenes. Brian, que admiraba la persistencia de su amigo y la forma en que él vivía su fe, finalmente cedió. El licuado de frutas fue un extra.

---

* Chelsen Vicari, "Deja de intentar 'atraer' a los jóvenes; ve a ellos", *The Christian Post*, 12 de agosto de 2015, www.christianpost.com/news/stop-trying-to-attract-youth-go-to-them-142565.

Esa noche se sorprendió cuando llegó a la reunión y desafió a Jesús a que tocara su vida. Esa fue una movida valiente. Inmediatamente sintió "ese loco amor venir sobre su cuerpo", en sus propias palabras, y lloró.

En los meses siguientes, Brian aceptó el amor de Dios por él. Entendió que no importaba cómo actuaran los demás cristianos, si eran hipócritas o vivían como verdaderos seguidores de Cristo. Lo único que importaba era su relación personal con Jesucristo.

Su propio camino de fe de ser ateo a creyente le enseñó cómo alcanzar a otros adolescentes, y a eso dedicó su vida. Recuerda que cuando se consideraba un incrédulo en la secundaria, los chicos cristianos pasaban al lado suyo llevando sus Biblias y nunca paraban para saludarlo o presentarse, y mucho menos para compartir su fe. Brian admite que es cierto que puede haber desalentado todo esfuerzo por convertirlo o cambiar sus creencias, pero nadie se molestó siquiera en intentarlo hasta que su amigo se animó a invitarlo a su grupo de jóvenes.

"Me molestaba que nunca se esforzaran por relacionarse con otros. Si alguien se hubiera interesado un poco, yo podría haber sido salvo antes", reconoció Brian. "No habría pasado tantos de mis años formativos en la secundaria sintiéndome deprimido y con deseos de suicidarme".

Una vez que él aceptó a Jesús como su Salvador, se sintió envuelto por un amor más intenso que ninguno que hubiera conocido. Por primera vez en su vida sentía que Dios era real y estaba presente en su vida en un grado muy personal. Siguió orando, y dos años más tarde tuvo una visión de que Dios quería alcanzar a otros estudiantes secundarios del mismo modo en que lo había alcanzado a él.

Comenzó un club bíblico en su alma máter, la Escuela Secundaria Elk Grove, en el 2009, con unos seis estudiantes.

La asistencia comenzó a crecer hasta treinta y cinco, y se estancó por algunos meses, algo que lo frustró, pero él siguió siendo paciente. Para fin del ciclo escolar, la participación había crecido a más de trescientos estudiantes. Animado por esto, empezó a abrir clubes bíblicos en otros colegios. En el 2010 Brian soñó con una "salvación masiva" que ocurría en las escuelas secundarias de Los Ángeles. Se mudó al sur de California, donde él y una comunidad de misioneros de los campus se unieron y formaron Misiones Estudiantiles Una Voz. Ayunaron y oraron por avivamiento en las secundarias de Estados Unidos. Al verano siguiente, Una Voz participó de un evento que trajo a más de mil personas al Señor, la mayoría de ellos estudiantes.

Desde ese momento, Una Voz se ha expandido, gracias a Brian y su equipo de dedicados líderes cristianos. En el 2016 iniciaron setenta y seis clubes bíblicos, con más de diez mil estudiantes que participaron en el área de Los Ángeles. Para principios de 2017, Brian tenía veintitrés miembros del equipo trabajando a tiempo completo para él. Ha sido increíble ver lo rápido que han llevado esta visión a una escala mayor. Brian alcanzó este éxito enfocándose en sus metas o, como dicen en el mundo empresarial, "poniendo primero lo primero". En su caso, eso es enfocarse en hacer la obra de Jesús en la Tierra.

PLANTANDO SEMILLAS DE FE EN LAS ESCUELAS

Un director de un colegio en el problemático vecindario de Inglewood, en Los Ángeles, supo lo determinado que es mi amigo cuando lo visitó hace poco. El colegio estaba plagado de pandillas que peleaban entre sí. Acababan de tener una riña entre estudiantes, cuando Brian pidió reunirse con el director. Este escéptico hombre pensó que su visitante lo estaba engañando cuando le preguntó: "¿Cómo podemos servir a su escuela?"

El director no estaba seguro de comprender a Brian, pero lo que primero le vino a la mente fue que había algunos edificios en el terreno de la escuela que necesitaban una mano de pintura porque estaban cubiertos de grafitis. Así que le dijo que ese sería un proyecto digno, si es que Brian estaba buscando hacer alguna contribución.

El joven acordó regresar en dos semanas con un equipo de pintura y los materiales, y cumplió su promesa. Entonces fue el director quien le preguntó a él: "¿Qué quieres de mí y de este colegio?" Brian le dijo que le gustaría comenzar un club extracurricular en el colegio, como el club de ajedrez o el de lacrosse, pero este otro sería para estudiantes cristianos interesados en estudiar la Biblia con sus compañeros.

El director aceptó, así como muchos otros también habían hecho. Brian cree que el colegio público, a lo largo y ancho de los Estados Unidos, ha privado a sus estudiantes de las buenas nuevas de Jesús, y eso ha dado como resultado una generación de jóvenes que tienen poco o ningún fundamento de fe. Su meta es cambiar eso llevando de nuevo el evangelio a los colegios públicos. Dice que su enfoque redefine la plantación de iglesias para los jóvenes de hoy. Los estudiantes experimentan una comunidad basada en la fe durante las horas de almuerzo en sus colegios. OVSM adopta colegios y les brinda esperanza y consuelo a todos los estudiantes, incluyendo los que están tratando de liberarse de las drogas, alcohol, abuso sexual, abandono e historias criminales. Brian y su equipo comparten sus creencias, ofrecen ayuda y dejan que Dios haga el resto.

El sitio de OVSM brinda la siguiente descripción de la ambiciosa organización cristiana de Brian:

> Una Voz es más que un movimiento o un ministerio: es un mensaje. Este mensaje es simple: "Dios no ha terminado con los colegios secundarios de los Estados Unidos". Cada mensaje precisa un mensajero, y esa es nuestra misión. Nuestra comunidad se compone de gente de diferentes naciones, trasfondos, iglesias y ministerios. Juntos trabajamos para alcanzar a los estudiantes y los colegios de Estados Unidos, y muy pronto del mundo, con las buenas noticias de Jesús. Dios nos ha llamado para salvar a los perdidos y despertar a la Iglesia a la realidad del campo misionero que tiene ante ella. Somos misioneros de los estudiantes. Somos misioneros en los colegios. Somos mensajeros para las naciones del mundo.*

Esta no es una declaración utópica de misión. Brian y su equipo han sido increíblemente exitosos en alcanzar a los estudiantes de todos los estratos sociales. Un día, al principio, él estaba conduciendo un estudio bíblico en un colegio cuando miembros de una pandilla que escapaban de la seguridad escolar entraron al aula por casualidad. Ellos no sabían qué hacer, así que se sentaron. Cuando Brian terminó el estudio, los muchachos lo miraron en silencio hasta que uno se puso de pie y con voz calma preguntó: "¿Qué tengo que hacer para ser salvo?"

Más tarde el director de esa escuela le dijo a Brian: "Lo que sea que estés haciendo, sigue haciéndolo, porque las pandillas han venido a nuestras oficinas de orientación y hay chicos que dicen: 'Ya no queremos ser más parte de una pandilla; por favor, ayúdennos'".

---

* One Voice Student Missions, Pasadena, California, http://ovsm.com

Eso fue precisamente para lo que se creó Una Voz. Desean ayudar a los estudiantes que están tratando de lograr sus sueños, mostrándoles que es Dios quien los cumple. Y como Brian ha visto en su propia vida, el Señor también es quien salva.

Un miembro de la junta directiva de un colegio halló una nota después de una de las reuniones de Brian. Era una carta anónima dirigida al presidente del club bíblico y "al tipo que predicó", que era yo. La carta nos agradecía y —parafraseándolo— decía: "Anoche estaba planeando quitarme la vida, pero durante la escuela fui a su reunión y encontré esperanza, y hoy estoy vivo".

Brian se conmovió profundamente con esa carta, que validó tu trabajo como un mentor a gran escala. Tengo que admitir que me siento muy bien por eso, ¡por ser el mentor del mentor!

SEGUIR UN SUEÑO

Brian y yo tenemos un pasaje favorito de la Biblia, uno que cambió las vidas de ambos. Cuando leí por primera vez la historia del ciego que Jesús sanó, que se relata en Juan 9:1-4, vi cómo se aplicaba a mi vida, y me ayudó a encontrar el propósito de Dios para mí en la Tierra. Por su parte, Brian encuentra un paralelo entre los estudiantes secundarios y el ciego. Al igual que él, muchos adolescentes están ciegos a la luz de Dios.

En esa conocida historia de la Biblia, los discípulos le preguntan a Jesús: "Rabí, para que este hombre haya nacido ciego, ¿quién pecó, él o sus padres?" Jesús no culpa a nadie. En cambio, les dice: "Ni él pecó, ni sus padres, sino que esto sucedió para que la obra de Dios se hiciera evidente en su vida".

Esa respuesta fue la que me envió al camino de Dios, a convertirme en reclutador de almas en todo el mundo. También inspiró a Brian a ayudar a los adolescentes a encontrar el camino a Jesucristo y la vida eterna en el cielo. Ser mentor de Brian es un regalo para mí. Tenemos las mismas metas y, al ayudarlo, trabajo con él para alcanzar a más jóvenes que no creen y ponerlos en las manos de Dios.

Nuestro Padre celestial me ha dejado bien en claro que ser mentor de otros con la misma misión que yo, también es parte de su plan para mi vida, porque él sigue entregándome jóvenes como Brian Barcelona.

Cuando nos vimos por primera vez, me contó que varios años antes soñó que se encontraba conmigo. Lo que sigue a continuación es una descripción de ese sueño tan interesante (o tal vez deberíamos llamarlo premonición).

No soy realmente lo que se dice un soñador, por eso esto me resulta extraño. Yo había visto los videos de Nick y había leído algo sobre él, pero este fue un sueño realmente fortuito. Yo estaba en una cancha de golf —otra cosa rara— y estaba con otro muchacho que había sido mi mentor. Nick estaba allí también, aunque nunca lo había conocido en la vida real. Mientras estábamos en la cancha, el otro mentor se alejaba de nosotros, y Nick me miraba y me decía: "¿Estás listo? ¡Vamos!" Y me llevaba en otra dirección. Yo lo seguía, y allí me desperté.

Cuando Brian me contó su sueño y me preguntó qué pensaba, tuve que admitir que parecía predecir que un día sería su mentor. Brian lo aceptó y realmente hemos disfrutado trabajar juntos, porque él toma muy en serio lo que le digo y luego lo pone en práctica.

Esto no es siempre así con las personas a las que guío. Algunos escuchan pero no hacen caso. Brian sabe que yo tengo las mejores intenciones porque tenemos las mismas metas, y él sabe que cuando lo desafío, es porque quiero que tenga éxito a largo plazo y a gran escala.

Brian me dijo que otros lo animaron y le dijeron que Dios iba a usarlo, pero lo dejaron ahí. No le ofrecieron una guía ni se involucraron. Yo estoy dirigiendo tanto una organización cristiana sin fines de lucro como también una organización motivacional con fines comerciales desde hace más de una década. Sé que Dios puede usarnos para sus propósitos si nos comprometemos y servimos a otros cristianos que están haciendo su obra. Tuvimos éxitos y fracasos, de modo que tengo una guía muy específica para aquellos a los que aconsejo. Puedo ayudarles a evitar los errores que cometí, pero solo si están dispuestos a seguir mis consejos.

Brian los escuchó. Aprendió y sacó provecho de mis experiencias. Algunas de las lecciones que le di a Brian podían sonar contradictorias al principio. Por ejemplo, le dije que pensara en grande, pero le aconsejé que fuera más despacio. El éxito inicial que experimentó al plantar clubes bíblicos en las escuelas alrededor de Los Ángeles era muy emocionante. Se corrió la noticia entre los educadores que estaban ansiosos de incorporar influencias positivas en sus escuelas. Brian recibió invitaciones para hablar e iniciar clubes bíblicos por todo el país.

Se podría decir que le ayudé a usar los frenos mientras que, a la vez, le dije que mantuviera la mirada en el camino frente a él. El éxito puede ser una gran amenaza para un esfuerzo de alcance masivo como un fracaso. Brian se encontró de repente abrumado con tantas oportunidades. Le aconsejé que fuera disciplinado, que se uniera a los líderes de las iglesias locales y que hiciera buen uso de los voluntarios, para no asumir más retos de los que él pudiera abarcar.

PLANIFICACIÓN PARA EL ÉXITO

Le sugerí a Brian que apretara el botón de pausa y se tomara el tiempo para elaborar un plan a cinco años, basado en su sueño inicial, pero que llevara su movimiento a todo el mundo. Contando con mi apoyo, Brian armó un plan para iniciar quince mil escuelas bíblicas en los Estados Unidos. Esto suena un poco como una hazaña, lo sé, pero Brian tiene un concepto comprobado. Cree que los jóvenes pueden ser al mismo tiempo influyentes e influenciados. Ellos responden a las historias sobre el poder de Dios para cambiar vidas y su fe se activa. Siente que es bueno confiar y creer en el Señor.

Aun así, la primera vez que le pregunté por sus planes para Una Voz, respondió con algunas ideas ambiciosas pero difusas. Entonces le pregunté de nuevo: "Pero ¿cuál es tu plan?"

Finalmente se encogió de hombros y respondió: "Creo que no tengo uno". Nos reímos un poco, y luego nos dispusimos a crear un plan real para él y su organización. Brian tenía la meta de llegar a veintiséis mil escuelas secundarias del país, lo cual era admirable. Cuando le pregunté cómo pensaba hacerlo me dijo que no sabía.

Yo creo en soñar en grande, pero mis padres siempre me decían que como joven adulto yo necesitaba algo más que un sueño: necesitaba un plan. Y tenían razón, claro. Dios me impartió bendiciones en los años inocentes de mi juventud. Yo me metía ciegamente en algo —como por ejemplo mi plan de entregar mi vida entera para salvar a los huérfanos de Sudáfrica, cuando tenía diecinueve años— y el Señor parecía guiarme en ellos. Brian se sentía de una manera muy parecida en los primeros tiempos de Una Voz.

Cuando comenzó su primer club bíblico en su antiguo colegio de la secundaria, le llevó casi un año conseguir que asistieran treinta y cinco estudiantes, pero luego el número de participantes creció significativamente. Él parecía un poco mareado con su éxito cuando nos conocimos. Dios, con seguridad, estaba obrando a su favor en esos primeros días, porque Brian estaba, sin duda alguna, haciendo su obra. Aun así, ya sea que estés reclutando almas para Cristo o construyendo casas para compradores de su primera vivienda, el éxito repentino puede ser tanto una bendición como una trampa. Cuando una organización o negocio crece y tiene más éxito, se hace cada vez más complicado. Necesitas más ayuda. Precisas más materiales. Tienes que organizar mejor los tiempos. Se necesita más dinero.

Como le dije a Brian, puedes salir del paso sin un plan al principio, pero a la larga necesitarás organizarte y crear una hoja de ruta para el éxito a largo plazo. De modo que pusimos manos a la obra y creamos su plan a largo plazo.

Brian, que nació en 1990, admitió que él y otros de la generación de los *millennials* tienden a pensar a corto plazo. Él cita estudios que han descubierto que los *millennials* son tan buenos para expresarse que las personas mayores suponen que ellos entienden más de lo que en realidad saben sobre cosas prácticas, tales como planeamiento y finanzas organizacionales.

UNA VISIÓN MÁS GRANDE

Felicito a Brian por haber estado abierto a mi mentoría y también lo aliento y desafío porque quiero que cumpla el propósito de Dios en su vida.

Le digo que él tiene que volcar en su equipo y en los estudiantes el mismo amor, verdad y entusiasmo que yo he volcado en él. Le hago énfasis en que una de las mejores inversiones que puede hacer es mostrarle a su equipo lo mucho que los aprecia y se preocupa de ellos cada día.

Una Voz no es una operación que involucre dinero. Es una operación que cambia vidas. No tiene los fondos necesarios para pagarle a un gran grupo, y se apoya en voluntarios que son creyentes verdaderos. La mayoría de ellos trabajan con él a tiempo completo, una rareza en este mundo, de manera que es importante para ellos saber que su trabajo es valorado.

Jesús atraía discípulos y seguidores porque les daba amor. Ellos llevaban a cabo su obra por causa de ese amor. Los que estamos sirviéndolo a él hoy en día debemos seguir su ejemplo.

Brian entiende que el verdadero fundamento de su obra es edificar relaciones con los miembros de su equipo, así como también con las iglesias locales, administradores de los colegios, maestros y los estudiantes que asisten a los clubes bíblicos. Él no empieza a predicar el evangelio de inmediato o a reclutar gente para el club. Más bien, toma un tiempo para conocer a los estudiantes y a los maestros. Y luego los soborna, así como su compañero lo sobornó a él, pero en vez de regalarles un licuado de frutas les ofrece donas.

"Entregamos cientos de donas en todo el campus, y me encuentro con toda clase de estudiantes: los deportistas, los miembros de pandillas, los drogadictos. Solo les muestro el amor de Dios y espero que me abran su corazón para poder ayudarlos a encontrar el camino al reino. Lo hice en escuelas problemáticas del área de Compton en Los Ángeles y en otras súper sofisticadas y acaudaladas en Beverly Hills. Los chicos son chicos, y ellos luchan con el pecado en todos lados, pero sus corazones están abiertos si te acercas a ellos de la manera correcta".

SERVIR CON HUMILDAD

Cuando les hablo acerca de mi fe a aquellos que aconsejo, les cuento lo bueno y lo malo. Hablo de cómo llegué a dudar de la fe de mis padres y del Señor durante mi adolescencia, porque pensaba que un Dios amoroso no me podía haber traído al mundo sin extremidades. Nunca me presento como un cristiano perfecto. Les digo a los jóvenes en particular que puedes tener fe y al mismo tiempo tener preguntas. Puedes tener fe y cometer errores. Yo admito mi debilidad porque esa es la verdad. Quiero que los estudiantes se identifiquen conmigo, y eso es algo que Brian captó al escucharme hablar a grupos grandes y pequeños.

"De escuchar a Nick aprendí a no acercarme a los estudiantes como si yo pensara que soy lo mejor que les pasó en sus vidas. En cambio, me presento como alguien que puede ayudarlos a encontrarse con Jesús, que puede ayudarlos a hacer todo a través de su fuerza y su amor. Recibimos a estudiantes de toda clase, sean pandilleros, transgéneros u homosexuales, pero no comprometemos nuestro mensaje. Les decimos a todos que, si ellos viven en pecado, tienen que cambiar su vida, pero si reciben a Jesús, el amor de Dios los llevará al arrepentimiento. Les decimos que una vez que amas a Dios y tienes una relación con Jesucristo, tu vida cambia para siempre", dice Brian.

Los jóvenes cristianos me enseñan tanto como yo les enseño a ellos. Brian habló cara a cara con muchísimos jóvenes de su generación. Dice que es importante comprender su mentalidad. Son comunicadores talentosos, y siempre parecen seguros de sí mismos, pero la verdad es que, al igual que toda la gente joven, tienen inseguridades. Puede parecer que no necesitan ser guiados, pero una vez que te ganas su confianza, ellos te abren las puertas. Quieren que alguien se interese lo suficiente como para guiarlos e invertir en su crecimiento.

"Esta una declaración muy amplia, pero en general, pienso que los *millennials*, incluyéndome, pueden parecer muy listos y seguros, pero también necesitan guía y discipulado. Necesitamos dirección incluso en cosas básicas, ya sea que hablemos sobre el crecimiento en la fe como de edificar una organización. Queremos construir cimientos fuertes, y sabemos que no siempre tenemos el conocimiento y la experiencia como para hacerlo", reconoce.

"Aprecio a Nick porque nunca había conocido a un hombre tan seguro sobre su misión divina. Su consejo proviene de un lugar de profunda fe y seguridad en esa fe. Nick sabe lo que Dios le ha llamado a hacer, y contagia a cada uno que aconseja y ama".

Brian dice que yo le ayudé a entender que hay una diferencia entre lo bueno y lo que es de Dios. Ha aprendido a discernir las buenas oportunidades de las mejores, porque sigue el propósito de Dios para su vida.

"Con la ayuda de Dios, mi plan de abrir clubes bíblicos en las escuelas del país es alcanzable, y tengo que derramar mi corazón y mi alma en la plantación de ellos", dice Brian. "Nick me ayudó a abrirme un camino y a permanecer en él".

DE MENTOR A ALIADO

Brian es solamente seis años menor que yo, y puedo ver cómo evolucionó nuestra relación hacia una alianza espiritual de beneficio mutuo, una suerte de amistad fraternal en los años venideros. He podido ayudarlo a enfocarse en su propósito central y su plan para el futuro, y eso ha sido muy gratificante y placentero para mí.

Está posicionado para ser un líder en esta generación. Es sabio, independientemente de su edad, cuando se trata de entender cómo alcanzar a la juventud y guiarlos por la senda de Jesucristo. Pienso que nos podemos ayudar uno al otro a hacerlo a una escala aun mayor, que glorifique a Dios.

Brian sabiamente nota que, cuando les habla a los adolescentes no creyentes o que están buscando un hogar espiritual, sigue el ejemplo del Supremo Mentor Cristiano. Jesús usaba parábolas —por ejemplo, comparaba el reino de los cielos con una semilla de mostaza— para que la gente pudiera captar enseguida los conceptos básicos de la fe cristiana.

"Jesús habló de una manera que era real, y Nick hace lo mismo en sus discursos", dice Brian. "Tratamos de seguir el mismo modelo con los estudiantes en los colegios. Reducimos el evangelio a su forma más simple. También entrenamos a los voluntarios para que, cuando vayan a los colegios, conozcan primero a los chicos y sus intereses. Ellos necesitan saber que les importas antes de prestar atención a lo que tienes que decir. Creemos en un arrepentimiento gozoso que se centra en el hecho de que Dios te da una vida nueva y mejor para vivir. Es como si tú me dieras un dólar viejo, y yo te diera cien dólares nuevos. Es un trato que aceptarán una y otra vez. Del mismo modo, les mostramos que el arrepentimiento no es algo pesaroso, sino gozoso".

Yo aprendí que servir como modelo o mentor muchas veces me lleva a alianzas espirituales con líderes cristianos jóvenes que son talentosos y llenos de energía, y que comparten la misma pasión y propósito que yo. Tenemos la determinación de alcanzar más gente para Jesús. Creo que Dios tiene grandes planes para gente como Brian Barcelona,

9

LA GRAN CARPA DE DIOS

Estaba preparándome para dar una conferencia en la iglesia Lake Avenue en Pasadena, California, en 2010, cuando alguien de la congregación anunció por altavoces que el auditorio había colmado su capacidad de dos mil personas y no se admitiría a nadie más. En todo el predio de la iglesia podían oírse las quejas de decepción porque aún quedaban muchas personas haciendo fila para ingresar.

Recuerdo que pensé: "Vine a predicar y Dios está aquí para salvar, pero el edificio no es lo suficientemente grande para que todos oigan". Luego comencé a orar: "Dios, ¡necesitamos un sitio más grande!" Tan pronto como esas palabras pasaron por mi mente, tuve una visión en la que había una gran carpa o tienda blanca. Luego apareció una cifra: ocho mil personas.

La imagen de una enorme carpa blanca repleta de ocho mil personas todavía estaba en mi mente cuando subí al escenario ese día a predicar. No lo mencioné, pero una semilla había sido plantada en mi corazón. En las semanas, meses y años siguientes, la visión de predicarles a miles de personas en una tienda blanca se convirtió en un sueño con el que no sabía qué hacer, solo oré y lo mantuve en secreto por varios años.

Pero algo se movió dentro de mí y realicé algunos llamados para conseguir que nos la donaran. Mis primeros cuatro llamados no fueron de mucha ayuda, pero el quinto fue algo increíble. Esta persona me dijo que acababan de donarle a un ministerio en África una carpa en la que podrían caber ocho mil personas.

Como pueden imaginar, esta noticia me generó una mezcla de sensaciones. Mi oración fue: "Bendice a ese ministerio en África y gracias por confirmar que incluso esa visión de la carpa para ocho mil personas vino de ti". Podría haber sido una para cinco mil, pero el hecho de que dijeran ocho mil fue muy alentador.

Finalmente compartí mi visión con nuestra mesa directiva y les pedí que oraran conmigo para descubrir si Dios quería que siguiera esa visión. Publiqué una nota en Facebook en la que decía que estaba buscando una carpa de ese tamaño en donación. Un miembro de la mesa se comprometió a hacer una ofrenda con ese fin. Parecía que la idea iba tomando impulso.

Había algo muy atractivo en realizar los servicios de adoración en una carpa, era como en la vieja escuela, o tal vez como en el Antiguo Testamento. Estoy muy agradecido por el apoyo que recibí desde el equipo de Vida sin Extremidades durante todos estos años. No tenía un concepto de cómo sería nuestro programa, pero cuando se firmó el compromiso por la donación hace tres años, en 2014, hablé con los directivos y les dije que me sentía muy entusiasmado por lograr algo único, nuevo y grandioso para nosotros.

Hablando de manera práctica, no tenía mucho sentido en este mundo moderno. Las carpas grandes son muy costosas y el desafío de transportarlas y armarlas también, por no decir que son inadecuadas para el aire acondicionado o el calor cuando el clima no es agradable. ¿No sería más simple alquilar un teatro o un auditorio? Al mismo tiempo estaba batallando en mi espíritu porque el bolsillo de Dios tiene recursos ilimitados. El alquiler del Staples Center en Los Ángeles cuesta más de USD 250 000 por día. Yo imaginaba que serían varias noches consecutivas, por lo que la tienda parecía una mejor opción.

Debo admitir que este era un sueño muy confuso, pero persistente, por eso pedí que me ayudaran a orar por ello.

Sin duda, las tiendas han estado muy presentes en la Biblia y han cumplido papeles importantes a lo largo de la historia del cristianismo. El Antiguo Testamento describe la "tienda de reunión" como el lugar donde la gente se reunía a adorar. En Éxodo 33:8-9 dice: "Siempre que Moisés se dirigía a ella, todo el pueblo se quedaba de pie a la entrada de su carpa y seguía a Moisés con la mirada, hasta que este entraba en la tienda de reunión. En cuanto Moisés entraba en ella, la columna de nube descendía y tapaba la entrada, mientras el Señor hablaba con Moisés."

El apóstol Pablo era un constructor de tiendas que usaba su salario para sustentar su trabajo como evangelista. En tiempos más modernos, muchos pescadores de hombres como Aimee Semple McPherson, Oral Roberts y, uno de mis héroes, Billy Graham, viajaban por el país organizando eventos de avivamiento en carpas para enormes audiencias, y miles de almas fueron salvas bajo ese techo de lona.

Algunas de las personas con las que hablé compartían mi entusiasmo por esto de regresar a las tiendas, pero otros me dijeron que predicar en una carpa parecía un concepto antiguo en esta era de tecnología. ¿Por qué amontonar unos pocos miles en una tienda cuando puedes alcanzar a millones en Facebook, Twitter o YouTube?

Hemos intentado usar la transmisión de videos en vivo para aumentar radicalmente nuestro alcance. Por ejemplo, realizamos un evento de Vida sin Extremidades para 20 000 personas alquilando un estadio en el sur de La Florida y otras

144 000 personas lo vieron por internet. Pero la idea de tener nuestra propia carpa como lugar de reunión me gustaba, porque así podríamos controlar la calidad del evento en un nivel mucho mayor y también nos permitiría crear un sistema más efectivo para seguir a aquellos que cada noche le dijeran que sí a Jesús. La meta es asegurar los frutos a largo plazo conectando cada persona nueva con una iglesia local, para que reciban el apoyo y la guía que necesitan para convertirse en miembros de la comunidad cristiana de por vida.

Algunas iglesias no saben cómo crear ese puente y no siempre un evangelista colabora eficazmente con ellas para ayudar a guiar a los nuevos miembros, o viceversa. A menudo las iglesias y los evangelistas se reúnen solo para eventos especiales y no tienen una relación perdurable.

El evangelismo es el centro de lo que hacemos. Queremos alentar a todas las personas en su caminar con Dios. Deseamos ver a las iglesias movilizarse y unirse más allá de las denominaciones para aprender cómo predicar mejor el evangelio en estos tiempos modernos. Nuestra meta es ayudar a las iglesias a relacionarse, acercarse y compartir su propio testimonio con aquellos que nunca han escuchado las buenas nuevas.

La pregunta en ese momento era cuál debería ser nuestro papel. ¿Ofreceríamos un programa a las iglesias, o tendríamos una gran carpa abierta para potenciar el alcance conjunto y el esfuerzo mutuo? Medité en esto durante años, pero el Señor trabaja con su propio programa.

Durante unos cinco meses toda mi atención se centró en el concepto de la carpa. Pero, cuando ya casi no pensaba en eso, un día me desperté con el cerebro encendido pensando en mi gran sueño. Estuve un día o dos con la cabeza llena de ideas, así que prendí mi computadora y busqué carpas en los clasificados de Craigslist. Me apareció un anuncio en español y, gracias a mi esposa que creció en México, ahora puedo leerlo y hablarlo bastante bien. Allí se anunciaba una como para cinco mil personas y el precio era muy razonable. Enseguida llamé al hombre que publicaba el aviso y me comunicó con el dueño, Buford Dowel, un hombre de setenta y nueve años que durante cuarenta años había predicado en carpas, cantando y evangelizando.

De hecho, había pasado por tantas que él mismo comenzó a fabricarlas como un negocio secundario. Buford era un hombre muy colorido y un experto en carpas de todo tipo, además tenía buenos contactos y, aunque ya había vendido la que estaba publicada en Craigslist, me prometió que estaría atento si sabía de alguna para mí.

Dios ya estaba obrando, podía sentir su presencia; no tenía idea de cómo o cuándo sucedería o si de hecho lo haría, pero este sueño persistente estaba llevándome a algún lugar. Poco tiempo después, estaba en Santa Bárbara, California, para dar una charla y al terminar conversé con un matrimonio (los llamaremos Caroline y Richard porque prefieren permanecer en el anonimato). Me preguntaron cómo era mi misión de ganar almas para Jesús y les conté de mi sueño recurrente, algo que a ellos les causó mucha intriga.

Caroline luego me contó que la noche siguiente se despertó a las cinco de la mañana y comenzó a buscar carpas en internet. Lo próximo que supe fue que estaba reclutando amigos para que la ayudaran en su búsqueda, incluso algunas celebridades. Y la idea cada vez tomaba más impulso.

En noviembre de 2016 nos fuimos de vacaciones en familia a Dallas, a visitar a la madre y la hermana de Kanae y, como Buford Dowell también vivía allí, coordinamos para vernos por primera vez. Él era todo un personaje. Cuando hablamos por teléfono noté que tenía una voz ronca que era difícil de entender y, cuando nos conocimos en persona, él nos explicó que había tenido una operación a corazón abierto unos años antes y una enfermera había rasgado sus cuerdas vocales mientras le ponía una manguera de aire en el esófago, y así su voz había quedado arruinada.

Luego de contar esa triste historia, Buford me miró y puso todo en perspectiva: "Pero Gracias a Dios por Jesús". Pude ver que sabía que Dios continuaba trabajando en su vida (y en la mía). Mencionó que tenía un amigo que le vendía carpas a Billy Graham. Este vendedor se había ofrecido a fabricarle una a la medida con un gran descuento.

Al terminar con Buford, le escribí a Caroline. Cuando la llamé, hablamos de algunas otras cosas antes de mencionar que había conseguido un muy buen precio en una tienda que cumplía todos mis requisitos. De inmediato, ella dijo: "A mi familia le gustaría ayudar con eso". Yo no sabía qué clase de ayuda estaba ofreciendo y le pregunté a qué se refería, a lo que respondió:

—Queremos pagarla.

—¿Toda la tienda? —pregunté.

—Sí —me contestó.

Caroline me explicó que su familia tenía una buena posición económica y a menudo, cuando Dios los guiaba, contribuían con causas que valían la pena. Estaba sorprendido, por supuesto; no tenía palabras para expresar mi gratitud. Definitivamente Dios nos estaba guiando a todos en esta causa.

Mientras escribo esto, nuestra gran carpa está en construcción con una fecha de entrega a definir. Tenemos mucho trabajo que hacer y más fondos que reunir para poder comprar asientos y un sistema de sonido, pero esos detalles rápidamente van tomando forma. Incluso hemos identificado varios lugares posibles para nuestra primera serie de servicios en California.

He sentido la convicción en mi corazón, y también lo he dicho por años, de que necesitamos esforzarnos más en la oración masiva en los Estados Unidos. Una vez que hayamos armado la tienda por primera vez, mi plan es tener treinta días de oración —solo oración, tal vez un poco de música— con la mayor cantidad de gente que podamos albergar. También he hablado con grupos como Desafío Juvenil y Una Voz, de Brian Barcelona, para sacar el mejor provecho a este nuevo lugar. Estoy ansioso por todas las oportunidades que nos esperan.

HACER DISCÍPULOS DE TODAS LAS NACIONES

Muchas veces me han pedido que plante iglesias, pero en esta etapa de mi vida, por lo menos, prefiero enfocarme en evangelizar. Mi gran carpa es un esfuerzo para intentar una nueva forma de llegar a aquellos que tal vez se sientan más cómodos allí que en una iglesia. El lugar espacioso también es un símbolo de mi meta a largo plazo, traer a los creyentes de todas las denominaciones bajo una misma carpa, sin importar las diferencias tradicionales y doctrinales. Esta es mi visión más grande: juntar a todos aquellos que aman a Dios para vencer el escepticismo, el ego, la duda y la terquedad, y así enfocarnos en la que debería ser nuestra prioridad, la misión que Jesús nos dio a cada cristiano mientras esperamos su regreso y los tiempos finales: "Por tanto, vayan y hagan discípulos de todas las naciones, bautizándolos en el nombre del Padre y del Hijo y del Espíritu Santo, enseñándoles a obedecer todo lo que les he mandado a ustedes. Y les aseguro que estaré con ustedes siempre, hasta el fin del mundo" (Mateo 28:19-20).

Todos los cristianos creemos que el Hijo de Dios regresará un día para vencer a Satanás y recibir en el cielo a todos los que han aceptado a Jesucristo como su Salvador. Creemos que Dios nos manda a servir a otros y a seguir sus mandamientos. Mi sueño es que podamos reunirnos todos en un mismo lugar y hacer un esfuerzo conjunto para invitar a todos los no creyentes que podamos a la carpa de Dios.

Esto es muy importante en este tiempo en que la asistencia a las iglesias en general está disminuyendo, según un informe del Centro de Investigaciones Pew. Allí se menciona que hoy en día, cerca de un cuarto de la población adulta de los Estados Unidos se autodenominan ateos, agnósticos o no se consideran de ninguna religión, y este grupo creció un 16 % desde el año 2007. La organización investigadora también reportó que, entre 2007 y 2014, el número de personas encuestadas que se denominan cristianas disminuyó de 78 % a 71 %.*

Como decía mi tío Batta: "Un ejército dividido es un ejército vencido". Los cristianos de todas las denominaciones debemos unirnos. Debemos aceptar que ser seguidores de Cristo no se trata del nombre de una iglesia, la visión de un pastor o quién tiene la doctrina correcta, sino que se trata del poder del Espíritu Santo y del amor del Padre y el Hijo.

Debemos enfocarnos en que tenemos una misión prioritaria en la Tierra. Cuando conoces la bondad de Dios y experimentas su amor y su paz, deseas que todos vivan esa experiencia como tú. Ninguna iglesia o pastor tiene la clave para la salvación eterna. La llave está en las manos de Dios y nuestro trabajo es traer a todos los que podamos a su puerta

---

* Centro de Investigaciones Pew: Religión y vida pública, "El panorama religioso está cambiando en los Estados Unidos", 12 de mayo de 2015, www.pewforum.org/2015/05/12/americas-changing-religious-landscape.

mientras lo servimos aquí. Y para eso debemos unir fuerzas en pos de un bien mayor.

Efesios 4:11-13 dice: "Él mismo constituyó a unos, apóstoles; a otros, profetas; a otros, evangelistas; y a otros, pastores y maestros, a fin de capacitar al pueblo de Dios para la obra de servicio, para edificar el cuerpo de Cristo. De este modo, todos llegaremos a la unidad de la fe y del conocimiento del Hijo de Dios, a una humanidad perfecta que se conforme a la plena estatura de Cristo". Nuestra misión es alcanzar a los perdidos, y seremos más eficientes si trabajamos juntos. ¡Qué poderosas seríamos las iglesias si uniésemos nuestros recursos para ser una máquina de reclutamiento del ejército de Dios!

Por mucho tiempo, aquellos que compartíamos las mismas creencias básicas hicimos todo menos apoyarnos entre nosotros. Así es que ahora son pocas las iglesias que mantienen una relación con otras. Muchas han alcanzado sus programas, pero es raro que se hagan actividades que fomenten la unidad y, como resultado, no se puede ver el progreso, sino la falta del mismo.

LA NECESIDAD DE MÁS COMPASIÓN Y SERVICIO

La hija de un pastor amigo adoptó a una niña africana que había vivido un infierno. La niña había sufrido abuso y abandono, por lo tanto, necesitaba ayuda profesional. Por más que buscaron, no consiguieron un profesional basado en la fe para ayudarla a tratar la depresión, el miedo y el trauma que había vivido. Finalmente, accedieron a un programa secular en otro estado, que era muy costoso.

La hija del pastor se hizo una pregunta que también yo la he pensado: ¿Por qué nuestras iglesias no proveen este servicio que tanto se necesita en la comunidad? Normalmente nos acercamos a nuestra iglesia en tiempos de necesidad, pero la idea de servir a la comunidad ya no parece ser una prioridad para muchos. Parece que están obsesionados con aumentar el número de miembros y comprar propiedades, con el único fin de construir edificios más grandes.

Si yo fuese pastor, me gustaría que mi congregación y mi comunidad acudieran a mí en primer lugar, desearía que mi iglesia fuera la mejor agencia de servicio social no solo para mis miembros, sino para todo aquel que necesitara ayuda. Me conmovió tanto la historia de la hija del pastor, que me pasé varias horas armando una lista de más de cien problemas y necesidades que las iglesias de cada comunidad deberíamos suplir uniendo nuestros recursos.

Vivo en el condado de Ventura, California, donde hay más de cien iglesias. Podría realizarse un gran trabajo de sanidad si ellas unieran fuerzas para crear una red de profesionales especializados en adicción a las drogas, psiquiatras, consejeros, enfermeras, médicos, asesores financieros, expertos en impuestos, entre otros servicios que se pueden brindar a la congregación y a la comunidad. ¿Por qué creemos que solo el gobierno debe encargarse de eso? ¿Acaso llevar sanidad y ayudar al necesitado no es hacer la obra de Dios?

En Mateo 9:28-29 se relata la historia de cuando Jesús entró a una casa y unos ciegos se le acercaron pidiendo que los sanara, él les preguntó: "¿Creen que puedo sanarlos?" Los ciegos respondieron que creían en su poder para curar, entonces Jesús les tocó los ojos y les dijo: "Que se haga con ustedes conforme a su fe".

Jesús es compasivo. Él está a la puerta esperando que la abramos para darnos su amor y sanidad. Él ama a los extraños e incluso a sus enemigos. Creo que todas las iglesias deberíamos mostrar el mismo nivel de compasión haciendo todo lo que tengamos a nuestro alcance para sanar y ayudar a todos los que se nos acerquen. No deberíamos esperar que otros hagan lo que Dios nos pide a nosotros. Las iglesias deben servir a los fieles y a los inconversos. Esta es una forma de alcance, un método para llevar a más hijos de Dios a su rebaño, supliendo sus necesidades y mostrando la compasión de Dios. El mundo dice que soy inválido por no tener manos o piernas y, en mi opinión, una iglesia que no busca ayudar a la gente y no brinda lo necesario para alimentar su fe es una iglesia inválida. Si deseamos que la gente reciba a Jesucristo en su vida, debemos mostrarles cómo trabaja él en sus vidas.

MUCHAS PARTES FORMAN UN CUERPO

Jesús no nos dijo que construyamos las iglesias más grandes; nos pide que sirvamos a sus hijos. A mí no me interesa ser el pastor de la iglesia más grande del país, con gusto haré el trabajo en una carpa abierta a todos aquellos que necesitan salvación. Dios nos dice que llevemos las almas hacia él. Por eso debemos pensar en grande solo con ese fin.

"De hecho, aunque el cuerpo es uno solo, tiene muchos miembros, y todos los miembros, no obstante ser muchos, forman un solo cuerpo. Así sucede con Cristo. Todos fuimos bautizados por un solo Espíritu para constituir un solo cuerpo —ya seamos judíos o gentiles, esclavos o libres—, y a todos se nos dio a beber de un mismo Espíritu" (1 Corintios 12:12-13).

Nuestra misión debe ser alcanzar a aquellos que aún están en necesidad de beber del agua de vida eterna. Hay más de 7 mil millones de personas en la Tierra. Se estima que dos mil doscientos millones, es decir, el 31,5 % de ellos, son cristianos; de los cuales el 50 % son católicos, el 37 % son protestantes o independientes y un 12 % son ortodoxos. Los musulmanes se calcula que son mil seiscientos millones, y constituyen el grupo religioso de más rápido crecimiento. Se cree que sobrepasarán el número de cristianos en los próximos años.*

Nuestro trabajo está hecho específicamente para nosotros y sé que podemos hacerlo porque he visto muchas iglesias y congregaciones unirse cada vez más en los últimos años. Personalmente me impresionó la operación de la carpa abierta de Steve y Barbara Telzerow, pastores de la Comunidad Cristiana Internacional en Liubliana, Eslovenia. Su iglesia es pequeña, pero su visión es grande.**

Hace algunos años ellos me invitaron a hablar en una convención nacional que organizaron en la que reunieron a diecisiete iglesias eslovenas. Había protestantes, ortodoxas e independientes. Asistieron más de diecisiete mil personas de un país que tiene solo dos millones de habitantes.

Steve también cree en las grandes tiendas. Históricamente, la Iglesia en Eslovenia no trabajaba junta, y apenas tenían comunicación entre sí. Dios utilizó a Steve para llevarme allí, ya que necesitaban toda la ayuda posible. Él comenzó a visitar a los pastores, construyó puentes e hizo las paces con ellos, trayendo perdón y reconciliación. Muy pronto los pastores estaban juntándose, ayunando y orando juntos. Hoy tienen reuniones regularmente y buscan formas de unir sus recursos y trabajar juntos. Trabajaron en equipo para llevarme a predicar el evangelio de Jesucristo.

*Tom Heneghan, "Según un estudio de Pew, la no religión es el tercer grupo religioso más grande del mundo luego de los cristianos y musulmanes", *Huffington Post*, 19 de diciembre de 2012. www.huffingtonpost.com/2012/12/18/unaffiliated-third-largest-religious-group-after-christians-muslims_n_2323664.html.
**Ver https://harvestnetinternational.com/calendar/missions-conference/missionaries.

Hoy en Eslovenia están haciendo un trabajo en equipo y pueden sentarse a hablar acerca de cómo movilizar a sus diecisiete iglesias para poder evangelizar juntos. Se pusieron de acuerdo en la forma de discipular para verlos crecer y extenderse, y esperan duplicar el número de cristianos evangélicos. Una de las primeras cosas que les enseñan a los estudiantes en Eslovenia cuando comienzan el colegio, es un saludo que se le atribuye a Primoz Trubar, el primer superintendente de la Iglesia protestante eslovena: "Espero que conozcan la verdad del conocimiento de Jesús". Esto denota que, a través de la historia, la fe ha sido difundida en ese país.

UNA ORACIÓN CON EL PRESIDENTE

En mi viaje a Eslovenia, en 2016, el discurso inspiracional que di a cinco mil estudiantes fue transmitido en vivo en cada colegio de secundaria del país. Se suspendieron todas las clases y todos observaron cómo el presidente de Eslovenia, Borut Pahor, me presentaba.

Como el gobierno financiaba mi aparición, tuve que hablar de temas motivadores más que evangélicos, pero en la hora y media que tuve en privado con el presidente, le hablé del evangelio. Él quería orar por su país, así que se puso de rodillas; y también oramos por los Estados Unidos. Los dos nos conmovimos mucho y me dijo que era la primera vez que un visitante oraba con él en esa oficina.

Steve Telzerow, de la Comunidad Cristiana Internacional, que también estaba allí, mencionó que en 2017 sería el aniversario de los 500 años de la Reforma y el presidente Pahor se mostró interesado en ser el patrocinador de los eventos en honor a esa fecha.

Luego hablé de mi amor por Jesucristo a más de cuatrocientas personas en un evento que organizaron Steve y Barbara con su ministerio. Este evento fue grabado y luego transmitido, por lo que también alcanzó a miles de eslovenos. Además, me invitaron a un programa de televisión donde me hicieron una entrevista de cuarenta y cinco minutos, donde la conductora admitió que, hasta hacía poco, nunca había entendido lo que era tener fe, pero entonces, mientras preparaba la entrevista, leyó mi libro *Un espíritu invencible*, y confesó: "Ese libro me salvó la vida".

¡Guau! Eso era algo maravilloso, especialmente en un programa de televisión que se veía en todo el país. Ella me dijo que mi libro la había ayudado a darse cuenta de que la fe no es una filosofía sino una convicción y una forma de vivir según nuestra creencia en el Señor Jesús como nuestro Salvador.

Cuando terminó de leer el libro ella encontró sanidad, restauración y el plan de Dios para su vida. Estaba muy angustiada, pero Dios entró y llenó ese vacío. Se sentía muy emocionada con la experiencia, y lo expresó de una manera hermosa. La entrevista fue asombrosa, una de las más profundas acerca de la fe que tuve en una televisión nacional.

Yo cuento mis experiencias en Eslovenia porque demuestran los beneficios que podemos tener los cristianos si trabajamos juntos bajo una misma carpa. Steve y Barbara no tenían idea de que su esfuerzo por llevarme a Eslovenia terminaría en un encuentro tan importante con el presidente y en la entrevista más profunda que tuve acerca del poder de la fe. Todo se consigue dándole impulso.

Cuando todos trabajamos juntos para trasmitir el evangelio, Dios entra y hace más por nosotros de lo que jamás podríamos haber soñado. Yo creo que es porque él anhela alentarnos a poner a un lado las diferencias y las opiniones, para que nos enfoquemos en la misión más importante, que es salvar a aquellos que no creen y guiar sus almas a la puerta del cielo.

PROCLAMAR LA FE PARA QUE OTROS OIGAN

También he visto el poder de la unidad cristiana en acción en mi país de adopción. Un ejemplo del gran esfuerzo que experimenté yo mismo es el de Proclaim [Proclama], una organización sin fines de lucro con la misión de unir a las iglesias para beneficio de las comunidades en el condado de Madison, Indiana. Esta organización la fundaron Gary Godbey, Bill Obras, Brad Henderson y otros cristianos con visión de carpa, quienes comenzaron como un ministerio de eventos evangelísticos.

Proclaim y sus miembros están comprometidos con la Gran Comisión. Como me dijo mi amigo Jay Harvey, pastor de la Iglesia cristiana de Pendleton: "Ellos unen a las comunidades para ver que las buenas nuevas, son buenas de verdad".

Han trabajado por muchos años para organizar un evento comunitario de Pascua, donde tuve el honor de predicar, y en el que participaron miembros de quince iglesias de la zona. Todos coincidimos en que algo especial sucedió ese día. De hecho, tuvieron que organizar dos servicios para que entraran las más de quince mil personas que se juntaron. Algunos tuvieron que verlo en pantalla gigante en el gimnasio de una escuela, porque ya no quedaban asientos. Según calcularon, cerca de mil personas entregaron su corazón a Jesús en esa ocasión.

Dejaré que el pastor Harvey les cuente lo que ocurrió ese día. Pero lo más importante es que también nos contará su camino de fe, que llegó tarde en su vida y gracias a su amor por el básquetbol, la segunda religión más grande de Indiana por lo que sé.

Cuando Nick subió al escenario en el evento de Pascua, quedé encantado con su humor. Era la primera vez que lo veía u oía de él. Muchos conferencistas creen que para romper el hielo es bueno decir algo gracioso o hacer una broma, y eso me pone nervioso. Tal vez seas un excelente orador y comunicador del evangelio, pero no sepas contar bien un chiste o no seas gracioso. ¡A Nick eso no le sucede! Sus bromas acerca de sí mismo y sus historias eran tan buenas que era como estar sentados en su sala escuchando a este hombre de Dios abrir su corazón.

La primera vez que trabajamos juntos fue por pedido de Gary Godbey (el presidente de Proclaim), quien ya tenía una relación con Nick. En ese momento, yo acababa de ser nombrado pastor de una gran iglesia en Pedleton, Indiana, donde asistía Gary. Mi historia y mi forma de comunicar el evangelio se ajustaban perfectamente para ayudar a Nick con sus esfuerzos por alcanzar estudiantes en todo el estado de Indiana con su gira anti-*bullying* llamada Stand Strong [Un alma valiente].

Nick y yo hemos desarrollado una relación muy fuerte y sólida desde entonces. Cuando me piden ayuda para trabajar con él en colegios o cárceles, lo ayudo de cualquier forma que pueda, porque creo en lo que está haciendo, pero más aún, creo en quién es él como persona.

Yo no crecí en la iglesia. De hecho, solo iba cuando eso era requisito para jugar en el equipo de básquetbol de la iglesia. Hasta que, en un momento de mi vida, como todos, comencé a buscar algo sin darme cuenta de que en realidad buscaba a Jesús.

A los treinta años, ya casado y con dos hijos, comenzamos a ir a una iglesia. Oía el evangelio y volvía, porque necesitaba más de lo que hoy sé que eran la bondad de Dios y su llamado hacia mí. Luego de un par de años rendí mi vida entera a Jesús y me bauticé. Él me rescató del alcohol y no volví a tomar desde que me bauticé, el 25 de abril de 1999.

He sido pastor por más de cinco años, pero he escrito y predicado por más de diez. Mi ministerio y mi llamado están enfocados en servir a la Iglesia solo en la manera en que los ayude a entender que tienen la responsabilidad de ser personas que se reconcilien, perdonen y amen de esa forma que no es de este mundo.

Cuando el cuerpo de Dios se une en un ministerio paraeclesiástico nacido de Dios y con personas que lo buscan, no hay duda de que se verá el fruto. Como pastor, me encanta estar cerca de esto y saber que puedo contar con la ayuda del ministerio Proclaim para llegar a otros ministerios y traer a más personas a Cristo. Proclaim es poderoso, es algo que viene de Dios y que cambia vidas.

ES TIEMPO DE UN NUEVO ENFOQUE

Les cuento estas historias inspiradoras porque creo que mis amigos de Eslovenia e Indiana están realizando un trabajo muy importante: concretamente, la misión de Dios. Creo que necesitamos una evaluación del estado del cristianismo hoy. Los hijos en la casa de Dios no deben estar divididos.

Yo me reúno con todas las denominaciones y con los independientes también. Estoy del lado del evangelio y el reino de los cielos. Creo que nos necesitamos los unos a los otros. En 1 Corintios 12:12 dice: "De hecho, aunque el cuerpo es uno solo, tiene muchos miembros, y todos los miembros, no obstante ser muchos, forman un solo cuerpo. Así sucede con Cristo".

Todos fuimos bautizados por un mismo Espíritu. Unos versículos después el apóstol afirma: "Si el pie dijera: 'Como no soy mano, no soy del cuerpo', no por eso dejaría de ser parte del cuerpo". Y, si la oreja dijera: 'Como no soy ojo, no soy del cuerpo', no por eso dejaría de ser parte del cuerpo" (vv. 15-16).

Todos somos parte del cuerpo de Cristo, y esa versión terrenal del cuerpo está en un lento descenso en los Estados Unidos. Según el Centro de Investigaciones Pew, la afiliación en las principales iglesias protestantes disminuyó de cuarenta y un millones en 2007 a treinta y seis millones en 2014. Hoy, la edad promedio de las congregaciones es de cincuenta y dos años. En la Iglesia católica los números son aún peores: han perdido tres millones de miembros en la última década, pero los seminarios y escuelas teológicas tienen cada vez menos matrículas y muchos están cerrando sus puertas.*

Temo que, a menos que sigamos los ejemplos que mencioné anteriormente, perderemos a la próxima generación de creyentes y líderes espirituales. Necesitamos reorganizar, repensar y reavivar nuestros esfuerzos para llevar a las personas a Cristo.

Muchas iglesias están haciendo un trabajo maravilloso, pero a menudo parecen estar más enfocadas en el interior y no en el exterior. Están tan ocupados en proteger su territorio o fortalecer la doctrina construyendo grandes imperios, que olvidan la misión más importante. Están cerrados, se autosustentan y no sirven a Dios.

No hay suficiente enseñanza del evangelio. Muchas iglesias presionan a sus miembros y no hacen tareas evangelísticas ni acompañan a los nuevos creyentes o a cristianos que aún no tienen una relación íntima y personal con Dios. Muchos son expertos en reclutar nuevos miembros, pero fa-

---

*Centro de Investigaciones Pew: Religión y vida pública, "El panorama religioso está cambiando en los Estados Unidos", 12 de mayo de 2015, www.pewforum. org/2015/05/12/americas-changing-religious-landscape.

llan a la hora de enseñar y mantener los fundamentos firmes de una generación a otra. Muchas iglesias tienen relaciones transaccionales con sus miembros en lugar de ser transformacionales.

La afiliación está disminuyendo, los inconversos no están viniendo, así que tenemos que ir por ellos. Tenemos que brindarles información, motivarlos e inspirarlos en cada paso del camino. No podemos atraerlos solamente y luego esperar a que ellos se comprometan solos, debemos brindarles todo el apoyo y el aliento necesario para que puedan construir un fundamento de fe sólido y duradero. Debemos ayudarlos en el camino a lo largo de sus vidas.

Mi filosofía para nutrir a un cristiano es esta:

- Una iglesia saludable entiende la importancia de alcanzar a los perdidos y a los creyentes, y se acerca a ellos.

- Debemos enseñar, alimentar espiritualmente y apoyarlos uno por uno, individualmente, mientras ellos comienzan su caminar con Dios.

- Debemos mostrar a los creyentes maduros cómo sostener su fe, leyendo las Escrituras para que ellos puedan formar una relación personal con Dios en sus vidas.

- Debemos enseñar a los maestros y guiar a los líderes de la próxima generación.

- Debemos servir a toda la comunidad como Jesús lo hizo, con amor hacia todos.

- Debemos crear atmósferas de adoración que alimenten el espíritu y el alma sin desviarnos de la Palabra de Dios.

- La comunidad cristiana debe esforzarse para convertirse en la mayor fuente de esperanza y asistencia en cada barrio, ciudad, estado y nación.

⚜ Nuestras iglesias no son clubes sociales, son el cuartel general del ejército de Dios y, como tal, deben ser los lugares más inclusivos, desprejuiciados, hospitalarios y fuentes de guía espiritual.

Luego de la Última Cena, Jesús se despidió de los doce discípulos que permanecieron. En la parte final de su despedida, la noche anterior a su muerte en la cruz, Jesús oró al Padre por la unidad entre los discípulos: "Que todos sean uno, Padre, así como tú estás en mí y yo en ti, que ellos también estén en nosotros".

Él es nuestro Padre y nosotros somos sus hijos, y debemos buscar maneras de servirlo juntos sin importar nuestras diferencias. Me doy cuenta de eso cuando veo a mis hijos pelear por sus juguetes; me duele, me gusta que jueguen juntos, que se amen y se ayuden entre sí en la casa que compartimos. Por eso estoy seguro de que nuestro Padre celestial se entristece cuando sus hijos cristianos discuten y se dividen.

Debemos darle al Espíritu Santo la oportunidad de guiarnos. Somos instrumentos en sus manos. En lugar de enfocarnos en nuestras diferencias, necesitamos unirnos en un fundamento común. Jesús nos salvó. Él es el Señor, y afuera hay personas perdidas que nos necesitan. Debemos unir fuerzas como cristianos y encontrar la manera de alcanzar a las almas perdidas para salvarlas. Debemos ir a todos los lugares de la Tierra y hacer discípulos de todos ellos.

LA GRAN COMISIÓN

Siempre sueño que un día estaré en la presencia de Dios y él me hará dos preguntas.

La primera: "¿Me conoces?"

La segunda: "¿A quién trajiste contigo?"

Creo que la primera pregunta es para establecer una identidad cristiana. La segunda es para ver si he cumplido la misión principal que tenemos todos los cristianos en la Tierra. En Mateo 28:18, Jesús resucitado estaba en una montaña de Galilea y les encomendó a sus discípulos que fueran por todas las naciones y bautizaran en el nombre del Padre, del Hijo y del Espíritu Santo. También, en Marcos 16:15, les dijo: "Vayan por todo el mundo y anuncien las buenas nuevas a toda criatura."

Esta directiva de Jesucristo, nuestro Salvador, se conoce como la Gran Comisión. Yo la convertí en mi misión, y aliento a cada cristiano que conozco y a cada iglesia que visito, a tenerla como nuestra meta principal todos los días. En una iglesia grande, una vez, me preguntaron cómo podían descifrar la clave para tener más miembros. Específicamente, me preguntaron si conocía a algún maestro eficiente que hubiera alcanzado a las nuevas generaciones y traído a muchas personas a las reuniones.

Poco tiempo después, un líder de otra iglesia me contó que su crecimiento se había detenido de repente, luego de un par de años en el que se habían expandido muy rápido. Este pastor también me preguntaba cómo crecer y retener a los miembros.

Mi respuesta a ambos fue que no me interesaban los números, sino las almas. Creo que nuestra misión principal como cristianos no debería ser construir las iglesias más grandes y llenarlas de creyentes. Mi meta es alcanzar a los no creyentes y a aquellos que nunca han escuchado las buenas nuevas.

Aliento a todos los pastores a reunirse bajo una misma tienda para completar esta misión, la Gran Comisión. Por supuesto, no solo me refiero a mi carpa, pero sirve como ejemplo para otros creyentes que estén interesados en trabajar juntos.

He hablado con muchos líderes que están frustrados porque no saben cómo llegar a la gente para que acepte a Jesús como su Salvador. Luchan por animar a sus miembros a hablar de su fe fuera de las cuatro paredes. Muchos miembros sienten que su responsabilidad es simplemente asistir al servicio de los domingos para alimentar su espíritu. Los desafío a que salgan y compartan el pan con los inconversos en cada oportunidad que tengan.

Para ayudar a las iglesias que están buscando formas de atraer a más hijos de Dios a su rebaño, he creado las nueve claves de la Gran Comisión. Simplemente son sugerencias basadas en mis experiencias al predicar acerca de Jesús y hacer todos los discípulos que pueda.

1. Alcanza a los perdidos y enséñales a evangelizar

Cuando le entregué mi vida a Jesús, quería contárselo a todo el mundo: ¡Jesús vive! La paz que sentía era increíble. Sentí restauración en mi alma y, por primera vez, entendí mi propósito y mi identidad de verdad. Supe que mi destino en Dios era más grande que todo lo que pudiera imaginar o alcanzar.

Todos los cristianos deben sentir esta alegría de compartir su fe y todas las iglesias deben trabajar juntas para alcanzar a quienes no la han hallado aún. Necesitan entender que no hay barreras para entrar. Cuando Jesús viene a nuestra vida, él se lleva toda culpa y adicción. No hay condenación para los que alientan a otros a aceptar a Jesús. Queremos que todos sepan que Dios los ama.

No hay mayor propósito para nosotros que conocer a Dios y amarlo con todas las fuerzas, el alma y el espíritu. El segundo gran propósito es amar a nuestro prójimo como a nosotros mismos. Ese amor se demuestra ayudándolos a identificar su valor, su propósito y su destino.

2. Enséñales a los creyentes a alimentarse: leer, estudiar y orar

Esto no es literalmente alimentar personas, sino crear un ejército de fieles para reclutar y servir a otros que aún no han invitado a Jesús a sus vidas. Es extraño que muchas iglesias cristianas tengan metas en común pero casi no se hablen entre sí y mucho menos trabajen juntas para cumplir esos objetivos.

3. Sirve a la comunidad

A menudo creo que la Iglesia cristiana es una de las comunidades de fe más disfuncionales del mundo. Voy a ir a un condado con ochenta iglesias y, en vez de trabajar todas juntas en la labor comunitaria, tal vez tres o cuatro están haciendo algo juntas, como administrar bancos de alimentos. Piensa lo efectivas que serían y cuántas almas podrían atraer a Jesús si trabajaran todas juntas.

4. Enséñales a los nuevos creyentes

No es común que las iglesias se reúnan para ayudar y servir a los que acaban de proclamar su fe. No siguen o alimentan a los nuevos reclutas ni los ayudan a madurar en su fe. No puedes esperar que alguien que pasa al altar el domingo, inme-

205

diatamente entienda la profundidad, la responsabilidad y las bendiciones que trae aparejadas la decisión que acaba de tomar. Un sermón a la semana no basta. Tiene que haber un puente entre los nuevos y los cristianos intermedios para que puedan crecer en su entendimiento de la Palabra de Dios.

5. Enséñales a los creyentes a alimentar a otros

Los que hemos crecido en familias cristianas firmes somos afortunados de que nuestros padres nos hayan ayudado a alimentarnos en la fe, al leernos la Biblia y explicarnos el significado de las Escrituras. También sirvieron como mentores y modelos a seguir en su manera de vivir los Diez Mandamientos. Esta enseñanza en casa nos sembró el deseo de alimentar a otros que están hambrientos de la Palabra de Dios. Las iglesias necesitan estar comprometidas y activas en la formación de consejeros, mentores y modelos para la próxima generación, y la forma más efectiva de hacerlo es trabajando juntos.

6. Crea una atmósfera de adoración cautivante

Yo crecí en una iglesia muy tradicional, donde cantábamos himnos que eran parte de esas ricas tradiciones, aunque algunos de los jóvenes no estaban muy entusiasmados. La idea de adorar es alabar a Dios, y lo hacemos cantando para magnificar su excelencia. Nos regocijamos en él, lo adoramos y le agradecemos diciéndole que lo amamos como una familia de creyentes.

No quiero que ese propósito se pierda o se olvide. Me preocupa que algunas iglesias se encuentren compitiendo para ver cuál es la más religiosa o la más demostrativa, cuando se tendrían que enfocar en amar a Dios, entregar su amor y dejar un legado. Todos tenemos preferencias cuando se trata de servicios de adoración. Supongo que todos deseamos experimentar la intimidad y el crecimiento con Dios. Cuando nos reunimos a adorarlo, creo que Dios se deleita mucho más. Él habita en la alabanza de su pueblo. Pienso que adorar juntos nos da una vislumbre del cielo. Allí adoraremos a Dios cara a cara, el autor de nuestra fe.

7. Utiliza el talento de los discípulos

Líderes, miren a su congregación como un ejército de evangelistas con abundancia de conocimientos, talentos y dones que deben ser identificados y utilizados en el mundo. ¿Cuántos buenos reclutas hay? ¿Cuántos conocen el evangelio y pueden enseñarlo de forma convincente? ¿Cuánta gente en la iglesia es buena escuchando, aconsejando y animando? Debemos aprovechar nuestros recursos humanos y utilizar sus talentos para formar el ejército de Dios.

8. Sé el recurso gratuito más grande de la comunidad

Deseo que los líderes de cada comunidad unan sus esfuerzos para ser el mayor proveedor de recursos para quienes están en necesidad, ya sea de alimentos, de consejería matrimonial, programas anti-*bullying*, prevención de suicidios, actividades juveniles, para ancianos, clases de gimnasia, guarderías o todo lo que se pueda ofrecer. ¡Qué mejor manera de compartir nuestra fe que bendiciendo a los que no conocen el gozo y la plenitud de la vida cristiana!

9. Ocúpate de nuestra verdadera misión

Algunos pastores quieren ser empresarios. Desarrollan una mentalidad de gerente de una compañía que se centra en el crecimiento constante. Se enfocan en agrandar sus iglesias como si fuera una competencia, y no lo es. Creo que las buenas prácticas de las organizaciones sin fines de lucro deben acompañar el funcionamiento de cualquier iglesia cuando se trata de finanzas y empleados, pero la iglesia no es un negocio. Es la casa de Dios, y los líderes necesitan enfocarse en invitar a todos los que puedan y luego asegurarse de que se sientan lo suficientemente cómodos como para permanecer allí por la eternidad.

10

AVENTURAS EN LA FE

He recorrido más de cuatro millones ochocientos mil kilómetros alrededor del mundo durante los últimos quince años, y me he dirigido a más de seiscientos millones de personas, en vivo o por televisión, en más de sesenta y tres países. También tuve el honor de conocer dieciséis presidentes, primeros ministros y otros jefes de Estado.

Tal vez no estoy en un país con el fin específico de compartir mi fe, pero eso nunca me desenfoca de mi visión más importante. Siempre estoy buscando formas de alcanzar a quienes están buscando un camino al cielo, y me ofrezco para guiarlos a Jesucristo. Tengo que ser cuidadoso cuando estoy en países donde los cristianos no son bienvenidos, ya que los coordinadores y promotores que me llevan a esos lugares se juegan su cabeza. Por eso debo atenerme a lo acordado para resguardarlos. No me gustaría ser responsable del castigo de nadie por algo que yo haya dicho o hecho y trato de no quebrar su confianza en mí.

Si el gobierno que nos recibe no está de acuerdo con que hable de mi fe, normalmente no lo hago (a menos que me pregunten específicamente durante una entrevista). Cuando me hacen una pregunta, puedo responderla libremente. A veces insinúo que sería bueno que me hagan ciertas preguntas y aprovecho para hablar un poquito sobre mi fe.

En el año 2008 unos funcionarios oficiales de China me invitaron a hablarles a estudiantes universitarios en una campaña de prevención del suicidio. Cuando terminé mi discurso, abrí el espacio para que la audiencia pudiera hacer preguntas. Un estudiante me pregunto si era cristiano, y mientras yo le respondía, otra persona comenzó a llorar y en voz alta exclamó: "¿Cómo puedes amar a un Dios que te dio una vida de sufrimiento sin brazos y piernas?"

¡Era la pregunta perfecta! Respondí como siempre lo hago. Le dije a él y a los otros que nadie era perfecto. Todos estamos rotos y averiados de alguna forma. La respuesta es poner nuestras piezas rotas en las manos de Dios. Creo que así, con el tiempo, se nos revelará su diseño.

Yo encuentro mi propósito en una vida sin extremidades. Dios me guía a llevar una vida sin límites. Mi falta de extremidades me dio una plataforma, un punto de entrada a conversaciones acerca de Dios, de la fe y de la esperanza. Aprendí que, aunque Dios no me daba el milagro que yo deseaba, me utilizó para ser un milagro en las vidas de muchas otras personas.

Mi misión no es tener extremidades para mi propio bien, es ayudar a otros a redimir y restaurar sus vidas para vivir con propósito y verdad, al aceptar a Cristo como su Salvador.

Aprovecho esas oportunidades como momentos de enseñanza, pero como dije, trato de no meter a nadie en problemas u ofenderlo. En Paraguay, hablé un poco acerca de Dios cuando no debía hacerlo y una persona de la audiencia dijo: "¿Podemos asegurarnos de no dejarlo a él ni a nadie más hablar de Dios otra vez?"

¡Esa no era una respuesta típica! Normalmente, cuando alguien se molesta o trata de meterme en un debate político o ataca mi fe, tomo la vía diplomática. Les digo que Jesús los ama como nos ama a todos y les prometo que estaré orando por ellos. ¡El amor conquista todo!

Muchas veces me invitan a hablarles a adolescentes acerca de los peligros del *bullying* o a contarles que el suicidio no es una opción, ya que Dios los ama y siempre está disponible cuando lo necesiten. A veces también me invitan a un país a servir como defensor de los discapacitados.

Sin importar por qué motivo esté, siempre llamo a mi audiencia y a los directivos con los que me reúno a orar conmigo o a que me permitan orar por ellos. Esto me ha llevado a tener conversaciones muy interesantes, como una muy especial que tuve con el presidente de Macedonia, que contaré más adelante en este capítulo.

SUBIENDO HASTA LA CIMA

Nunca sé cómo resultará una cita con un jefe de Estado. A veces son cálidos y se interesan en compartir creencias y pensamientos, otras veces son más distantes y superficiales, y no tienen interés en tener una conversación de a dos. Los entiendo, son personas muy importantes y están muy ocupadas con infinitas responsabilidades y temas complicados en su mente. No tienen tiempo para hablar de forma distendida con las visitas.

Generalmente están dispuestos a darme un espacio en su agenda si han visto mis videos o leído mis libros. Varios me han contado que la primera vez que oyeron hablar de mí fue por medio de sus hijos, quienes les mostraron mis libros o mis videos en YouTube o mi página de Facebook.

El presidente de Hungría, János Áder, y su esposa, Anita Herczegh, tienen tres hijas y un hijo, que fueron quienes les hablaron de mi trabajo. Tuve un encuentro con ellos en 2013 como parte de mi tour "World Outreach" [Alcance Mundial] en veintiséis países, e inmediatamente pude sentir su amor genuino y su preocupación por su país. Tuvimos una conversación profunda acerca del amor de Dios y su deseo de servir a su pueblo con la ayuda del Señor.

Me parecieron personas muy inteligentes, pero también muy puras de corazón y auténticas. Reconocieron que necesitaban a Dios y ese es el principio de la sabiduría: saber que Dios es real, que lo necesitamos y que debemos honrarlo en todo lo que hagamos. De ese modo él nos bendecirá.

Por supuesto que no todos los jefes de Estado son cristianos, pero estoy agradecido de poder conocer a los que no lo son, si me dan la oportunidad de servir como un ejemplo positivo para ellos y sus habitantes. Cuando están dispuestos a compartir más que unos minutos conmigo, me doy cuenta de que nuestra conversación puede ser profunda y hasta conmovedora. A veces, incluso, me dejan moviendo la cabeza, tratando de entender qué sucedió.

TIEMPOS DIFÍCILES

Es muy posible, en estas reuniones, que ellos hablen como si yo no estuviera allí o que solo traten de mostrarme un poco lo que pasa por su mente. Me reuní con el presidente de Macedonia, Gjorge Ivanov, durante la primavera del 2016. Estaba muy agradecido por esa oportunidad, en especial porque yo siempre había querido pasar más tiempo en Macedonia. Es un país hermoso e histórico que formaba parte de la república de Yugoslavia, junto con Serbia.

Sin embargo, el momento no era el mejor para realizar una visita. Estaban atravesando un gran problema político en el país. Dos días antes de mi llegada, las fuerzas de seguridad y cientos de inmigrantes y refugiados se habían enfrentado violentamente mientras intentaban traspasar las vallas de la frontera con Grecia.

Al día siguiente, unos manifestantes provocaron disturbios en la capital del país, Skopje, molestos porque el presidente Ivanov había perdonado a cincuenta y seis funcionarios y políticos que estaban bajo investigación por unas supuestas escuchas telefónicas a veinte mil ciudadanos, entre otros crímenes. Este grupo hasta saqueó la oficina del presidente e intentó, sin éxito, prenderle fuego. El presidente luego anuló las absoluciones.

Esto me puso más que nervioso, por supuesto. Estaba allí para el evento evangélico más grande que se había realizado en Macedonia, donde los cristianos ortodoxos son el grupo religioso más grande, seguidos por los musulmanes, que son casi un tercio de la población. Habíamos oído varios informes que decían que muchos funcionarios y periodistas desconfiaban de los evangélicos y se preguntaban qué diría en mi discurso.

Había conocido a algunos macedonios; son duros y escépticos debido a los tiempos difíciles que han vivido a lo largo de su historia. Con todo el revuelo político y la crítica hacia su comportamiento, esperábamos que el presidente Ivanov cancelara nuestra cita, pero no lo hizo.

Durante el encuentro, había cerca de cinco mil manifestantes en las escaleras del capitolio. Esta atmósfera y el recibimiento del presidente Ivanov contrastaron mucho con nuestra parada anterior en Serbia. Allí me recibió un alto funcionario que tenía un apellido muy similar al mío, el primer ministro Aleksandar Vucic (sin j en su apellido, y que yo sepa sin relación).

El primer ministro Vucic y yo tuvimos una conversación muy interesante, abierta y sincera, un tiempo maravilloso;

fue una de las mejores reuniones que tuve con un jefe de Estado. Hablamos del sistema educativo serbio, de los vientos políticos en el occidente y de los desafíos del liderazgo en los tiempos modernos. Estaba impresionado por su humildad y calidez.

Hablamos durante una hora y tuvimos una conversación muy franca. Él habló sobre la importancia de educar a los jóvenes y del espíritu emprendedor en Serbia. También se refirió a los desafíos de ser un líder. No estuve de acuerdo con todas las decisiones que tomó en su puesto, pero sus creencias parecían salir del corazón más que de su ego. Se le llenaron los ojos de lágrimas cuando me agradeció por orar por Serbia e inspirar a sus jóvenes. Yo también estaba muy conmovido.

UNA EXPERIENCIA EDUCATIVA

Mi encuentro de una hora con el presidente Ivanov fue un poco diferente. Él actuaba como un profesor dando una lección, lo cual tiene sentido ya que tiene un doctorado, y fue director del departamento de estudios de la Facultad de Derecho y ha dictado clases en muchas universidades del mundo, como en la Universidad de Yale en los Estados Unidos. Tal vez yo debería haber levantado la mano para poder intercalar una palabra, porque no había un intercambio en la conversación.

Él estuvo todo el tiempo en modo discurso, hablando de su vida y su filosofía. Insistió en que necesitaba ampliar mi fundamento de conocimiento espiritual leyendo no solo la Biblia o textos cristianos.

El presidente Ivanov fomentaba la diversidad religiosa y me compartía su filosofía acerca de los beneficios de hablarle a la naturaleza, como a las rocas y a los árboles. Él decía que debía dejar de leer y hablar de la Biblia y pasar más tiempo hablándole a la naturaleza, porque eso me haría mejor persona y me daría un buen karma. Parecía decirme que la única razón por la que yo era cristiano era porque no conocía algo mejor.

Eso me llevó a un extremo y finalmente hablé: "Con el debido respeto, señor, estoy tratando de darle esperanza a mujeres que viven en los suburbios. Creo que es más productivo hablarles acerca del amor de Dios y la posibilidad de redención que sugerirles que hablen con los árboles. Sus padres las vendieron como esclavas sexuales cuando eran niñas, ellas no saben lo que es la esperanza".

Se quedó callado por un momento, luego cambió de tema y se volcó de lleno a un discurso sin sentido sobre la Iglesia ortodoxa y sobre el hecho de que sus miembros ya no entendían cómo utilizar la fuerza de la oración. Él había hablado con pastores ortodoxos acerca de esto, y estuvieron de acuerdo en que desde hacía cuatrocientos años la gente no pronunciaba bien la palabra "amén" y por eso su oración había perdido poder.

No estoy inventando esto. Él luego me dio una larga explicación sobre la forma correcta de pronunciar "amén" para poder utilizar todo el poder de la oración. Intenté no reírme mientras él repetía, de diferentes formas, pero siempre en un canto fuerte ¡Ahhhhh-MEEEE-nnnnn!

Intenté mantener una expresión seria mientras el presidente Ivanov insistía en que el correcto "amén" debía pronunciarse exactamente a quinientos treinta y nueve decibeles para poder aprovechar todo su poder y llegar al oído de Dios. Por alguna razón, esto me hizo preguntarme que pasaría si digo "amén" algunos decibeles más altos. ¿Las palomas se caerían del cielo?

El líder sitiado parecía pensar que me estaba iluminando con su vasto conocimiento, y yo no intenté convencerlo de lo contrario. A pesar de mi presunta falta de conocimiento, mi carencia de vocabulario y mi negación a hablar con los arbustos, me invitó a dar una charla un día a su campamento de líderes jóvenes, y mencionó que el anterior orador invitado había sido el Dalai Lama. Me pregunté si el líder budista tibetano había recibido el mismo discurso para pronunciar "amén" correctamente. Probablemente no.

Al final, el presidente Ivanov me permitió orar por él y me agradeció por visitar su país para hablar de Dios. También estoy muy agradecido por su invitación al campamento de jóvenes, como aprecio todas las oportunidades para compartir mi fe, ya sea con líderes mundiales en sus vistosas oficinas (aunque un poco quemadas) o con niños huérfanos en los rincones más pobres de la Tierra.

VAYAN POR TODO EL MUNDO Y PREDIQUEN

Mis aventuras mundiales en la fe no siempre se disfrutan, a veces asustan. De casi todos mis viajes regreso a casa físicamente agotado, pero mental y espiritualmente encendido porque la obra de Dios es algo emocionante para mí. Siempre que recibo una invitación para reunirme con un presidente o primer ministro ese es el detalle final y una posible oportunidad de causar un impacto, aunque sea pequeño.

Primero, supongo que hay solo un cincuenta por ciento de posibilidades de que la reunión efectivamente se realice. Al fin y al cabo, son personas muy ocupadas y trato de respetar sus tiempos. Muchas veces nuestros encuentros son breves y es más la oportunidad de sacarse una foto o un acto de bienvenida, pero en ocasiones me han conmovido estos encuentros de alto nivel. En algunos de estos encuentros, incluso me atreví a pensar que abrí la puerta a la influencia de Dios.

En Liberia, en el año 2008, tuve mi primera cita con un presidente: Ellen Johnson Sirleaf. Ella estudió en Harvard y se convirtió en la primera mujer electa para liderar una nación de África. Su liderazgo había llevado a Liberia a un gran avance desde su pasado dominado por caudillos, violencia y corrupción. En 2011 compartió el Premio Nobel de la Paz con dos personas (Tawakel Karman de Yemen y su compañera liberiana Leymah Gbowee).

Durante nuestro encuentro en 2008, tuvimos una conversación muy profunda y significativa donde oramos el uno por el otro. Ella me agradeció, en especial, por ayudarla a crear conciencia en una región donde muchos niños que nacen con discapacidad son asesinados o abandonados. Me quedé muy impresionado con ella y sentí que realmente deseaba mejorar la vida de las personas.

Uno de mis encuentros más conmovedores y gratificantes con un líder nacional ocurrió en 2013, en Ecuador, cuando conocí al presidente Rafael Correa en el Palacio de Carondelet. Yo era uno de los invitados de honor que estaban con él en las escaleras del palacio para una ceremonia. Básicamente, era una cita de un minuto con una oración de un minuto. No me habían dado la oportunidad de hablar un tiempo con él, pero hubo una conexión entre nosotros.

En ese momento, había mucha presión política por la legalización del aborto agobiando al presidente Correa, un católico y economista educado en los Estados Unidos. Este debate se había desatado por la cantidad de abusos sexuales en el Ecuador.

Había fuerzas dentro de la misma alianza del presidente que estaban presionando para la legalización. Durante la ceremonia, unos adolescentes se manifestaron levantando letreros por el derecho al aborto. Había visto informes en las noticias, donde defensores del aborto decían que las mujeres deberían tener el derecho a abortar a niños con discapacidad.

Era un asunto muy sensible y fluctuante en Ecuador, pero no traté este tema con el presidente. Solo dije que oraría por él y su país. Lo miré a los ojos y le dije que me gustaría orar para que él fuera bendecido, que lo apreciaba y le agradecía por permitirme venir a su país para influenciar a los jóvenes.

Él me permitió la oración. Mientras oraba, lo miré para ver si inclinaba su cabeza, algo que siempre hago cuando oro por jefes de Estado. Si inclinan su cabeza y cierran los ojos, creo que son sinceros y realmente desean que ore. Eso también demuestra que no tienen miedo de cerrar sus ojos en público, lo cual no es un indicador infalible pero sí una medida de la genuinidad de su caminar con Cristo.

Cuando terminé de orar, abrí mis ojos y lo abracé. Alguien tomó una foto y eso fue todo. Nueve días después declaró públicamente que, mientras él fuera presidente, el aborto no sería legalizado y, si la Asamblea Nacional legalizaba el aborto sin su consentimiento, él presentaría la renuncia.

En un reportaje acerca de su decisión, el presidente Correa dijo que estaba en contra de cualquier intento por permitir el aborto de bebés que nacerían con discapacidad porque "después de conocer a Nick Vujicic" pensó que a su país le iría mejor con más gente como yo.

Si alguna vez dudé de la importancia de ser un ejemplo y de esforzarme por vivir sin límites, esto definitivamente me sirve como recordatorio. Creo que el presidente me vio como un ejemplo de lo que alguien con una gran discapacidad puede hacer en este mundo.

Pero hubo otras veces en las que sentí que mis encuentros con jefes de Estado eran un mero acto simbólico y para tomar una foto por razones políticas, más que para tener un intercambio amable de ideas. A veces, cuando se programa una visita corta con un presidente o primer ministro, me pregunto cuál es el plan de Dios en ello.

Mi experiencia en Ecuador me dio la respuesta. Nunca sabes el impacto que puedes tener en alguien simplemente por caminar en fe y servir como un ejemplo íntegro de la bondad de Dios. No tengo la certeza de haber impactado en la decisión del presidente para que se proclamara en contra del aborto en su país (él es católico y un hombre de principios, después de todo), pero tal vez lo ayudé a que tomara valor en este asunto y tuviera un sentido del propósito mayor de una persona.

Cuando oí que me había mencionado como una influencia positiva, me alegré y le agradecí a Dios por ponerme en ese lugar para hacer su obra una vez más. También prometí que nunca volvería a subestimar su poder para influenciar a otros a través de mí. Sonará humilde, pero creo que Dios me puso allí ese día por una razón, como me ha puesto en la Tierra para servir a sus propósitos. ¡Esto mismo es cierto para ti también! Te animo a que te abras a la presencia de Dios en tu vida, pregúntale cada día qué puedes hacer para servirle.

Al margen de esto, el presidente Correa fue electo por un segundo período de cinco años. Él dejó su oficina en el año 2017, luego de servir a su país durante diez años como presidente. Vi noticias recientes que hablaban de su década en el poder. "Ecuador levantó a más de un millón y medio de personas de la pobreza, multiplicó el salario mínimo, multiplicó el gasto de salud por persona, disminuyó el desempleo en un 4 % y aumentó la seguridad social a cientos de miles de personas por primera vez, entre otras mejoras sociales y económicas". No me llevo ningún crédito por las decisiones del presidente Correa o su éxito, el mérito es de él y de Dios.*

Como siervo de Dios, quiero traer a las puertas del cielo a todos los que pueda. Mis viajes también son expediciones. En cada lugar que voy, busco a quienes más necesitan del amor de Dios, a quienes están abandonados o abusados por sus gobiernos. Oro por ellos y trato de influenciar un cambio caminando por los pasillos de líderes poderosos, presionándolos a hacer más por los necesitados de su pueblo.

Mi esperanza es llevar la presencia de Dios a sus oficinas para que él pueda influenciarlos. Creo que Dios me puso en cada encuentro, ya sea con un líder mundial o con quien busca una oración, una palabra, un abrazo o una introducción al poder del Espíritu Santo.

Honestamente, cuando estoy en la oficina de algún jefe de Estado, les aseguro que puedo oler la corrupción, y veo la vanidad y el orgullo que emana de ellos. Puedo sentir al diablo en esa habitación, pero eso me da más ganas de estar allí para poder hablar de la bondad de Dios y representarlo. Siempre me presento como un embajador del Señor.

Les digo a los jefes de Estado que mi única misión es ayudarlos a conocer que Dios los ama y que todos necesitamos su poder y su sabiduría. Menciono que cada decisión debe honrar a Dios, porque si lo honramos, él nos honra.

Creo firmemente que una nación que honra a Dios es una nación bendecida. No he encontrado ningún país que no necesite sanación en algún nivel. Todos necesitamos sanación, todos necesitamos ayuda y todos necesitamos a Dios. Desafortunadamente, vivimos en un mundo de personas egoístas, orgullosas y codiciosas. Algunas veces he rechazado

---

* "Ecuador celebra 10 años de la Revolución Ciudadana", *Neritam* (blog), 8 de marzo de 2017, http://jagadees.wordpress.com/2017/03/08/ecuador-celebrates-10-years-of-the-citizens-revolution.

citas con líderes que sentía que eran corruptos y solo querían usarme para reafirmar su imagen con los creyentes.

A veces los riesgos son más grandes —si pienso que no puedo tener una conversación significativa y ser una influencia positiva—, que el riesgo de ser solo algo simbólico.

Mi trabajo no es decirle a un presidente lo que debe hacer ni juzgarlo por sus decisiones. No regañé al presidente de Macedonia por dejar fuera a los refugiados o perdonar a quienes abusaban de su poder. Fui a verlo como a todos, con amor y respeto. Aun así, nunca olvido que mi misión principal es sembrar semillas de fe con la convicción del Espíritu Santo. Mi oración es que los poderosos usen su poder sabiamente y de forma desinteresada. Esa es la misión de todos los cristianos y de los ciudadanos. Incluso aun si nos quejamos de nuestros líderes en privado, ellos siempre necesitan nuestras oraciones, porque nuestras naciones necesitan que ellos gobiernen bien.

Cuando se publican en internet fotos mías con políticos recibo críticas de sus opositores. No quiere decir que yo apoyo todo lo que hacen, muchas veces no estoy de acuerdo con ciertas políticas. Pero el hecho de que me vean con un presidente, un primer ministro o un alcalde no significa que respaldo lo que ese funcionario hace. Jesús buscó a las prostitutas, los criminales y los pecadores, no porque él estaba de acuerdo con su estilo de vida, sino porque su misión en la Tierra era salvar a las almas perdidas y hacer el gran sacrificio por nuestros pecados.

Mucha gente me ha dicho que no debería ir a ciertos lugares por la influencia diabólica que hay allí, pero yo visto la armadura de Dios. Eso no significa que corro riesgos innecesarios. Nunca viajo solo, tengo un equipo conmigo y tengo cientos o incluso miles orando por mí. También sé que los ángeles de Dios están conmigo y que el Espíritu Santo también vive en mí. No me pongo en peligro, pero voy a lugares oscuros para brillar con la luz de Jesús y mostrar la verdadera esperanza de estar en Cristo.

SERVIR ES UNA FORTALEZA

Vivir en los Estados Unidos, y especialmente en California, podría cegarme a las necesidades que hay en el mundo si no las viera por mí mismo. Hay muchos países en los que solo los ricos pueden disfrutar de las comodidades y la tecnología. Mucha gente vive en el olvido mientras los que están en el poder agotan los recursos de su país. Lo que es peor, quienes tienen el poder para ayudar a los necesitados, se rehúsan a hacerlo.

En Montenegro, antigua Yugoslavia y tierra natal de la familia de mi padre, el gobierno no permite que las iglesias o individuos inicien sus propias organizaciones sin fines de lucro. En la región balcánica es común que el gobierno cobre impuestos a las organizaciones por cada donación, lo que dificulta a estos grupos brindar ayuda a quienes la necesitan.

¿Cómo influenciamos los cristianos a una nación y sus líderes? Debemos caminar por fe en sus capitales, orar por ellos y pedirle al Espíritu Santo que los toque y los ponga en el camino del plan de Dios.

No podemos hacer más que eso, solo somos los mensajeros y Dios hace el resto. Trato de ser su embajador influenciando, orando y hablando a los líderes políticos siempre que se da la oportunidad. Quiero representar su bondad, su amor y su integridad a donde voy. La mayoría de las veces las personas lo entienden y me tratan bien, pero no siempre sucede así.

LA CONTROVERSIA RUSA

El 2016 para mí fue un tiempo de mucho trabajo, y ese año fui a Rusia para realizar una gira de charlas inspiracionales por Yekaterinburg, Chelyabinsk, Sochi, Minsk y el Kremlin, en Moscú. Rusia es una de las naciones donde más discriminan a los discapacitados. El noventa por ciento de sus edificios no tienen accesibilidad y gran parte del transporte público tampoco, incluido el extenso sistema subterráneo de Moscú. El gobierno de Vladimir Putin ha dado algunos pasos para mejorar el acceso a los edificios públicos y sistemas de transporte, pero los activistas a favor de la discapacidad siguen muy críticos por el trato que reciben en Rusia.

Me habían hecho creer que existía la oportunidad de tener un encuentro con el presidente Putin en Moscú. Él había buscado ganar puntos políticos defendiendo a los atletas paralímpicos rusos; yo deseaba animarlo a extender su apoyo a todos los doce millones setecientos mil ciudadanos con discapacidad del país. Había estado en Rusia algunas veces antes, pero esta parecía ser una gran oportunidad para influenciar a su líder más poderoso. Nunca lo sabes si no lo intentas, ¿cierto? ¡La esperanza lo es todo!

No sabía que terminaría metido en una gran tormenta de controversia. De hecho, esta tormenta giraba alrededor de mí a escala internacional, aunque en ese momento no tenía idea. Llegué a Moscú el 14 de abril y el editor de una radio y un diario pro-Putin, Yevgeniy Arsyukhin, escribió una opinión acerca de mí que causó un alboroto internacional, del que yo no me enteré hasta que volví a casa.

El título del artículo era "Nick Vujicic y la renuncia a la evolución" (lo que sea que esto signifique). El contenido del artículo parecía insinuar que las personas con discapacidad, como yo, debíamos ser ejecutadas al nacer y, si se nos permitía vivir, nunca se nos debería permitir tener hijos. También había una parte que decía algo así: "Y nunca debemos dejar a los discapacitados llegar a la parte superior de la pirámide social".

El autor luego afirmó que solo estaba plasmando lo que muchos habían pensado en el pasado y que esas no eran sus creencias personales. El sitio de internet de la BBC relató: "En su escrito, Arsyukhin (quien es jefe de edición del diario hermano de la estación de radio) presentó su visión de cómo la actitud de la sociedad hacia los discapacitados ha cambiado a lo largo de los siglos. 'Nuestra repulsión hacia la fealdad, la enfermedad y la muerte está conectada directamente a nosotros por la evolución y la selección natural' escribió, y agregó 'los individuos defectuosos no deben reproducirse, es mejor que mueran de inmediato. Y nunca debemos dejar a los discapacitados llegar a la parte superior de la pirámide social'".*

Arsyukhin escribió: "La aversión a la 'deformidad física', a la enfermedad, a la muerte misma está incorporada en nosotros por la evolución y la selección natural" y "Los pueblos antiguos consideraban necesario matar a los minusválidos en la infancia. Un espécimen discapacitado no debe sobrevivir o reproducirse. Es mejor que muera de inmediato".

Y agregó: "Aun así, hace unos tres mil años se derribó algo grande en la mente de los hombres: desafiaron a la selección natural, sin desear vivir por su ley... Jesús selló esta revolución. Él puso a los pobres por encima del éxito de una vez por todas. De ahora en adelante, al menos formalmente, la simpatía por los discapacitados es una parte integral de la civilización".

---

*Dmytro Zotsenko, *BBC Trending* (blog), "Los rusos responden a la discusión por la frase 'Los discapacitados deben morir de inmediato'", 22 de abril de 2016, www.bbc.com/news/blogs-trending-36085624.

Para tapar lo otro, Arsyukhin parecía disparar hacia mí por intentar inspirar a la gente. Según la traducción de la BBC y la nota acerca de la controversia, él escribió: "Sus seguidores repiten de forma entusiasta banalidades como, 'Nos da confianza en uno mismo, si él pudo ser exitoso, nosotros podemos y lo haremos también', pero por dentro todos (o casi todos) sienten lástima y hasta asco por su ídolo... Y no hay nada monstruoso en eso".

LA RESPUESTA NEGATIVA

No leo ni escucho los medios rusos, ya que no hablo ni entiendo el idioma. Por eso me perdí la historia y la gran respuesta negativa. Luego aprendí que el patrocinador ruso que me llevó al país decidió no decirme acerca de la controversia porque no quería que me molestara.

Mientras tanto, mi equipo en los Estados Unidos recibía llamadas de reporteros de todo el mundo, pero como no tenían noticias mías, decían "Sin comentarios", lo que se entendía como "Nick no se ofendió".

El columnista ruso no habló conmigo, pero sí con muchas otras personas que le escribieron, lo llamaron y lo atacaron por redes sociales. Algunos lo llamaron fascista e iniciaron una campaña en internet pidiendo su despido, que fue firmada por más de noventa mil personas.

El artículo fue eliminado del sitio donde él lo había publicado y, en su lugar, se publicó un descargo que decía que la empresa de comunicación "respeta la opinión de sus lectores". Pero también decía: "Se vio claramente que muchos opositores no leyeron el texto completo y se limitaron, a lo sumo, a algunos párrafos". Arsyukhin dio una entrevista en la radio donde dijo que los lectores de internet de hoy solo leen los títulos y resúmenes, mientras que el artículo estaba escrito intencionalmente en una "forma más complicada", sin una conclusión sólida y debía ser leído entero para poder comprenderlo bien, según informó la BBC.

Arsyukhin también se disculpó en la radio con los que se sintieron ofendidos por sus ideas, diciendo que no entendía qué otras disculpas exigían los activistas que habían iniciado la petición. La BBC tradujo su semi-disculpa como: "Al final, este debate... dirigió la atención al problema de los discapacitados, pero también puso una atención negativa en ellos. Tal vez me equivoqué al iniciar eso, al menos de esta forma... pero resultó así, gracias a las personas sin cerebro que compartieron solo el primer párrafo y no siguieron leyendo. Así que me disculpo de una vez por todas".

Honestamente, después de leer la traducción del artículo y la dudosa disculpa del autor, no sabía qué hacer con eso. Quizás se perdió algo en la traducción y Arsyukhin de verdad intentaba mostrar cuánto había mejorado Rusia en beneficio de los discapacitados, o tal vez decía que *debían* mejorar.

Sea cual fuera su intento, lo perdono y oro por él. También estoy agradecido a todos los que se levantaron en mi favor. Les recomiendo a todos los que firmaron esa petición que hagan un esfuerzo y sean amables con la próxima persona con discapacidad que conozcan.

UNA LEY PROBLEMÁTICA

Sigo esperando poder encontrarme un día con el presidente Putin para hacer un proyecto dirigido a incluir y mejorar el trato a los discapacitados en su país. También hablaría para que se permita el ingreso de misioneros cristianos en Rusia.

Él y su gobierno han enviado señales confusas en este sentido. En su discurso en la Navidad ortodoxa, Putin alabó a los cristianos por "revivir los altos valores éticos y morales, al guardar nuestra rica herencia cultural e histórica", y por ayudar a mantener la paz civil.*

Sin embargo, tiempo antes, en julio, su gobierno había aprobado la llamada Ley Yarovaya, que aplicaría medidas severas a la obra misionera extranjera y al evangelismo en Rusia. Me dijeron que esta ley se creó, en parte, porque algunos no pagaban los impuestos necesarios para tener encuentros religiosos, que comienzan en los setecientos cincuenta dólares, de modo que no son excesivamente caros.

En unas pocas semanas, la policía rusa arrestó a Don Ossewaarde, un misionero bautista de los Estados Unidos, mientras realizaba un estudio bíblico semanal. Fue acusado de quebrantar la nueva ley, donde decía que los misioneros debían tener permisos, limitar la actividad religiosa al edificio de la iglesia, y donde se prohibían las casas de oración. Ossewaarde fue hallado culpable y le cobraron una multa de más de seiscientos dólares.

La última vez que averigüé, habían arrestado al menos a otras treinta y dos personas y condenado a dieciocho misioneros bajo esta ley, por actividades como tener en la mano un Nuevo Testamento en la estación de tren. Entre los arrestados había cinco pentecostales, dos bautistas, dos adventistas y otros cuatro protestantes, según *Christianity Today* y otros medios de comunicación.

Como se imaginan, esto genera muchos conflictos. Las discusiones abiertas acerca de las creencias espirituales son saludables e importantes. Estoy de acuerdo con que los

---

*Sarah Eekhoff Zylstra, "Misioneros estadounidense podrían conseguir que Rusia anule su ley anti-evangélica", 24 de enero de 2017, www.christianitytoday.com/news/2017/january/us-missionary-may-get-russia-evangelism-law-overturned.html.

evangélicos no deberían forzar a otros a cambiar sus creencias, pero estos casos no se tratan de eso. La meta debe ser abrir la puerta explicando a los curiosos lo que hay allí afuera y dejarlos que tomen sus propias decisiones.

Muchos ateos, musulmanes y budistas me hablan de sus creencias y a mí me encantan esos diálogos. Estoy seguro de lo que creo y no me siento amenazado por los que transitan otra fe, a menos que violen los derechos o la seguridad de otros.

Si limitas tus debates sobre espiritualidad en una sociedad o restringes un país a una fe o a ninguna, te arriesgas a eliminar la esperanza de la gente que está luchando o es marginada en un mundo donde la corrupción y el mal son fuerzas poderosas. Nuestra alma es nuestra parte más importante. Cuando tu alma está en paz con la fe, es más probable que estés feliz, pleno y más dispuesto a servir a otros. Esto es lo que hace a una sociedad saludable.

En Rusia, Don Ossewaarde y otros apelaron, y parece que la corte suprema del país encontró que la ley viola la constitución rusa. Las protestas en contra de la ley fueron realizados por las iglesias protestantes de Rusia, la Alianza Evangélica Europea y la Comisión de Estados Unidos para la Libertad Religiosa Internacional (USCIRF, por sus siglas en inglés). Incluso, hay informes en los medios que dicen que el presidente Putin permitió esta ley para solidarizarse con la Iglesia ortodoxa rusa, pero no tengo certezas de eso.

En la península balcánica a menudo hay muros entre la Iglesia y el Estado, pero al mismo tiempo el sistema educativo sigue enseñando la ortodoxia, los santos y la fe, aunque no es tanto por la fe sino por la identidad rusa y la historia de su país.

He estado conversando con la Iglesia ortodoxa rusa para realizar un día nacional de oración en el país, y gente del equipo de Putin indicó que querían reunirse cuando yo no esté en Moscú para una conferencia masiva, así que esto tal vez algún día suceda. Sé que su agenda es inestable y variable, pero tomaré el riesgo de ir y hablar con él.

NUESTRA MISIÓN COMÚN

Cuando esté con el presidente Putin oraré por el pueblo y por una relación activa con Dios. Mi meta con él y con todos los líderes nacionales es mirarlos a los ojos, llegar a conocerlos, orar por ellos y dialogar. Si una nación o sus líderes no quieren que dé un discurso de mi fe, ofreceré un menaje inspiracional o un mensaje acerca del *bullying*, para formar una relación y hacer contactos que un día me permitan compartir, o al menos demostrar, mis creencias cristianas. En el proceso, preparo el camino en el cual espero hacer discípulos.

Crear relaciones que abran puertas con el fin de compartir la fe también es la misión de Encompass World Partners [Incluir Socios Mundiales], una organización que sostiene a misioneros en treinta y cuatro países. Trabajé con Encompass en el sudeste asiático ayudando a estudiantes universitarios con síndrome de Down. Los niños con discapacidad son una vergüenza para su familia en esa parte del mundo, hasta se anima a sus padres a abortar o abandonar a los bebés en esta condición. En general, las comunidades tienen muy poco para generar un programa de ayuda a la gente con necesidades especiales.

Encompass me invitó a visitar la comunidad de estos estudiantes con síndrome de Down. Me dijeron que mi compromiso con el mensaje abría la puerta a "sembrar más semillas de verdad en sus relaciones" con las personas de la región.

Yo quiero plantar semillas de esperanza y verdad en los ciudadanos de cada país que visito. La controversia sobre la columna que se escribió sobre mí en Rusia y la nueva ley anti-evangelismo no han hecho nada para detenerme, ni para que abandone o cuestione mi misión de servir como un embajador de Dios y un reclutador de almas dondequiera que vaya. Ese papel también incluye servir como defensor y partidario de las personas con discapacidad y de todas aquellas que sufren en el mundo.

MANTENER LA MISIÓN EN UN MUNDO PELIGROSO

He estado trabajando por medio de la tecnología para no tener que viajar tanto como antes. Cuando era más joven y soltero, viajar por el mundo era toda una aventura, pero ahora, con mi esposa y dos niños en casa, es muy difícil dejarlos por períodos de tiempo muy largos. Los extraño demasiado.

Deseo continuar con la obra de Dios y servir como una fuente de esperanza e inspiración para las personas en todos lados, por eso no voy a dejar de viajar, pero espero hacerlo menos. Mi equipo y yo hemos trabajado con transmisiones simultáneas, en la red, por Skype y otras herramientas tecnológicas, además de usar todas las redes sociales, para alcanzar cada vez más y más personas.

El mundo es más peligroso ahora, y esa es otra preocupación. He podido escapar por un pelo. Un día después de dejar Mumbai en 2018, terroristas bombardearon tres lugares en los que yo había estado, incluyendo mi hotel, la estación de tren y el aeropuerto. También ha habido otras desventuras menos aterradoras, pero igualmente locas.

La controversia en Rusia me recordó un "incidente internacional" que surgió en el 2013 durante mi visita a Vietnam sin que yo lo supiera. El patrocinador de mi presentación en la ciudad de Ho Chi Minh había contratado guardias de seguridad privada para escoltarme desde el aeropuerto hasta el hotel. Tenían motocicletas y autos con sirena; exageraron un poco.

Básicamente, detuvieron todo el tráfico para abrir el camino a mi vehículo y encendieron luces rojas, e incluso condujeron en los carriles prohibidos, lo que era ilegal. Luego la policía los multó e incautó varios de sus vehículos. Los medios locales lanzaron una campaña para terminar con la agresividad de las empresas de seguridad privada.

Lo siento, Ho Chi Minh, la próxima vez tomaré un Uber desde el aeropuerto. No suelo usar seguridad privada, pero a veces mis anfitriones sienten que es necesario. Yo creo que cuando Dios me llama a un lugar, él lo asegurará para mí, y no hay lugar más seguro que donde Dios quiere que estemos, pero he tenido un par de sustos...

Una noche estaba en Belgrado, Serbia, cuando comenzaron disturbios oponiéndose a una acción del gobierno. Estábamos dando un paseo alrededor de una gran manzana de la ciudad. Cuando comenzamos, todo estaba tranquilo, pero los alborotadores estaban justo detrás de nosotros y no nos dimos cuenta. Cuando regresamos al punto de partida, todo estaba destrozado, las ventanas quebradas, las luces de las calles rotas, mesas y sillas arrojadas en las calles y arriba de los autos, los edificios en llamas, estábamos impactados. La tranquilidad ahora era caos.

Oré reiteradas veces en agradecimiento de que ninguno de nosotros salió herido. Algunos pueden decir que tuvimos suerte, pero yo creo que Dios estaba protegiéndonos por hacer su obra.

ENCONTRAR INSPIRACIÓN EN OTROS POR EL MUNDO

Hay un gran beneficio en viajar que probablemente sea lo que me mantiene en el ruedo al menos unas semanas al año. ¡Ese beneficio eres tú! En mis viajes he conocido tantas personas maravillosas e inspiradoras. Hice muchos amigos y aprendí mucho de las personas que conocí en mis presentaciones, en hoteles, restaurantes y aeropuertos. Todos ustedes me hacen sentir muy bienvenido, muy amado y parte de la gran familia de Dios.

No les miento cuando digo que ustedes me inspiran, como también lo hacen un millón de personas alegres, llenas de fe y amantes de Dios que tienen desafíos mucho más grandes que el mío.

No hay nada como llegar a un orfanato o a un refugio para esclavos sexuales y encontrar niños y niñas, hombres y mujeres que han vivido las peores formas de abuso y abandono, y aun así están llenos del gozo y el amor de Dios. ¿Cómo podría no sentirme inspirado por ellos?

Anteriormente mencioné que conocí a treinta personas que nacieron sin extremidades como yo. También conocí incontables individuos que han perdido alguna extremidad debido a explosiones en zonas de guerra, accidentes terribles o infecciones. Me gustaría terminar este capítulo del libro con el relato de una joven extraordinaria, cuya historia no se parece a ninguna que haya escuchado.

Conocí a Beata Jalocha, una fisioterapeuta de Cracovia, durante una conferencia en Polonia en 2016. Me había escrito que deseaba conocerme, por eso, luego de mi presentación, me reuní con ella y un pequeño grupo. Yo podría seguir hablando de esta joven y contar por qué me inspira, pero creo que ella cuenta su historia mejor que yo.

Solo diré que vi fotos recientes de Beata en su Facebook compitiendo en un concurso de belleza, volando en un planeador, arrojándose en un paracaídas doble, buceando y volando en un globo aerostático con sus amigos.

Mi foto favorita es una en la que ella aterriza en la canasta del globo aerostático, que termina caída de costado en el suelo. Beata aparece acostada boca arriba en la canasta y riéndose a carcajadas. El hecho de que ella pueda reírse con tanta felicidad es un milagro, pero es más increíble su misión de ser un milagro en la vida de otros con todo el sufrimiento y la tragedia que vivió en los últimos años.

Me encanta que Beata, que sobrevivió a semejante tragedia, tenga en su corazón servir como un milagro para otros que sufrieron y sufren. Ella me dijo que sabe que Dios tiene una razón para sus heridas y un propósito en mente con su vida. Está buscando respuestas y confía en que llegarán. Mientras tanto, no está esperando sentada sintiendo lástima por ella misma; tiene una visión para el futuro y va detrás de ella.

Me sentiré honrado de ayudarla en lo que pueda, como me dedico a ayudar a cada persona a la que puedo llegar. Mi misión es ver a las personas alcanzar vidas plenas aquí en la Tierra y guiarlos a la casa de Dios, donde les espera la vida eterna.

Espero que este libro te inspire de tal manera que esta también sea tu misión.

SÉ LAS MANOS Y LOS PIES DE CRISTO

Cuando la vida no sale como la planeamos

Por Beata Jalocha

El sábado 18 de mayo de 2013 estaba trabajando como fisioterapeuta en Cracovia y salí de mi departamento para visitar a un paciente. Era un tiempo en mi vida donde todo empezaba a salir bien. Trabajaba en un centro de rehabilitación para pacientes con problemas neurológicos y había conseguido un puesto permanente luego de un ciclo de trabajo a media jornada como suplente. Entre mis pacientes había algunos con lesiones en la médula espinal.

Me sentía necesitada. Estos pacientes, en su tragedia, me mostraron lo que era importante en la vida y yo trataba de ayudarlos. Generalmente, pasaba mis tardes en centros de entrenamiento con ellos, mi trabajo me daba cierto equilibrio en mi vida. Era tan importante para mí, pero también me desafiaba física y mentalmente. Me encantaba, me gustaban los desafíos y cada paciente era un nuevo reto.

Ese día, en 2013, tenía una cita con un paciente. En realidad, nos teníamos que encontrar antes, pero lo reprogramamos a pedido de ella, algo muy raro porque normalmente yo estaba muy ocupada. Debíamos encontrarnos a las diez de la mañana, pero me retrasé de camino a su apartamento. Ese retraso resultó ser fatídico.

Podría haber caminado a su casa, que estaba en mi misma calle, pero decidí ir en coche porque tenía planes después. Cuando llegué, no recordaba el número de apartamento, lo tenía en mi teléfono, pero estaba sin batería. Así que regresé a mi casa para cargarlo y enviarle un mensaje avisando que llegaría treinta minutos tarde.

Cuando se cargó mi teléfono, regresé al auto y estacioné cerca de su cuadra, pero cambié de lugar porque la policía andaba poniendo multas y no estaba segura si podía estacionar en el primer lugar. Luego de encontrar un mejor lugar, estacioné, salí de mi coche y di unos doce pasos.

No recuerdo nada de lo que sucedió después. Los oficiales de policía que me ayudaron dijeron que parecía estar consciente, pero yo no tengo recuerdos de nada.

Mi mente había borrado las veinticuatro horas posteriores al accidente. El dolor tal vez tuvo que ver con eso. Todas mis costillas y mi columna estaban quebradas. Una de mis piernas estaba aplastada por completo. Lo peor era el daño en la medula espinal y mi incapacidad de mover la parte inferior de mi cuerpo.

Es un milagro que esté viva. El impacto de ser arrollada por un hombre cayendo desde esa altura fue enorme. Me dijeron que los pacientes con un daño tan grande deben ser operados lo antes posible para descomprimir la médula y no tener una parálisis irreversible. Estaba esperando esta intervención, pero primero me operaron la pierna, cuatro días después del accidente, y solo después de siete días fue que realizaron la cirugía de la columna. Esos fueron los peores siete días de mi vida.

No sé por qué no me pusieron en coma farmacológico para que no sintiera el dolor. Sufrí demasiado. Menos de dos semanas después, mi madre, que estuvo conmigo todo el tiempo, tuvo un derrame cerebral y la internaron dos pisos abajo en el mismo hospital. No tengo palabras para describir lo difícil que fue esto para mí.

Mi exnovio y mi hermana estaban preocupados porque yo no estaba recibiendo la atención médica necesaria, y contactaron a la prensa para hacer pública mi situación. Los reporteros me entrevistaron en la cama del hospital y yo casi no podía respirar, porque todas mis costillas estaban fracturadas. Sentía que tenía una bolsa de piedras en mi pecho.

Debido a las fracturas en casi toda la columna, estuve postrada más de un mes. Todo lo que podía hacer era mirar un pequeño espacio en el techo. Durante ese tiempo tuve gran dificultad para entender lo que me decían; solo podía susurrar porque se me dificultaba mucho respirar. Sentía que me estaba ahogando lentamente.

Cuando los medios dieron la información de que necesitaba ayuda financiera para pagar las facturas médicas y otros gastos ocasionados por mi estado, la gente respondió de forma generosa y eso me dio un gran sentimiento de seguridad. Me ayudó a llegar a donde estoy hoy, que es un camino muy largo teniendo en cuenta como estaba las primeras semanas.

Cuando se cumplió un año del accidente quería sentir algo positivo, algo que despertara mis emociones, que habían estado reprimidas durante tanto tiempo. Me volví reacia a salir sola de mi casa y no me gustaba sentir tanto miedo. Por eso hice lo que hizo Nick: salté desde un aeroplano en un paracaídas doble con un instructor. Quería desafiarme a mí misma y eso me ayudó a sentirme libre.

Luego, unos meses después, competí en Miss Wheelchair World en Polonia [Miss Mundo en Silla de Ruedas]. No salí Miss Polonia, pero obtuve el segundo puesto y el premio a Miss Popularidad. Ganar no era lo más importante para mí, lo que necesitaba era el ejercicio motivacional.

Cuando estás limitado a una silla de ruedas, tiendes a abandonarte. Quieres esconderte porque sientes vergüenza y lástima. Tuve momentos en que quise desaparecer, pero mi entrenamiento como fisioterapeuta y mis creencias me decían que no debía darme por vencida.

✿ ✿ ✿

Mi salud sigue siendo un desafío. Estoy paralizada de las costillas para abajo, no tengo control de la parte inferior de mi cuerpo. Por otro lado, soy muy independiente, manejo mi coche, incluso en largas distancias. Mi plan es vivir de forma independiente para liberar a mi familia de esta responsabilidad. Es algo que debo hacer por ellos y por mí.

A pesar del dolor persistente, siempre miro al futuro, buscando encontrar nuevas personas y nuevas oportunidades.

Esa es la razón por la que fui a la conferencia de Nick en 2016.

Les escribí a los organizadores y me invitaron a un encuentro privado con Nick y otras personas con discapacidad al finalizar su presentación. Durante el encuentro, Nick nos contó que planeaba comenzar una fundación para ayudar a personas en nuestra condición alrededor del mundo, y el primer proyecto sería en Polonia.

Esto me emocionó mucho, porque yo tenía un sueño similar. En Polonia hay mucha falta de conocimiento acerca de personas con discapacidad y cómo tratarlos e integrarlos a la sociedad. Mi sueño es crear un verdadero centro de rehabilitación dedicado a pacientes con daños en la médula espinal, donde todo el personal tenga pleno conocimiento sobre lo que se necesita para ayudar a curar esta condición.

Mi anhelo es ayudar a otros y, como fisioterapeuta que ha sufrido severos daños en la columna, sé que no es suficiente que alguien te enseñe cómo moverte en una silla de ruedas. Alguien debe enseñarte a vivir y a salir adelante con el impacto emocional de estar en esa silla. Los últimos tres años desde mi accidente han sido un gran desafío. Aún sigo buscando respuestas, sigo luchando por recuperar mi vida de este horrible episodio que me dejó inválida.

Aunque ha sido difícil, no me verás escondida en una esquina oscura. En lugar de eso, me veras en paracaídas, buceando y volando como una piloto de avioneta recién graduada. Hago estas actividades para demostrar que aún tomo riesgos y disfruto nuevas experiencias. Algunos dudaban de que podía pilotear una avioneta por mi cuenta, ¡pero les demostré que puedo!

Le conté a Nick que estuve diseñando un tratamiento con un programa de cuatro estaciones, que incluye entrenamiento mental, deportivo, de habilidades cotidianas y construcción de la autoestima. Sé lo difícil que es reconstruir tu cuerpo, mente y espíritu, pero debes luchar con eso y retomar tu vida y tu propósito.

Nick me dio ánimo, y espero que un día trabajemos juntos en esto. Sería maravilloso. Solo pensar en ayudar a otros de esta manera nos mantiene juntos internamente. Necesito metas como esta para poder vivir con lo que me sucedió.

La verdad es que hay días en que empiezo a dudar de mí misma. No siento pena o rabia, pero en ocasiones siento tristeza y dolor. Hay días en que es muy difícil no molestar a alguien, aunque lo intento. Creo que nada sucede sin una razón y que alguien arriba tiene un plan para mi vida que debo alcanzar. También creo en las personas y en que el bien que haces siempre regresa a ti.

TERCERA PARTE

TERMINAR
BIEN

11

MI PADRE, UN EJEMPLO DE VIDA

Mi padre a menudo decía que mi carrera como las manos y los pies de Jesús ya se dejaba ver desde que yo tenía dieciocho meses de vida. Mis padres me llevaron a un campamento de la iglesia en Virginia durante nuestra primera visita a los Estados Unidos en 1984. Era verano, estaba muy húmedo y caluroso, y me hicieron dar un paseo en el cochecito para tratar de tranquilizarme un poco al atardecer.

Un anciano de la iglesia que estaba con el grupo del campamento nos cruzó por el camino. Se inclinó y me dijo algo, pero yo estaba teniendo un extraño momento de timidez. En vez de incorporarme con mi simpatía de bebé, le di vuelta la cara. Tal vez estaba fastidioso por el calor. Quizás no sentía ganas de simpatizar con otro extraño, o pudiera ser que ya estaba cansado y necesitaba una pausa. Ni siquiera tenía dos años, si no ya habría culpado a mis terribles dos años.

A pesar de mi malhumor, el anciano más tarde llamó a mis padres y les preguntó si podía hablar sobre mí en su sermón a todas las personas en el servicio de la noche. Mis padres dijeron que sí, aunque no tenían idea de qué era lo que planeaba decir. Resultó ser que su sermón se tituló "Ningún lugar donde esconderse", y estaba basado en 2 Corintios 5:10: "Porque es necesario que todos comparezcamos ante el tribunal de Cristo, para que cada uno reciba lo que le corresponda, según lo bueno o malo que haya hecho mientras vivió en el cuerpo".

El anciano habló sobre mi respuesta de timidez ante él. Comparó la forma en que yo me di vuelta y lo rechacé con lo que sucederá el día del juicio, donde la gente que no ha sido fiel a Dios ocultará sus rostros de él. Citó Apocalipsis 6:6, que dice: "Todos gritaban a las montañas y a las peñas: '¡Caigan sobre nosotros y escóndannos de la mirada del que está sentado en el trono y de la ira del Cordero!'"

Mis padres me dijeron que el anciano se refirió al Salmo 139:7: "¿A dónde podría alejarme de tu Espíritu? ¿A dónde podría huir de tu presencia?"

Supongo que mis padres apuntaban a que a una edad muy temprana yo ya estaba sirviendo como lección para otros cristianos en un sermón, aunque francamente pienso que el anciano estaba saliéndose un poco del tema. Darle vuelta el rostro a un extraño no es exactamente lo mismo que darle la espalda a Dios en el día del juicio, pero voy a darle la razón esta vez a mi papá porque él es, después de todo, mi ejemplo a seguir de un cristiano devoto.

A menudo recuerdo Proverbios 13:20 cuando pienso en mi papá. "El que con sabios anda, sabio se vuelve; el que con necios se junta, saldrá mal parado". Mi padre, Boris Vujicic, ahora camina con Dios en el cielo, a pesar de que todavía siento su presencia y su maravilloso espíritu en cada momento de cada día. Partió un domingo, 14 de mayo de 2017. Le habían diagnosticado un cáncer terminal casi un año y medio antes, al poco tiempo de terminar el libro que había escrito, *La experiencia de criar al hijo perfectamente imperfecto*. Claro, ese sería yo. Mi padre también me ayudó con este libro y, por supuesto, él y mi madre han sido la fuente de fuerzas, apoyo e inspiración de toda mi vida.

Así como yo puedo servir de ejemplo para muchos otros cristianos perfectamente imperfectos, mi padre fue el mío. Lo siento así no solo porque él tenía una fe muy fuerte en Dios, sino además por la forma en que vivía cada día de su vida. Siempre creyó que la mejor forma de atraer a los no creyentes a Jesús era ser un ejemplo viviente de los valores cristianos. Él era un soldado de Cristo, leal, paciente, humilde, amoroso y disciplinado.

Papá fue siempre un pilar de fortaleza y un ejemplo de valor. Esto fue especialmente cierto después de recibir el mayor golpe de su vida (yo fui su primer gran golpe, obvio). En su libro, él cuenta sobre cómo tuvo que confiar en las fuerzas de Dios después de mi nacimiento. No habían tenido ningún indicio de que yo nacería así. Él y mi madre al principio lucharon mucho para poder entender el plan de nuestro Padre celestial y el propósito de su primer hijo tan extraño.

El segundo gran golpe en la vida de mi padre también requirió la ayuda sobrenatural de Dios. Ocurrió poco después de entregar el libro al editor, en el 2015. Le diagnosticaron colangiocarcinoma [cáncer en las vías biliares] en etapa IV y le dijeron que le quedaban entre cuatro y ocho semanas de vida.

Mi padre nunca había tenido un problema serio de salud, así que estas fueron noticias aterradoras. Dos años antes de eso, su hermano Milos había sufrido un cáncer de páncreas, y murió dieciséis semanas después de eso.

Papá sabía lo agonizante que podía ser esta clase de cáncer, y oró pidiendo fuerzas y gracia. Consultaron a otros médicos, y ellos no estaban seguros de dónde se podía haber originado este cáncer que ahora se encontraba en su páncreas, hígado y pulmones. La mayoría pensaba que viviría solo un mes o dos si no comenzaba enseguida la quimioterapia, pero, aun así, creían que solo tenía un año de vida como máximo.

Papá nos sorprendió a todos con su fuerza y resiliencia. Vivió más del breve tiempo que los doctores le habían dado en su diagnóstico inicial. Pasó bastante tiempo sin sufrir dolores, lo cual es realmente un milagro dado que él optó por no hacer los tratamientos convencionales después de un par de semanas.

PERMANECER EN LA FE

Mi padre siempre decía que uno de los momentos culminantes de su vida era tener nietos y, justo cuando estaba empezando a disfrutarlos, entró en ese valle de sufrimiento y temor, uno de los más bajos de su existencia. Manejó esta prueba inesperada con tanta gracia y dignidad como la que nunca había visto en alguien que se enfrentaba a la muerte.

Le atribuyó su actitud positiva a sus creencias cristianas de toda una vida. Dijo que el cáncer un día le agotaría las fuerzas y derrotaría a su cuerpo, pero nunca le robaría la fe o la paz que provenían de saber que le esperaba su Padre en los cielos y una vida eternamente en su presencia.

Vivir siendo un modelo todos los días en el mundo actual es desafiante de por sí cuando estás sano y no tienes problemas, pero permanecer en la fe y vivir bajo la gracia cuando tu cuerpo batalla contra el cáncer, eso es algo mucho más difícil. Aun así, desde el principio, papá recurrió a sus convicciones espirituales. Puso su fe en acción, inspirándonos y enseñándonos a todos a través de su ejemplo.

Notó por primera vez en el verano de 2015 que le faltaba energía cuando jugaba al tenis. También comenzó a dormir siestas, en algunas ocasiones dos veces al día, lo cual era muy raro tratándose de él. La única otra diferencia física que notaba era cuando tomaba su vaso de vino con la cena: le revolvía el estómago y le daba náuseas. Por ese mismo tiempo, como algunas tías y tíos también estaban teniendo problemas de salud, mi padre aceptó ir a hacerse un chequeo médico y una colonoscopía. Los análisis de sangre salieron bien, aunque él tenía un poco de sangrado y algunos calambres.

Cuando papá siguió teniendo dolores de estómago, mi mamá le pidió otro turno médico. Esto implicó otra ronda de análisis de sangre, que mostró que la actividad de su hígado estaba un poco elevada. El doctor le indicó que se hiciera una ecografía, y eso reveló que había un bulto en el hígado. Una resonancia magnética halló tres tumores en el hígado y uno en el páncreas. También aparecieron unas manchas en los pulmones, aunque mi padre nunca había sido fumador.

Cuando a Milos le diagnosticaron cáncer y le dijeron que solo tenía alrededor de dieciséis semanas de vida, incluso si se hacía la quimioterapia, mi tío siguió ese consejo, pero estuvo muy descompuesto y murió cuatro meses después del diagnóstico.

Todo esto estaba en nuestra mente cuando a papá le dieron su diagnosis.

Los doctores decían que él tendría solo uno o dos meses con nosotros a menos que hiciera la quimioterapia, lo cual le podría añadir unos seis meses o más. Mi padre estaba muy reticente al tratamiento, por lo que le había sucedido a su hermano.

Cuando hay una crisis médica en una familia en este tiempo, todos tienden a correr a internet para buscar algunas respuestas. En nuestro caso, mi mamá, mi hermana y mi cuñada son enfermeras, y mi hermano Aarón es biólogo y estaba estudiando física. Ellos trajeron una considerable pericia y experiencia a la mesa. Es importante saber qué preguntas hacerle a tus médicos y cuáles son las fuentes confiables en internet, así que su conocimiento fue muy útil en ese aspecto.

Mi mamá y mi hermana habían visto el impacto devastador de los tratamientos regulares de quimioterapia en muchos pacientes. Sabían que muchos en la comunidad médica la consideraban una opción muy agresiva por el daño potencial que se efectúa en los órganos y el sistema inmunológico.

La tendencia actual es usar drogas y protocolos específicamente apuntados a destruir las células cancerígenas o seguir un tratamiento que estimule las defensas naturales del cuerpo para atacar el cáncer. Algunos abogan por los llamados "tratamientos alternativos" naturales, como los jugos hechos de verduras crudas y frutas, vitaminas y otros suplementos, o una combinación de los dos.

A través de la familia y amigos teníamos conexión con médicos en todo el mundo. Mientras yo estaba dando un discurso para Lifeline Humanitarian Organization [Organización Humanitaria Salvavidas], que ayuda a los más necesitados en el país natal de mi familia, Serbia, conocí a Alexander y Katherine Karadordevic, el príncipe y la princesa. Ellos fueron de mucha ayuda al recomendarme y ponerme en contacto con expertos médicos.

Mi familia intentó localizar a varios especialistas en cáncer para pedirles su opinión. Hay tantas visiones y tratamientos diferentes, estándar y en fase de investigación, que te sorprenden. De pronto te enteras de personas que se las arreglaron para vivir varios años más de lo que sus médicos habían estimado en un principio, mientras que otros sucumben en cuestión de días o semanas.

Aunque había un poco de desacuerdo sobre si el cáncer se había originado en el hígado o en el páncreas, nuestros médicos coincidían en que era un tipo muy agresivo y que el tiempo de papá era limitado. Nuestro desafío era encontrar el mejor tratamiento que le permitiera tener cierta calidad de vida sin dolor ni sufrimiento.

Al final, encontramos un especialista de cáncer en Los Ángeles que usaba un método modificado de quimioterapia que él aseguró sería menos intenso comparado con los protocolos estandarizados. Se suponía que sería más suave en el paciente y tendría menos efectos colaterales como dolor intenso, náuseas y vómitos. Este doctor nos prometió que sus métodos alternativos tendrían menos repercusiones adversas en el estado general de salud de papá.

SUEÑOS AGOBIANTES

Evitar el dolor es siempre una buena opción y, en nuestro caso, era una prioridad. Mi padre y yo tenemos una baja tolerancia al dolor y la enfermedad. Papá se tomó dos semanas para considerar las opciones de tratamientos. Claro está que en ese tiempo oró, y nosotros también oramos por él. A pesar de su preocupación por los efectos colaterales, aceptó hacerse la quimioterapia.

Desafortunadamente, sus temores a sentir malestar por el tratamiento se hicieron realidad enseguida. Cada paciente reacciona de manera distinta, así que tal vez las promesas del doctor estaban basadas en resultados más positivos con otros pacientes. Papá se hizo dos sesiones en dos semanas. No tuvo ningún efecto extremo después de la primera, pero sintió un gran malestar después de la segunda. Sufrió de náusea intensa, vómitos y diarrea. No podía comer y casi no podía beber nada.

Mi mamá y mi hermana querían llevarlo a la sala de emergencias, pero papá se negó. Pensó que seguramente lo internarían, y prefirió quedarse en casa con la familia. Me llamaron para que lo convenciera de ir a emergencias, porque su gran preocupación era que se deshidratara, lo cual empeoraría el estado de su riñón. Le prometí que no lo dejaría solo en el hospital a menos que sucediera algo terriblemente malo.

Mi mamá finalmente lo llevó al hospital alrededor de la diez de la noche un domingo. La sala de espera estaba repleta. Ella les dijo que mi papá estaba teniendo una mala reacción a la quimioterapia, pero eso pareció no ser importante para las personas que estaban a cargo de la sala. Mientras esperaban y esperaban, mi papá se puso pálido y anunció que se sentía muy débil. Mi mamá estaba preocupada porque los riñones estuvieran fallando.

UN ÁNGEL DE MISERICORDIA

Justo cuando mi mamá estaba por entrar en pánico, apareció de la nada una enfermera que se presentó como amiga de la familia. Ella es vecina de mi prima y vive cerca de nosotros en California. Había reconocido a mis padres porque los había visto en la fiesta del 4 de julio en la casa de mis primos ese mismo verano. Ellos no la reconocieron, pero estaban muy agradecidos de que se ofreciera a ayudarlos.

Los llevó a la sala de emergencias, le dio a mi papá un suero intravenoso para atenuar la deshidratación y esperó junto a ellos hasta que llegó un médico. Luego ella los presentó como sus amigos y le pidió al médico que cuidara bien de mi papá. Tener a alguien que sacara la cara por uno marcó una enorme diferencia. El doctor lo atendió muy bien, y mi papá se sintió mejor una vez que la deshidratación fue tratada. Le pusieron dos litros de suero.

Mi padre decidió esa noche que no continuaría con la quimio. Yo siempre lo fastidiaba porque él era demasiado cauteloso y siempre me advertía acerca de mi tendencia a asumir riesgos. Era irónico, entonces, que mi padre eligiera el camino menos cauto con esta decisión de envergadura.

Estaba dispuesto a cambiar todo tiempo extra que le pudiera otorgar la quimioterapia por una mejor calidad de vida durante el tiempo que le quedaba junto a nosotros. Y no lo culpamos por esa decisión, en absoluto. Si solo le quedaban unas pocas semanas de vida, no quería estar enfermo o sentirse decaído cuando pasaba tiempo con sus seres queridos. Por su fe sólida, papá no tenía el mínimo temor a la muerte. Era muy abierto y franco al hablar del tema.

Después de esta experiencia, siguió el régimen de jugos verdes y col rizada que mi hermana le preparaba basándose en su investigación sobre tratamientos naturales para el cáncer, diseñados para regenerar su hígado y estimular el sistema inmunológico. Muy pocos de sus tumores eran de gran tamaño, pero papá solía decir: "Otra persona con este mismo caso no se sentiría tan bien como yo me siento".

APROVECHANDO EL TIEMPO AL MÁXIMO

Una vez que abandonó la quimio y se sintió mejor, nos convocó a todos a un desayuno familiar. Leyó algo de la Biblia y luego habló sobre la importancia de estar cerca de Dios y su Palabra. También nos pidió perdón por cualquier cosa que hubiera hecho que nos hubiera herido u ofendido. Papá estaba iniciando el proceso de despedirse de esta vida terrenal. Esa reunión familiar fue la primera de varias en las que hablamos sobre la fe, nuestro amor mutuo, y las muchas bendiciones de las que gozábamos.

Algunas personas que se enfrentan a la muerte no quieren hablar de eso; otros se ponen en el papel de víctimas. Mi padre intentó preparar a su familia y prepararse él mismo compartiendo su fe y su amor. Estoy seguro de que él tenía también sus momentos en privado de dolor y tristeza. Yo veía sus ojos humedecerse cuando jugaba con sus nietos.

Nosotros tampoco escondíamos nuestra tristeza, pero tratábamos de aprovechar al máximo los días restantes junto a él. Hacíamos picnics familiares, sesiones de oración y muchas salidas. Mis padres incluso se fueron tres días a un crucero, lo cual fue un hermoso regalo y la oportunidad de relajarse luego de tanto estrés.

Aproximarse al final de la vida de uno hace que la persona esté reflexiva, por supuesto. Mi padre, lógicamente, se preocupaba porque se perdería los acontecimientos importantes que vendrían. Mi hermana Michelle siempre había hablado de que mi papá sería quien la acompañaría al altar el día de su boda. Lamentablemente, él no tuvo la oportunidad.

Papá estaba muy agradecido por el tiempo que pasó con nuestros hijos, Kiyoshi y Dejan, nuestro segundo hijo que nació justo tres semanas antes de que le dieran su diagnosis. Él quería que sus nietos lo conocieran y recordaran, y se aseguró de eso.

Enseguida después del diagnóstico, nos reunimos para tomarnos unas fotos familiares, y papá lloró durante la sesión con el fotógrafo. Cuando alguien dijo que nos estábamos sacando estas fotos para él, se sonrió con tristeza y dijo: "Yo me voy a ir, así que quedarán para ustedes, no para mí".

EL PODER DE LA ESPERANZA

Todos en la familia preferimos orar por el mejor desenlace posible, en vez de caer en angustia y desesperanza. Oramos por la guía y sabiduría de Dios. Pedimos que sus planes para mi padre fueran que continuara en la Tierra, como un ejemplo para otros cristianos que atravesaban crisis. Cuando alguien a quien amas recibe un diagnóstico de una enfermedad terminal, todo lo demás pierde significado. Tu trabajo, por no decir todos los planes y preocupaciones que te presionan a diario, se evaporan de tu consciencia. Solo podía pensar en mi padre y todo lo que significaba para mí y mi familia.

Mi papá, como siempre, se enfocaba en la familia en vez de pensar en él mismo. El hombre que enfrentaba la muerte nos consolaba a nosotros. Un día me llamó para que fuera a su casa a ayudarle a poner sus asuntos en orden, para que mi mamá no tuviera que preocuparse de nada cuando él partiera. Papá no quería que nosotros nos mortificáramos por causa de su enfermedad. Nos instaba en todo momento a aprovechar el tiempo que nos quedaba juntos.

Los desafíos como este nos recuerdan que cada día de vida es un regalo y que, después de nuestra fe en Dios, las relaciones son nuestro mayor tesoro. Expresamos nuestra gratitud por el hecho de que, por primera vez en una década, todos los miembros de nuestra familia inmediata, así como muchas de mis tías, tíos y primos, estábamos viviendo en el mismo continente y en el mismo estado, de manera que pudimos pasar tiempo con papá.

Mi hermano Aarón y su esposa, y mi hermana Michelle, habían seguido a mis padres a California, donde yo había vivido ya por muchos años. Pudimos reunirnos alrededor de papá, junto con las tías, tíos y primos. Eso no habría sido posible si estuviéramos todos desparramados en distintos continentes.

No puedo imaginar lo difícil que habría sido para la familia si mi hermano con su esposa y Michelle no hubieran estado cerca. A menudo oramos juntos durante este período, y nos aseguramos de agradecerle a Dios por tenernos el uno al otro para apoyarnos en una etapa de tanta dificultad.

Aprovechamos cada oportunidad que tuvimos para celebrar como familia luego del diagnóstico de mi papá. Él nos inspiró peleando hasta el final y demostrando que el tiempo de vida estimado que le habían dado en un principio estaba incorrecto. Kanae y yo siempre habíamos disfrutado viendo a papá jugar con Kiyoshi, y estábamos aún más agradecidos de que estuviera aquí para el nacimiento de nuestro segundo hijo, que pudiera alzarlo y darle amor.

Para él eso era algo agridulce. Estaba tan feliz de tener nietos, pero le entristecía pensar que no los vería crecer y transformarse en adultos.

Después de que me casé él admitía a menudo que cuando yo era más joven él pensaba que yo nunca encontraría una esposa ni tendría hijos. Sentía que Dios envió a Kanae y a mis hijos. A él le encantaba alzar a mis niños en brazos y cantarles canciones serbias. Algunas veces se le escapaban lágrimas cuando cantaba, pero cantaba de todos modos.

Dios nos permitió atravesar valles para que él pudiera guiarnos a través de ellos, y luego nosotros pudiéramos contar nuestro testimonio sobre haber orado y recibido sus fuerzas. Estoy agradecido por los momentos buenos y malos. De veras lo estoy. Es cierto, es difícil ser agradecido cuando tu mundo parece estrellarse delante de ti, especialmente cuando alguien que amas está sufriendo. Aun así, siempre hay algo por lo que agradecer.

Por todas las lágrimas y el lamento en torno al cáncer de mi padre y su fallecimiento, estoy agradecido de haber visto la fuerza de su fe en un tiempo tan complicado. Mi mamá y mi papá se unieron más que antes en ese tiempo. Mi padre jamás había tenido tanta paz. Nuestra familia siempre había sido muy unida, pero nos afianzamos más que nunca. El amor rebosaba.

La gloria de Dios se reveló en todo esto, y esa es la conclusión. Sabíamos que si papá perdía su batalla contra el cáncer, iría al hogar de su Padre celestial. Su muerte era la voluntad de Dios. Nuestra pérdida fue la ganancia de Dios.

UN REGALO DE DESPEDIDA

Mientras escribía su libro acerca de la experiencia de ser mi padre, *La experiencia de criar al hijo perfectamente imperfecto*, se sintió sorprendido por el hecho de que Dios no le había dado a él o a mi mamá una visión de cómo se desarrollaría mi vida, porque Dios estaba probando su fe por fuego, para hacer de ellos cristianos más fuertes. Dios cambió lo que había parecido una enorme tragedia —un hijo severamente discapacitado— en una bendición, no solo para ellos sino también para muchos otros. El niño "imperfecto" resultó ser perfectamente creado para encajar en el plan de Dios.

"Dios nos dio una victoria que yo no podía ver en un principio, en el nacimiento de Nick, así que aprendí a confiar en su plan", dijo mi padre. "Estaba pensando justamente en eso cuando recibí mi diagnóstico de cáncer en estado IV. Al principio fue otro gran choque, otra bofetada en la mejilla. Me sentí como Job, inicialmente, cuya fe fue probada mediante la pérdida de gran parte de su familia y su ganado. En la historia de Job, al principio él es afectado por el sufrimiento de los que lo rodeaban, pero luego Dios lo prueba otra vez, trayendo el sufrimiento directamente hacia él. Fue lo mismo en mi caso. En vez de preocuparme por Nick y sus desafíos, fui yo quien enfrentó el mayor reto físico. Esta vez Dios estaba probándome directamente a mí, como lo había hecho con Job".

Mi papá dijo que mientras trabajaba en su libro y repasaba sus lecciones, encontró paz con el cáncer y le rindió el resultado final a Dios. "Sentí, cuando finalicé de escribir el libro, que en algunos aspectos había acabado la carrera y había cumplido el propósito, de modo que podía aceptar este nuevo desafío y aprovechar el tiempo de vida restante con mi familia", dijo.

Cuando nos enteramos del diagnóstico de papá, no sabíamos si estaría lo suficientemente saludable o siquiera si estaría con nosotros al momento de que se publicara el libro. Compartir esa experiencia con él fue otra gran bendición. Su libro me enseñó mucho sobre el gran hombre de fe que siempre fue mi padre.

Yo asistí a varias firmas de libros de mi papá. Estoy agradecido de que él haya podido escuchar de boca de sus lectores cuánto apreciaban el libro y sus enseñanzas. Mi padre era una persona introvertida, así que fue un esfuerzo para él escribir acerca de sus sentimientos y experiencias y aún más esfuerzo el hablar de ellas en entrevistas y firmas de libros. Estuvo dispuesto a exponerse porque pensó que otros padres e hijos se beneficiarían de su experiencia. Sentía que Dios me había creado con un propósito, y parte de ese plan era dar ánimo y esperanza a otras personas con discapacidades.

Se conmovió mucho con las reacciones positivas de sus lectores, y yo tuve muchas repercusiones gratificantes en mis conferencias, así que creo que es muy bueno que él haya podido saber cuánta gente agradecida había.

Para mí, ser cristiano tiene que ver con lograr un impacto positivo en la vida de la gente, y luego guiarlos a la vida eterna. Mi papá merece el crédito por toda cosa buena que yo haya hecho en la Tierra. Le dije que habría una larga fila en el cielo, de todas las personas que querrán agradecerle. La firma de ejemplares que hicimos juntos fue una pequeña muestra de eso, una pequeña degustación del cielo para él.

Cuando llegué a conocerlo más, de hombre a hombre, tuve una visión más clara de su fortaleza serena, de su corazón generoso y de su don de empatía con otros. Mi padre era más sereno que yo, pero sin lugar a duda es el modelo de un verdadero cristiano. Este es el legado de mi padre como creyente devoto, el fruto de su vivencia como un poderoso ejemplo de obediencia y confianza en Dios. Y eso vivirá para siempre en mí, y espero que en la vida de mis hijos también.

UN EJEMPLO DE GRACIA

No habríamos culpado a mi padre si él se hubiera retirado de la vista para prepararse para su viaje a la vida eterna. El pronóstico de morir en un corto plazo puede conducir a cualquier persona a la desesperanza. Una vez más, sin embargo, papá mostró una gracia y fuerza inusual bajo presión.

Todos lidiamos con muchos desafíos en nuestra vida diciendo: "Bueno, esta situación no es de vida o muerte". Excepto cuando te enfrentas justamente con eso. Ahí tu perspectiva cambia al instante. Enfrentar la muerte acercó la realidad del cielo y su fe en Dios a un enfoque más agudo, me dijo papá. Cuando te diagnostican cáncer en etapa IV, la muerte también se vuelve una realidad más cercana.

Cuando somos jóvenes tendemos a dar por sentado que nuestros padres estarán siempre ahí. Pero cuando vamos creciendo, los vemos envejecer, y la realidad nos indica que nuestro tiempo juntos es limitado. Con todo, no esperamos perder a nuestros padres a comienzos de sus sesenta, cuando muchos otros viven hasta los setenta u ochenta. En realidad, nunca estamos listos para verlos partir.

Mi padre y yo tuvimos muchas charlas de corazón a corazón luego de su diagnosis. Me recordó que, como cristianos, sabemos que habrá una segunda venida de Cristo y todos los fieles serán llevados al cielo. Creemos que hay vida después de la muerte. Papá decía que el conocimiento lo sostenía, y que debía sostenernos a todos a través de esta prueba. Al final todos estaremos juntos en el cielo, y esa es nuestra esperanza y nuestro consuelo. Todo se reduce a la fe. Mi padre decía que no podía imaginarse que dejáramos de existir después de abandonar nuestros cuerpos terrenales.

La pregunta que tuvo que enfrentar fue: "¿Estoy listo para ver a Dios?" Él quería asegurarse de estar preparado espiritualmente. Papá recordaba que cuando su madre estaba muriendo, a la edad de setenta y siete años, dijo que lo único que extrañaría sería ver a sus nietos crecer, y lo mismo le sucedió a mi padre. Pero más allá de eso, se sentía preparado para ir a Dios.

Mi papá decía que todos debemos recordar que el cielo es real y estar agradecidos porque él estaba bien preparado para la vida eterna en la gracia de Dios. Yo entendí eso, y lo creo con todo mi corazón, pero, por supuesto, todos deseamos que nuestros padres siempre estén para cada acontecimiento en la vida de nuestros hijos.

LA CARGA DE UN PADRE

A menudo solíamos fastidiar a papá por estresarse por todo. Ahora me encuentro mirándome al espejo y preguntándome por qué me estreso tanto. Mi padre me observa también. Me encuentro volviéndome loco, así como él también se preocupaba por los asuntos del hogar y las finanzas, y todas las cosas con que los mayores tienen que lidiar. Éramos distintos en muchas formas, pero cada vez más yo noto las similitudes. Reconozco que mi papá y mi mamá me trasmitieron sus mejores características, especialmente su fe y determinación.

He llegado a entender que la misión de mi papá era cumplir el plan de Dios para él y ayudar a sus hijos a ir aún más lejos de lo que él llegó. Provenía de una familia muy pobre de inmigrantes. Hace poco me enteré de que una maestra lo maltrataba porque era uno de los pocos cristianos en la escuela. Su propio padre había sido un pacifista en Serbia, y los miembros de su familia eran amenazados y la gente los esquivaba porque se negaban a portar armas en el ejército.

Mi padre comenzó a hablar más de su vida cuando la muerte parecía acercarse. Yo puedo ver que me elevé por encima de los hombros de él. Dios me impulsó hacia adelante, a ser un modelo cristiano, pero mi propósito se alimentó de los sacrificios, la sabiduría y las lecciones que aprendí de mi madre y de mi padre. Papá trabajó en tres empleos por muchos años y, a la vez, trabajaba de voluntario en la plantación de iglesias, aconsejando gente y criando tres niños.

Cuando yo mismo me convertí en papá, con frecuencia me preguntaba: "¿Cómo hicieron mis padres para criar un hijo sin brazos ni piernas?" Nuestros dos hijos con su cuerpo sano ya son un gran desafío. Más de una vez tuve que orar pidiéndole a Dios más fuerzas para poder ser tan buen padre como lo fue mi papá.

La única cosa en la que mi padre y yo discrepamos seriamente fue en que yo creía que podía visitar otras iglesias, sin que eso me contaminara o echara a perder mi fe. Sus propios padres tenían que practicar la fe en secreto, así que mi papá venía de una tradición en la que la gente era intensamente leal a sus iglesias y denominaciones. Quería que sus hijos asistieran a su iglesia como una familia, aun cuando nos hicimos adultos, y solía decir: "Si esta iglesia no es buena para mis hijos, por qué lo sería para mí".

El problema se agravó cuando llegué a mis veintitantos años y comencé a hablar por todos lados, en muchas denominaciones diferentes. Yo quería contar mi testimonio en todo el mundo como un soldado de Cristo; papá quería que hiciera una carrera en contabilidad y administración de empresas. Pensaba que yo era más capaz de tener un empleo de oficina que de viajar por el mundo.

También temía porque yo había vivido una vida bastante resguardada dentro de la familia de nuestra iglesia. Temía que yo fuera influenciado más por otras iglesias que lo que yo influenciaría a otros. Yo escuchaba todas sus preocupaciones, pero sentía la convicción y el llamado.

En ese tiempo, solo podía orar a Dios para que cuidara el corazón de mis padres. Sentía un llamado a hacer algo que ellos no querían que yo hiciera. Discutíamos acerca de las diferentes visiones de mi futuro. Al final, mi padre llegó a ver que yo podía ir por el mundo sin perder el foco de mi fe.

Hice todo lo posible por honrar a mis padres, y estoy agradecido de haber podido finalizar mis estudios en contabilidad y planificación financiera, porque me beneficio en muchas maneras de lo que aprendí. Estoy agradecido también por haber seguido el llamado de Dios para inspirar esperanza y plantar fe en las personas alrededor del mundo.

Mi Padre celestial me creó para hacer su obra, y mi padre terrenal ha sido mi ejemplo de inspiración.

A través de su crisis de salud y de toda su vida, su fe en Dios lo mantuvo anclado. Fue una bendición ver su fe en acción. Su esperanza lo elevó por encima de los retos y circunstancias de su cáncer. Su gratitud alcanzó nuevas alturas. Él y mi madre se sintieron bendecidos por el tiempo que tuvieron juntos.

Cuando mi padre todavía se sentía fuerte como para escribir, le pedí que nos diera algunos consejos de despedida. No estaba seguro de que aceptara —eran tan humilde—, pero estoy feliz de que lo haya hecho.

SÉ LAS MANOS Y LOS PIES DE CRISTO

Reflexiones de un padre

Por Boris Vujicic

Las enfermedades pueden llevarse tu salud e incluso tu vida, pero no pueden robarte la paz ni tampoco la fe.

Cuando enfrentas un diagnóstico de cáncer en etapa IV, continúas con la misma fe y convicción. Oras. Confías en Dios. Esa ha sido mi postura.

La Biblia dice que nuestros días están contados y que nada sucede sin que él lo sepa; ni siquiera un gorrión cae sin su conocimiento. Al final, esto me da paz. No importa si hago la quimioterapia o tomo los jugos o hago alguna otra cosa. Creo que no puedo cambiar o agregar un día a mi vida a menos que Dios lo haya predeterminado.

Nada hace cambiar a Dios de opinión. Él ya ha tomado todo en cuenta. Un montón de gente lucha para entender esto. Algunos argumentan que Dios sí puede cambiar de opinión. Citan las Escrituras en que Isaías el profeta fue enviado al rey

Ezequías y le dijo que pusiera en orden su vida porque iba a morir. El rey justo estaba triste y oró a Dios.

Lo interesante es que Dios le dijo a Isaías que volviera donde Ezequías y le dijera que él le había extendido la vida otros quince años. Algunos dicen que Dios cambió de opinión; sin embargo, yo creo que Dios conoce el futuro y así, desde el principio, él ya había tenido en cuenta esos quince años adicionales. Estaba predeterminado cuánto iba a vivir este rey.

Creo que, si Dios ha decidido que me salve, me salvaré. Algunos toman esa actitud porque dicen que Dios ha ordenado de antemano que nuestras vidas terminen en el cielo o en el infierno, pero creo que eso es malinterpretar el libre albedrío. Dios nos da libre elección, pero sabe cuáles serán esas elecciones y puede predecir lo que sucederá. Dios es perfecto, y siempre es justo.

El doctor me dijo, originalmente, que podía llegar a vivir de dos a seis meses, y ahora, mientras escribo esto, ya llevo trece meses de vida. Podría pasar un año u otros diez años más. Básicamente, confío mi vida a la sabiduría eterna de Dios. Creo que no moriré un día antes ni un día después del tiempo que él me ha asignado, y tengo paz con eso.

Creo que Jesús se sintió del mismo modo cuando estuvo en la Tierra. Él sabía que Dios había establecido su tiempo para morir. Cuando los enemigos lo amenazaron con arrojarlo desde un acantilado, todavía no era su tiempo de morir. Pero cuando llegó el momento, Jesús dijo: "¡Ahora sí!"

Él era Dios encarnado y reconoció el hecho. Creo que Dios me ha dado una extensión, por la cual estoy muy agradecido, y sigo esperanzado. A una señora en nuestra iglesia también le dieron seis meses de vida con cáncer y todavía está viva y fuerte, once años más tarde. Ella me transmitió ánimo, lo cual siempre es bueno oír.

Mi confianza está en Dios, y sé que su voluntad —no la mía— será hecha. He tratado de vivir una buena vida cristiana. Pero la Biblia dice que Dios llevará al justo a casa, para evitarle el sufrimiento y la calamidad que le espera.

No sabemos lo que viene por delante, así que no podemos comprender en profundidad que la muerte puede ser una bendición. El ojo de Dios todo lo ve. Si Dios determina que mi tiempo ha llegado, así debe ser. Él sabe lo que viene, y sabe qué es lo que yo puedo o no puedo sobrellevar.

Es reconfortante saber que mi familia está lista para aceptar lo que sea que Dios decida. Cuando Nick era solo un niño, tenía un montón de preguntas acerca de la muerte y la vida después de morir. Recuerdo tres preguntas que me hizo un día.

1. ¿Cómo será el cielo?
2. ¿Tendré brazos y piernas en el cielo?
3. ¿Podremos reconocernos en el cielo y vivir como una familia?

Yo tendré la respuesta a la pregunta número uno muy pronto. Ciertamente, espero tener un largo, largo tiempo para meditar sobre las otras dos. Lo que me hace feliz acerca de esas preguntas, sin embargo, es el hecho de que, a una cierta edad, mi hijo suponía que íbamos a estar todos juntos en el cielo un día. Yo no puedo imaginar un cielo sin mi familia.

La extensión de mi vida hasta aquí es tal vez un tiempo para aceptar y agradecer plenamente por nuestra fe compartida y nuestras creencias cristianas. Al escribir estas líneas, todavía tengo una buena calidad de vida, considerando todo, y estoy agradecido a Dios por cada minuto que me da.

Estoy agradecido por haber estado en el primer cumpleaños de Dejan y de haberlo visto caminar y amar a su hermano Kiyoshi. Aprecio cada día más, por la oportunidad de estar con ellos, por el amanecer que veo, por las montañas que contemplo, por el tiempo en la iglesia y con mis seres queridos. Reflexiono sobre cada momento, y pienso: "Ellos dijeron que se suponía que yo no estaría aquí ahora, así que esto es un extra".

He llegado a apreciar la vida en muchos más aspectos que antes. No me aferro a las posesiones. Por un lado, estaba esperando jubilarme para disfrutar más de viajar. Habíamos planeado un viaje a Serbia, pero no llegué a hacerlo. Me hubiera encantado haber visto más del mundo, pero eso no es algo tan crucial para mí.

Si eres una persona normal, puedes disfrutar tu familia, la comida y bebida, y tener paz mental. En realidad, esto es a lo que puedes aspirar en esta vida. Sería lindo vivir otros diez o quince años más y ver a tus nietos crecer. Sería una hermosa bendición, pero no es tan importante como ser salvo y tener fe en Dios.

Gracias a mi fe, no siento una pérdida devastadora con mi diagnóstico, pero tal vez yo sea una persona rara. Solo quiero saber que Dushka estará bien. Compartimos cosas los dos. Ella se encarga de las finanzas. Hace todas las operaciones bancarias; yo no tengo idea de nada de eso. Estaría perdido si ella no pagara las cuentas. Gracias a Dios, ella no estará perdida sin mí. La mayor parte del tiempo no sé qué hace ella con el dinero. Le digo que confío en ella hasta que venga el alguacil y toque a nuestra puerta.

Estoy muy agradecido de que nuestros hijos poseen la misma fe y esperanza en Dios, así que por eso sé que un día estarán con él también. Todos ellos tienen un futuro más allá de esta vida, y esa es una gran seguridad para mí. También me reconforta saber que mis hijos están bien establecidos. Nick, con su discapacidad, era una de mis mayores preocupaciones al principio de su vida, pero lo ha hecho increíblemente bien. Me puedo ir con confianza y paz sabiendo que Nick, Aaron y Michelle seguirán andando bien.

Cuando miras la realidad de que estarás con Dios después de morir, él se vuelve mucho más real. Quizás no extrañe lo que dejo aquí, porque disfrutaré los otros aspectos de la vida después de la muerte. No sé si sabré lo que estará sucediendo aquí abajo después de que me haya ido. No sé cuánta conciencia tendremos. Dios lo sabe. Y los ángeles también.

Tengo algunos indicios de que hay una posibilidad de que yo me entere de lo que está sucediendo aquí, porque hay un pasaje en Apocalipsis donde dice que los que han partido le preguntan a Dios cuánto tiempo continuaría el mal en la Tierra antes de que vengan sus justos juicios y restauración. Eso parece ser al menos una pista de que los que están en el cielo tienen conciencia de la vida aquí abajo.

Estoy agradecido porque pude terminar mi libro acerca de la crianza de Nick. Ir a esos encuentros y firmar ejemplares ha fortalecido a mi familia y nuestra fe. Gente de todo el mundo conoce a Nick, y como él pidió oración por mí en Facebook, muchos están orando por mi vida.

Con tanta gente orando, creo que Dios está respondiendo. En la Biblia, Santiago dice que, si alguien de nosotros está enfermo, que llame a los ancianos para que oren, y Dios sanará a esa persona. Yo lo tomé en forma literal y lo puse en práctica; les pedí a los ancianos de mi iglesia que oraran por mí y me ungieran con aceite.

Todos los suplementos vitamínicos y los jugos son buenos y saludables, pero más que todo, mi continua buena salud se la debo a Dios. Mi vida está en sus manos, y creo que eso es una respuesta de Dios a las oraciones. Todo esto es parte de su tiempo calculado y determinado para mí, y es alentador saberlo. Muchos oraron por mí, diciendo que necesitaban que yo me quedara. Ha sido consolador que muchos hayan venido y me hayan dicho que su fe se ha fortalecido al verme manejar esta situación con calma y confianza.

Siento que sus oraciones han sido respondidas, y eso les ha ayudado en su fe. Entiendo que esto no es tanto por lo que significa para mí sino más bien para edificar la fe de los que me rodean. En ese sentido, he permanecido siendo un soldado en el ejército de Dios, sirviendo como ejemplo para otros cristianos. Como dije antes, el cáncer y otras enfermedades pueden llevarse tu vida, pero no se llevarán tu paz y, definitivamente, no se llevarán tu fe.

12

PASE LO QUE PASE

Tras el diagnóstico de cáncer de mi padre en el otoño del 2015, tuvimos varias charlas familiares serias. Una de las preocupaciones era que los miembros de mi familia parecían ser propensos al cáncer. El hermano de mi padre había fallecido de cáncer de páncreas. Otros familiares, de cáncer de colon. Por supuesto que nos preocupaba que, en base a los antecedentes, alguna clase de enfermedad pudiese volver a golpear a nuestra familia.

Kanae me había insistido en que me hiciera chequeos médicos cada año. Entendí que ella me estaba cuidando. Sabe que intento evitar a los doctores y los hospitales lo más que puedo. Pasé tanto tiempo de mi vida siendo estudiado y analizado por los médicos, que tengo que estar muy enfermo para ir por propia voluntad.

Los doctores tampoco están muy encantados de verme. Los procedimientos médicos considerados de rutina para la mayoría de las personas se vuelven más complicados para mí debido a mi cuerpo singular. Algo tan simple como tomar la presión o sacar sangre es un desafío cuando una enfermera no puede tener acceso a las venas principales de los brazos y las piernas.

También me resistía a hacerme chequeos porque habíamos ido a la sala de emergencias con Kiyoshi muchas veces debido a sus misteriosos dolores. Estaba agotado de las salas de espera de los hospitales y de todo el ambiente médico.

De todas formas, había algo más que me molestaba. No le había dicho a Kanae ni a nadie que unas semanas antes de enterarme del diagnóstico de cáncer de mi papá, yo había tenido dolores y espasmos similares a los de Kiyoshi. Duraban solo unos pocos segundos y eran intermitentes, solamente algunas veces a la semana.

Me disculpo si es demasiada información, pero no hay otra manera de escribir sobre este tema. En pocas palabras, sentía dolor cuando orinaba. Podría haberlo ignorado, ya que era algo esporádico, pero después del diagnóstico de mi padre, sentí la responsabilidad con mi familia de hacerme un chequeo.

La Biblia nos dice que cuando Ezequías se enfermó y enfrentó la muerte, el profeta Isaías le dijo: "Pon tu casa en orden, porque vas a morir; no te recuperarás" (2 Reyes 20:1).

En ese momento no estaba observando mi propia muerte sino la fase IV del cáncer de mi papá, y nuestra batalla con el misterioso dolor de Kiyoshi me había hecho sentir más vulnerable. Me había inspirado la manera en que mi papá había rendido su temor a Dios y había puesto su vida en sus manos. Cuando le dije lo mucho que admiraba su serenidad y la forma en que había aceptado esa situación, mi padre me recordó Mateo 6:27: "¿Quién de ustedes, por mucho que se preocupe, puede añadir una sola hora al curso de su vida?".

En lugar de estar enojado, sentir pena por sí mismo o llorar, papá dedicó toda su energía a ordenar sus asuntos para que mi mamá no tuviese que ocuparse de ningún tema importante luego de que él muriera.

Admiré a mi padre por ello. Casi sentí como si yo no fuera parte del mismo equipo. Me dije a mí mismo que yo era más joven. Mi familia era más joven. Tenía al menos la mitad de la vida por delante. Mi papá tenía más de sesenta años y yo apenas pasaba los treinta. Él era espiritualmente maduro; yo aún no estaba a su altura. Es el humilde descubrimiento de alguien que viaja por el mundo para inspirar a otros con su fe. Abrazo esa humildad. Ese debe ser el plan de Dios, porque sigue dándome experiencias de humildad. Y estaba a punto de embarcarme en la más grande de todas.

UNA CAMINATA POR EL VALLE

Cuando fui a hacerme el chequeo, el médico me indicó que me hiciera una resonancia magnética y una colonoscopía. Normalmente estas son prácticas ambulatorias, pero no para mí. Debido a que no me pueden controlar la presión arterial ni inyectarme una vía intravenosa para colocarme suero, los doctores tienen que hacerlo a través de la vena yugular. No son una experiencia ni un pensamiento placentero, créeme.

Sedarme durante una cirugía también es otro desafío. Las cantidades habituales de anestesia no funcionan para mi peculiar cuerpo. La misma cantidad que se utiliza en una persona promedio fácilmente podría dejar inconsciente al viejo Nick para siempre.

Y yo era un paciente nuevo para este doctor, así que tuvo que investigar mucho. Después de analizar las opciones, sugirió hacerme una colonoscopía virtual en lugar de utilizar el método habitual. Francamente, me eché a reír cuando lo dijo. Podía verlo usando el casco de realidad virtual como si estuviese jugando un video juego en mi sistema digestivo.

"No exactamente", dijo. Con ese sistema de alta tecnología no era necesario anestesiarme. En cambio, utilizaban un tomógrafo, rayos X y computadoras para producir imágenes en 3D de mi tracto digestivo.

UN TEMA SENSIBLE

Siempre me alegra que me realicen el procedimiento menos invasivo. La mala noticia era que la versión virtual de una colonoscopía es dolorosa porque no estás anestesiado, y es más costosa. Pero, debido a que soy cauteloso con la anestesia, acepté hacer la colonoscopía virtual, aunque tenía mis dudas acerca del posible dolor.

Me convencí a mí mismo de que tendrían que darme alguna clase de calmante, aun cuando fuera tan solo una pastilla. Verás, tengo una larga y penosa historia con el dolor, pero tengo una muy buena teoría semi-científica que explica mi debilidad cuando se trata de cosas que tienen que ver con doctores, hospitales y, en especial, agujas.

Creo que mis terminaciones nerviosas son hipersensibles o hiperactivas o tan solo hiper-algo. Algunas personas poseen la piel delgada; yo soy de esos. Tengo la mitad de la cantidad de piel que tienen la mayoría de las personas, así que creo que eso también contribuye al dolor. Parece que soy diez veces más sensible al tacto. Si tengo un insecto sobre el cuerpo, lo sé enseguida, y puede ser un poco exasperante cuando no tienes ni manos ni pies para espantarlos.

Ya escribí anteriormente sobre el viaje por Europa que resultó ser de pesadilla, cuando dejé abierta la ventana de la habitación del hotel y un enjambre de mosquitos transilvanos me atacaron y me cubrieron el cuerpo de picaduras porque yo no podía pelear contra ellos. La picazón de los insectos vampiros casi me vuelve loco.

Mucho antes de esa horrible situación, en Australia, tuve una experiencia infantil aún más espeluznante, en la que me pregunté si no me estaba volviendo loco. Tenía cerca de trece años cuando sentía que cosas invisibles se arrastraban por mi rostro, cabello, pecho y hombros.

Me miré al espejo, pero no podía ver nada. Sin embargo, no tenía dudas de que había algo que se me arrastraba por el cabello. Esa sensación me hacía mover la cara nerviosamente y hacía que me picara la cabeza. Había corrido a mirarme al espejo para observar la zona donde sentía el movimiento y la picazón, pero no podía ver nada. La espeluznante sensación de que algo se arrastraba paraba por un tiempo y luego comenzaba de nuevo. Era muy real a pesar de la falta de evidencia visible. Varias veces le rogué a mi mamá que me mirara. Pero ella tampoco podía encontrar nada. Así que le suplicaba que me rascara la cabeza para aliviarme.

Realmente, pensé que me estaba volviendo loco. Mi mamá también lo creía. Cierto día, cuando sentí que algo se arrastraba por mis mejillas, corrí a buscar una lupa y encendí una luz más fuerte. Para el momento en que tuve todo listo para ver la causa de mi malestar, la sensación se detuvo. Decidí esperar y ver si esa sensación regresaba.

Puedo ser paciente cuando estoy a la caza. Puedo observar un hilo de pescar por horas. Así que utilicé mi paciencia de pescador para acechar la fuente de mi picazón. Esperé y observé durante tal vez veinte minutos hasta que lo volví a sentir.

Me miré al espejo debajo de la luz más fuerte, y esta vez vi un diminuto punto que se me movía por la mejilla. Parpadeé para aclarar los ojos y volví a mirar. Todavía estaba ahí.

¡Confirmación!

¡No estoy loco!

La garrapata en mi cara, o lo que fuera, parecía ser más pequeño que el punto final de esta oración. Pero era definitivamente alguna clase de insecto moviéndose lentamente por mi rostro. Llamé a gritos a mi mamá y vino a echar un vistazo. Le llevó un segundo ubicarlo, pero también lo vio.

—Oh, Nick, tienes liendres —anunció con tristeza.

—¿Liendres?

¿Yo? ¿Liendres? ¿Nick?

—¿Y qué es una liendre?

—Un piojo, hijo.

Mi mamá es una profesional de la salud, así que no había duda de su diagnóstico. Ella sabía cómo tratar y deshacerse de los piojos, pero no estaba contenta con el descubrimiento, porque si un miembro de la familia tenía piojos, el resto también podía contagiarse. Todos iban a tener que pasar por una revisión y el tratamiento en caso de que también tuvieran piojos.

Mamá debe haberse sentido horrorizada, pero yo estaba encantado de saber al fin lo que me estaba molestando. Probablemente estaba más contento que nadie de tener piojos. Los prefería, y gracias, Señor, por permitirme saber que no estaba loco.

Mi mamá compró el tratamiento contra los piojos en la farmacia, pero primero debíamos saber de dónde venían. Encontrar la respuesta no fue difícil, pero fue bastante asquerosa. Seguimos los piojos hasta mi habitación.

Descubrimos que los astutos insectos entraban a través del mosquitero de la ventana. Se habían instalado en un nido de pájaros vacío debajo del alero del techo. Quitamos el nido para deshacernos de la fuente del problema. Luego, mi mamá me hizo el tratamiento con champú y jabón para limpiar a su hijito, lo que marcó el final de esas agitadas y espeluznantes sensaciones faciales.

PASE LO QUE PASE

DESGRACIA MÉDICA

No muchas personas pueden sentir esas criaturas tan diminutas arrastrándose sobre ellas. Luego de esta situación, todos corroboramos que yo tenía una piel hipersensible. Desafortunadamente, este alto nivel de hipersensibilidad también me hacía poner el grito en el cielo si se acercaba alguien vestido con un delantal blanco y una aguja hipodérmica.

Muchas personas les temen a las agujas. A nadie le gusta que le apliquen una inyección. Me caracterizo por desmayarme por el simple hecho de hablar de inyecciones. Obviamente, estaba destrozado a medida que se acercaba el día. Tenía los nervios de punta y luego casi había llegado al límite debido a una confusión con los horarios. La noche anterior a la colonoscopía debes tomar un laxante para limpiar el colon. Si alguna vez te hiciste este estudio, sabrás lo horrible que es. Incluso si nunca te lo hiciste, probablemente te imaginarás lo fea que es esta experiencia.

Esa cosa sabe a polvo de tiza mezclada con leche cortada, y el efecto de beber ese mejunje putrefacto hace que incluso hasta la persona más orgullosa se humille en medio de un apuro.

Hice mi tarea la noche anterior, y sobreviví al resultado adecuado pero indeseable. Al día siguiente me sentía como un buen soldado. Me armé de valor e hice lo que debía. El turno de la colonoscopía era a las once de la mañana. Quería asegurarme de tener la dirección correcta, así que, para quedarme tranquilo, llamé al consultorio del médico un par de horas antes del turno.

¡Me asusté cuando la secretaria me dijo que no tenía ningún registro de mi turno ese día! ¿Había estado la mitad de la noche haciendo la limpieza y ahora me decía que no tenía ningún turno?

271

"Yo me limpié, así que voy a ir de todos modos", le dije. Pueden no haber estado listos para mí, pero yo estaba listo para ellos.

El ayudante del doctor dijo que habían estado tratando de admitirme para la colonoscopía virtual, pero estaban preocupados por el hecho de que había usado el purgante equivocado para el procedimiento. Después de debatir un poco, decidieron que una limpieza era una limpieza, al fin y al cabo.

Ya estaba listo para irme. ¡Qué alivio! No quería volver a tomar ni una sola gota de esa espantosa poción. Por primera vez en mi vida, estaba feliz de ver a mi doctor. Obviamente, estaba delirando. No va a volver a suceder.

UNA AMENAZA SERIA

Cuando me dijeron que la colonoscopía virtual sería dolorosa, supuse que se referían a un "dolor virtual", no a un dolor real. Estaba equivocado. El dolor fue intenso. Vuelvo a decirlo, tal vez esto debiera ir debajo del título "demasiada información", pero básicamente te llenan de aire para hacerte las radiografías. Me sentía como un globo humano, y esa no fue una situación agradable.

Quedé aliviado cuando terminó, pero no por mucho tiempo. Durante el procedimiento descubrieron la fuente del dolor que había estado sintiendo, y representaba una seria amenaza. Tenía un tumor en la vejiga, de un tamaño considerable, que pendía del tronco que está unido a la pared superior de la vejiga. Era muy extraño, y eso lo hacía más escalofriante.

También fue una conmoción. El médico dijo que tendrían que extirpar todo el tumor para determinar si era cancerígeno o benigno. Eso significaba otra cirugía y más desafíos para mi inusual cuerpo. Esta vez me administraron la anestesia a través de una máscara. También encontraron una vena para la intravenosa en el pie.

Por supuesto que estábamos todos preocupados. Lo estaba por mis padres, que ya estaban lidiando con el cáncer que amenazaba la vida de mi papá. Y también por Kanae, porque ya tenía demasiado cuidando a nuestros pequeños hijos.

Estaba agradecido de que fuéramos una familia devota con una fe fuerte. Oramos a diario para darle gracias a Dios por sus bendiciones, así que cuando aparecen los desafíos no nos sentimos como los cristianos interesados que solo están cuando las cosas marchan bien. Las líneas ya están abiertas y atentas a nuestras llamadas, como dicen los infomerciales.

Mi esposa oró mucho, mis padres y mis hermanos, otros parientes y amigos oraron, y yo también. Parecía ser que necesitábamos todas esas oraciones, y quizá algunas más. Me realizaron la cirugía a las nueve de la mañana, cerca de mi casa, en California. Luego de que me dieron el alta, pensé que lo peor ya había pasado.

No tendríamos el resultado de la biopsia por varios días, así que lo único que podía hacer era recuperarme y esperar. La primera noche en casa noté sangre en la orina y dolor al orinar, pero el doctor me había dicho que eso era de esperar.

La preocupación aumentó cuando el dolor se intensificó y había coágulos visibles. No me dolían tanto como las piedras del riñón, pero realmente era doloroso.

Debo haber chillado varias veces. Bueno, grité como un alma en pena. Llamamos a las enfermeras de mi familia —mi mamá y mi hermana Michelle— para consultarles y nos dieron una orden inmediata: "¡Vayan a la sala de emergencias ya!"

DE VUELTA A LA SALA DE EMERGENCIAS

Había estado tomando agua, como me lo indicaron, pero había sangrado en la vejiga y los coágulos estaban aumentando, lo que hacía que la vejiga se expandiera. Entiendes la escena, ¿no? Mi pobre cuerpito se estaba convirtiendo en un globo de agua y estaba a punto de explotar.

Nos rescató de una larga espera en la sala de emergencias una amiga de la familia, la misma enfermera que había ayudado a que mi padre recibiera una rápida atención en su visita a la misma sala. Me llevó hasta donde se encontraba el doctor, que me revisó allí mismo. Me colocaron un catéter para aliviar la presión y el dolor. Luego me llevaron a una habitación para pasar la noche y poder controlar el sangrado.

Bien tarde esa noche, Michelle vino a revisarme. Cierta vez había sido enfermera voluntaria en Africa Mercy [Misericordia por África], el buque hospital privado más grande del mundo, así que había visto de todo. Cuando Michelle revisó la bolsa de drenaje de orina, se asustó. Estaba llena de sangre bien roja, y eso no era una buena señal.

Llamó a mi doctor, que se había ido a la casa. Le exigió que regresara al hospital de inmediato. Él protestó diciendo que era de esperar que saliera un poco de sangre. Michelle se puso con todo a mi favor y le dijo que sabía cómo se veía una bolsa de drenaje de orina normal, y esta no era normal.

¡No te metas con Michelle cuando se convierte en súper enfermera! El doctor regresó al hospital y vio que ella tenía razón, así que ordenó una cirugía de urgencia. Dieciséis horas después de la cirugía inicial, estaba acostado sobre una camilla de nuevo.

La presión sanguínea me estaba bajando a niveles peligrosos. El dolor que sentía superaba todos los límites. Gritaba tan fuerte que tenía la cara totalmente roja. El anestesista temía que yo me desmayara, y me colocó una intravenosa en el cuello. ¡En el cuello!

Kanae, Michelle y mis padres estaban allí, pero tuvieron que irse de la habitación debido a mis angustiantes gritos. Nunca había gritado de esa manera en toda mi vida. Nunca me había sentido tan cerca de la muerte y, definitivamente, no me sentía preparado para ella.

Sí, soy cristiano y de buena reputación, completamente preparado para una eternidad en el cielo. Eso no quería decir que estaba listo para dejar la Tierra, no con dos niños pequeños y una esposa que adoro. Pensar en dejarlos era más tortuoso que cualquier otro dolor físico que estaba experimentando.

Tenía treinta y tres años, y mi vida estaba llena de muchas bendiciones y mucho amor. Son muy extrañas las cosas que se cruzan por la mente cuando se te acerca la muerte. Tuve el raro pensamiento de que acababa de terminar un plan de diez años para mi ministerio, así que posiblemente Dios quería llevarme ahora. Entonces recordé el antiguo dicho: "El hombre propone y Dios dispone".

Yo también creía que Dios estaba exagerando con la familia Vujicic. Ya estábamos apenados por el terrible diagnóstico de mi padre. Y ahora yo mismo me sentía muy cerca de la muerte.

"Papá podría vivir más que yo", pensé. "Este no puede ser el final".

Mientras me preparaban para entrar a la cirugía, me sentí aún más asustado y aterrado. Comencé a llorar sin parar. Mi mamá se puso a mi lado y me preguntó qué me pasaba. No podía contestarle debido al dolor y al llanto. Apenas podía respirar.

La fe de mi mamá es muy fuerte. Se inclinó hacia mí y me susurró tiernamente: "No sabes si llegó tu hora, está bien, porque ¿adónde vas? Irás a un lugar mucho mejor. Entonces, ¿por qué tienes tanto miedo?".

Lo único que podía pensar era: "¡No quiero morir; esta no puede ser mi hora de irme!"

LUCHANDO POR LA VIDA

Podía decir por el rostro de mi mamá y por las serias expresiones de las enfermeras que mi vida estaba en peligro. No era un simulacro. Nick podría pasar a la historia. Alguien dijo que la presión sanguínea todavía me seguía bajando. El catéter estaba obstruido y provocaba una increíble presión en la vejiga. Tenían miedo de anestesiarme debido a que me encontraba en una situación tan delicada.

De repente, el dolor se volvió tan intenso que arqueé la espalda y salté al aire, y casi me caigo de la silla del hospital. Me ajustaron y me sacaron de la habitación en la silla.

"Quédate conmigo, mamá", le rogué. "Continúa hablándome".

Tenía miedo de morir camino a la sala de operaciones. En un momento estaba mirando las enceguecedoras luces fluorescentes del techo, y en otro, todo se había vuelto oscuro. Era surreal, como una película. ¿Acaso mi vida se estaba oscureciendo? Realmente tenía temor de cerrar los ojos, por miedo a morir o a caer en coma debido a toda la sangre que había perdido.

Me susurró:

—Ora, Nick. Sigue orando.

—Continúa hablándome, mamá. ¡No permitas que cierre los ojos!

No estaba siendo dramático. Los profesionales médicos también estaban aterrorizados. Tiempo después, mi mamá les contó a otros miembros de la familia y les dijo: "En ese momento pensé que podría perder a Nick".

Finalmente pudieron anestesiarme y colocarme una máscara. No podían hacerlo hasta que no me colocaran la inyección intravenosa. Dormí en el hospital durante dos días. Había perdido un tercio de mi sangre. Eso no es bueno para nadie, pero hasta una pequeña pérdida de sangre es un problema para mí, porque los glóbulos rojos fundamentales se producen en los huesos más grandes de nuestro cuerpo, en las piernas y los brazos. Yo no tengo esos huesos. Mi capacidad de reemplazo de sangre es mucho más limitada que la mayoría.

Justo cuando las cosas se estaban acomodando, tuve otra experiencia traumática. Las enfermeras me estaban preparando para darme una ducha caliente y así poder marcharme después a casa. Me quitaron la inyección intravenosa y la enfermera se fue de la habitación a buscar toallas. Se había ido tan solo unos segundos, cuando sentí que el pulmón izquierdo colapsaba. La sensación era como si me corriera agua helada por el pulmón. Luego, el derecho hizo lo mismo. Llamé asustado a la enfermera.

"¡No puedo respirar! ¡Tráiganme oxígeno!", carraspeé.

En segundos, el equipo de respuesta rápida se movía en manada por toda la sala. Parecía que había al menos veinte personas. Pensé que iba a entrar en shock y luego, de repente, todo el dolor del pecho había desaparecido y me sentí bien. Más tarde, el doctor me dijo que había sido un shock del nervio vago, que es un síncope producido por la baja presión sanguínea o por levantarse muy rápido después de haber estado acostado por un largo tiempo.

Esas eran mejores noticias de lo que esperaba. De hecho, más tarde ese mismo día me dieron el alta. Al llegar a casa tuve que estar en cama por diez días. El nivel de energía pasó de letargo a zombi.

Tuve que cancelar varias presentaciones y compromisos. Mi mamá vino a ayudarme. Las primeras noches durmió en mi habitación para no perderme de vista, así Kanae podía cuidar de los niños.

UNA CONVERSACIÓN CON DIOS

La primera noche en casa, soñé que estaba cubierto de sangre en un campo de batalla, pero no era mi sangre. Tenía brazos y piernas y estaba vestido como un infante de marina. Estaba ayudando a un amigo a apilar los sacos de arena en una trinchera. Estábamos atascados en el lodo. Se escuchaban disparos de armas y explosiones de bombas. Luego, una nube descendió a tan solo unos centímetros del suelo, y entre la nube y yo surgió una figura que brillaba como una majestuosa rosa dorada que llenaba el cielo.

Sabía que era Dios Padre, me habló con una voz asombrosa y convincente: "Necesito que vengas a casa. Te necesito aquí arriba. Ven por favor".

Tenía un tono de profunda preocupación y urgencia, como el de un padre que llama a un hijo debido a una urgencia familiar: "Necesito que vengas a casa ahora".

En el sueño, yo alzaba las manos y preguntaba: "¿Qué quieres decir?".

La voz de Dios me imploraba de nuevo: "Te necesito aquí arriba. Ven por favor".

Eso tenía que ser un sueño, porque luego me volví más atrevido con Dios Padre. No puedo imaginarme haciendo eso de verdad. Señalé el atroz campo de batalla a mi alrededor y le dije: "Me necesitas aquí, no allá". Luego, me di vuelta y me moví como dando un golpe, como si dijera: "No me molestes. Tengo trabajo que hacer".

Aun en el sueño, regresé a la trinchera y a los pocos segundos se escuchó el sonido de un disparo; la bala me dio en la espalda y me entró en el pecho. Luego me desperté respirando de forma asustada y pesada, y todo lo que podía pensar era en lo maravilloso que era escuchar la voz de Dios, que era tan hermosa, y en los colores de las nubes. Entonces mi mente y mi corazón se agitaron y me pregunté qué significaba ese sueño.

No sé lo que significa. Les conté a mi papá y a mi tío Batta. Uno de ellos dijo: "Tan solo le dijiste a Dios que quieres continuar con tu trabajo en la Tierra en lugar de irte a casa con él".

No sé cuánto significado deberíamos darles a los sueños. Este fue muy poderoso, lo cual es comprensible, debido a que acababa de sufrir una experiencia emocional traumática. Quizá Dios me estaba enviando un mensaje. Tal vez me estaba diciendo que él también cree en la importancia de mi misión para inspirar a otros a creer en él y seguirle.

Gracias al Señor, el resultado de la biopsia que habían tomado de la vejiga dio negativo. Nuestras oraciones fueron respondidas, lo que significó que oramos aún más dando gracias. Mi tío Batta, que siempre es una fuente de sabiduría, dice que incluso hasta el menor de los problemas puede convertirse en uno muy grande si no hay oración rodeándonos. Definitivamente, desplegamos una cadena de oración por este desafío. Deseo que todos continúen orando por mí. Es probable que al menos me operen una vez más para corregir los problemas que todavía tengo debido a la formación de la cicatriz.

Le agradezco a Dios por permitirme continuar con su obra aquí y le pido su ayuda, porque dependo de él, así como todos nosotros lo hacemos en esta vida.

FORTALEZA PARA SUPERAR LA ADVERSIDAD

De joven pensaba que Dios me guiaría a través de cualquier problema porque yo quería hacer su obra. En los últimos años aprendí que Dios también permite que pase por problemas para probar mi fe. Durante los últimos años, vengo sintiendo como si hubiese atravesado valles y enfrentado varios incendios en lo personal y en lo profesional. Ciertamente no disfruto ser probado, pero tengo que reconocer que en la fe soy más fuerte que antes.

El pensamiento de la fortaleza que crece a través de la adversidad me vino a la mente hace poco, después de una experiencia con un muchacho trabajador que contratamos para quitar unos enormes árboles que colgaban sobre la casa donde vive la mamá de Kanae en Dallas. Uno de los árboles estaba muerto y había que cortarlo de raíz. El otro era un árbol hermoso, pero tenía algunas ramas muy grandes que representaban una amenaza.

Esmeralda estaba preocupada de que dañaran la casa en caso de que hubiera vientos fuertes y tormentas. Cuando la visitamos, le ofrecí buscar ayuda para encontrar a alguien que quitara esas ramas amenazantes.

Algunos amigos me recomendaron a este muchacho; lo llamaré Lorenzo. Era un jardinero delgado y de baja estatura, que manejaba un enorme camión con un gran tráiler lleno de cortadoras de césped y de equipo para podar árboles. Esperábamos que trajera un grupo de trabajadores porque estos tres árboles eran muy grandes. En cambio, Lorenzo vino solo.

Miré el árbol y luego lo miré a él, y me pregunté cómo podría hacer semejante trabajo él solo. Pensé que nos estaba dando un costo aproximado. Pero después de acordar el precio, que era bastante razonable, fue al camión y tomó algunas sogas y una motosierra.

Creí que tal vez había tomado la soga para atarse y asegurarse al árbol, pero la usó para atarse la motosierra a la cintura. Luego comenzó a escalar el enorme árbol muerto como si fuera una ardilla humana. Llegó a la parte más alta, encendió la motosierra haciéndola rugir y enseguida las ramas estaban cayendo del cielo.

¡Uuuuaaaa... *pum!*

¡Uuuuaaaa... *pum!*

Era obvio que Lorenzo sabía lo que estaba haciendo, porque en menos de media hora no quedaba nada más que el tocón de un árbol muerto. A su alrededor había pilas de ramas y troncos. Luego siguió cortando las ramas y los troncos y los colocó en su tráiler para llevárselos.

El cielo se oscureció con nubes amenazantes, así que pensé que guardaría todo y volvería otro día para podar el otro árbol. Cuando miré por la ventana para verlo, lo vi observar el cielo y luego el árbol.

Antes de que yo saliera, colocó una escalera sobre la casa y subió al techo, otra vez con la motosierra colgando de la soga sujeta a la cintura. Sin descuidar ningún movimiento, encendió la motosierra y cortó una rama tras otra, asegurándose de que cayeran al piso y no sobre la casa.

Uaaauaaa... uaaauaaa.

Veinte minutos después estaba en el piso cortando los trozos para apilarlos en el tráiler. Cuando el ruido de la motosierra cesó, salí a pagarle.

—¡Eres valiente y trabajas muy rápido! —le dije en español—. No sé cómo hiciste todo tú solo.

Lorenzo sonrió mientras se secaba el sudor de las cejas y del cuello con un pañuelo.

—Le pedí a mi equipo que trabajara conmigo, pero me dijeron que venía una tormenta. Así que decidí hacerlo yo mismo —respondió.

Le dije que estábamos impresionados por lo duro y lo rápido que trabajaba, y me contestó contándome la siguiente historia.

"Cuando tenía seis años comencé a trabajar en el campo de mis padres en mi país natal, y mi responsabilidad era cuidar de las cabras. Yo las sacaba a pastar. No había árboles allí, así que cada vez que se ve acercaba una tormenta, no había ningún lugar donde esconderse. A veces caía granizo. Ser golpeado por el granizo es el peor dolor de mi vida. Gritaba, el cuerpo se me llenaba de moretones, pero aun así mantenía a las cabras juntas y las protegía. Aprendí a lidiar con el dolor, y eso me hizo fuerte. Ahora no tengo temor a trabajar en cualquier condición".

Cuando Dios nos pone a prueba, y nuestras oraciones pidiendo fortaleza son respondidas, salimos más fuertes en la fe y en el carácter. Salimos más preparados para los problemas que siguen. Lorenzo escaló ese árbol con la confianza de un hombre que ha aguantado muchas tormentas desde su niñez. Físicamente es fuerte, sí, pero lo es aún más en fe y en carácter.

Todos enfrentamos tormentas. Tenemos meses buenos y meses malos, años buenos y años malos. La forma en que nos manejamos en los peores momentos determina cómo nos va en los tiempos mejores.

Nunca voy a decirte que Dios quiere que seas rico. Nunca voy a decirte que Dios quiere que tengas una vida cómoda. He leído demasiadas señales en la Biblia que dice que debemos estar preparados para las tormentas y las pruebas. Necesitamos tomarlas con gozo porque las tormentas producen paciencia y fe.

El apóstol Pablo le pidió a Dios que le quitara el aguijón de la carne tres veces. ¿Qué le dijo Dios? "Te basta con mi gracia, pues mi poder se perfecciona en la debilidad". Como respuesta, Pablo escribió: "Por lo tanto, gustosamente haré más bien alarde de mis debilidades, para que permanezca sobre mí el poder de Cristo" (2 Corintios 12:9).

De la forma en que entiendo este pasaje, Pablo tenía visiones y revelaciones que podrían haberlo hecho sentir orgulloso o vanidoso, pero el aguijón en su cuerpo era un recordatorio para que permaneciera humilde. Muchos cristianos han especulado acerca de que el aguijón de Pablo en realidad era una metáfora de una enfermedad, que Dios usaba para recordarle al apóstol que la buena salud es una bendición y que todos necesitamos orar y pedir la fortaleza de Dios.

No te sientas victimizado por la mala salud o por los tiempos difíciles, en cambio, utiliza esas épocas para edificar tu fe y orar más que nunca. El beneficio adicional será el maravilloso ejemplo que serás para otros como un cristiano cuya fe solo se hace más fuerte cuando es probada. La gracia de Dios es suficiente. Su poder se perfecciona en nuestra debilidad.

Mi deseo es que, cuando termines de leer este libro, te sientas más fortalecido como cristiano, y que te haya inspirado a recurrir a tu fe cuando te enfrentes a los problemas. También deseo que te animes a compartirla con aquellos que aún no se han unido a caminar con el Señor Jesucristo. En estas páginas, leíste muchos ejemplos sobre las distintas maneras en que puedes hacerlo. Espero que algunos te hayan inspirado a encontrar la tuya, para que tú también algún día puedas pasar por las puertas del cielo rodeado de las personas que alistaste para que se unan a esta gozosa vida eterna.

PREDICAR EL EVANGELIO

ÚLTIMAS NOTICIAS SOBRE NICK

El 2017 fue un año muy especial en toda Europa, porque se realizaron muchos festejos por los quinientos años de la Reforma protestante. Debido a este acontecimiento histórico, tuve la oportunidad de dar charlas en países como Italia, Francia, Suiza, Bielorrusia y Ucrania, donde pude hablar y predicar el evangelio a millones de personas a través de la televisión y de una plataforma de internet.

Mientras escribía las últimas palabras de este libro, seguía sintiendo el cambio de horario, sin embargo, me preparaba para hablar ante cuatro mil estudiantes en Sochi, Rusia. Ya había dado una conferencia en Kiev, Ucrania. Allí, se habían reunido ochocientas mil personas en Jreshchátyk, la calle principal, mientras que otros miles miraban por televisión. El mensaje fue traducido a veinte idiomas a lo largo de otros veintiséis países.

A mi lado en el escenario en Kiev se encontraba mi querido amigo Joseph Bondarenko, a quien considero como parte de mi familia. Joseph le contó a la multitud el motivo por el cual la Reforma era importante para él. Unas décadas atrás, había sido el "más buscado" por la KGB por causa de su fe. Lo arrestaron no muy lejos de ese mismo escenario y lo encarcelaron. ¡Qué cierre era este para Joseph, mi hermano en Cristo, que ahora proclamaba que Jesús es el Señor y compartía su testimonio, cerca del lugar mismo donde lo habían arrestado!

Al finalizar mi charla, pregunté si alguien deseaba comenzar su viaje de fe con Jesús como Señor y Salvador. Calculamos que cuatrocientas mil personas levantaron las manos en Kiev, como demostración de arrepentimiento por los pecados y pidiéndole a Dios que tomara el control de sus vidas. Además de esta respuesta increíble y emocionante, me pregunto cuántas otras personas que estaban mirando a través de la televisión también tomaron esa decisión.

Mi esposa, Kanae, y yo iniciamos ese día hablando por teléfono; los dos lloramos, porque no había ninguna garantía de que los terroristas no irrumpieran en medio de la reunión. El escenario estaba rodeado por edificios muy altos con muchas ventanas que me dejaban expuesto a posibles tiradores. Sabemos que siempre existe la posibilidad de que nos llamen del cielo de forma inesperada; ese día definitivamente imaginé el peor escenario posible. Pero caminamos dando un paso a la vez, y Dios siempre nos da ánimo y fe.

En Ucrania, tuve el honor de trabajar con un grupo de organizadores que se reunieron para obtener el permiso del gobierno. Los mismos organizadores también me ayudaron a ir a Ucrania en el 2016 para reunirme con representantes del gobierno y encabezar una oración con todos ellos de rodillas. Ese acontecimiento también se vio por televisión. Luego, la emisora televisiva nos informó que de la programación que habían tenido durante los últimos cinco años, ese segmento de ocho minutos con los miembros del gobierno nacional fue el programa más visto de todos.

Es un verdadero milagro poder entrar en países donde el gobierno y los medios de comunicación nacionales me abren los brazos y me reciben para compartir mi historia.

Me encanta 1 Corintios 1:27 que dice: "Pero Dios escogió lo insensato del mundo para avergonzar a los sabios".

Sabemos que Dios puede usarnos a todos, y cada uno de nosotros tiene una historia. Deseo que la mía te infunda fe y valor para que veas lo que Dios puede hacer en ti y a través de ti, que veas que él realmente es el Dios de lo imposible.

EL ÁLBUM

Vi a Tyrone Wells en concierto varias veces y fui testigo de cómo sus canciones mueven el espíritu de aquellos que lo escuchan. Él es cristiano, pero sus letras describen su fe y esperanza en Jesús sin nombrarlo. Tyrone es un gran amigo mío ahora, y en el 2010, nuestro ministerio se embarcó en un gran proyecto y grabé una de sus canciones: "More" [Más].

Realizamos un video musical para la canción y lo titulamos "Something More" [Algo más], con la esperanza de que muchas personas sean tocadas e inspiradas. Pude incorporar al video un mini testimonio, y hasta ahora más de seis millones de personas lo vieron por YouTube. Los comentarios positivos han hecho que todo el proyecto valga la pena.

Debido a que sé que Dios usa las historias para dar fe, nuestro equipo reunió a algunos amigos —Jon Phelps, Tyrone Wells, Jordan Frye y Kellen Mills— para escribir canciones juntos. Y ahora, mi sueño de lanzar un álbum es una realidad. Aprender la manera en que se crean las canciones me llevó a un nivel de pasión completamente nuevo por la música y la apreciación de cómo Dios puede "descargar" las canciones.

Luego, por casualidad, mientras hablaba por teléfono con el editor de mi libro, me preguntaron si podía escribir una canción sobre "ser las manos y los pies". ¡El editor no tenía idea de que yo había comenzado a trabajar para hacer un álbum! Estaba tan emocionado que respondí: "¡Por supuesto!". Así que junto con Tyrone y Jordan, esta es la letra que cobró vida:

MANOS Y PIES

Él puede tomar tus piezas rotas
Puede hacerlas bellas
Si tan solo vieras lo que él ve

Él puede sanar un corazón herido
Puede encontrarte en la oscuridad
Si tan solo vieras lo que él ve

    Dios, toma mis manos y mis pies
    Puedes tener todo mi ser
    Ven, sé mi todo
    Jesús

    Tú eres el Príncipe de paz
    Tú liberas a los cautivos
    Tú eres mi todo
    Jesús

En este lugar de desesperación
En busca de algo real
Hay un amor que lo cambia todo

Permíteme ser un reflejo

    Cuando el mundo me mire

Sé, Jesús, el único al que vean
Poder amar a aquellos en necesidad
De la manera en que tú me amas a mí

Esperamos lanzar el álbum, titulado *Brighter World* [Un mundo más brillante], en el 2018, y le pedimos a Dios que muchas personas sean tocadas por las historias detrás de cada canción.

AGRADECIMIENTOS

Las palabras no alcanzan para agradecerle a mi agente literario, Dupree Miller & Associates; a mi editorial, WaterBrook; y a mi escritor fantasma, Wes Smith, por haber creído en mí y ayudarme a plasmar las palabras en los libros que fueron traducidos a más de cincuenta y cinco idiomas. Estoy muy agradecido a todos aquellos que creyeron al comienzo en mi ministerio cuando empecé a predicar siendo un adolescente en Australia, y a todos aquellos que me ayudaron a mudarme a los Estados Unidos para fundar Vida sin Extremidades [LWL, por sus siglas en inglés] en el sur de California: George Miksa y Elizabeth Gavrilovic como fundadores, y mi tío Batta Vujicic como miembro del consejo fundador. Dios también usó a David Price para financiar las actividades de LWL durante el primer año, y así se convirtió en miembro del consejo. Gracias al equipo de LWL por todo el apoyo y el trabajo duro durante los años de altibajos.

Estoy asombrado por lo lejos que hemos llegado como ministerio. Dios nos acercó a personas clave: miembros del consejo, miembros de la junta asesora, un increíble equipo, el entrenador del equipo de Aria, aquellas personas que a diario oran por nosotros, aquellas que constantemente nos apoyan financieramente, los coordinadores mundiales, y más.

Quiero agradecer a cada persona que ha orado por nuestro ministerio y que cree en lo que Dios nos ha llamado a hacer. Estamos muy agradecidos de que Dios nos siga subiendo a escenarios y colocando en caminos para romper barreras y crear puentes entre las personas y la esperanza y el amor de Jesucristo. Estamos agradecidos a todas las iglesias que me permiten compartir mi testimonio en persona y transmiten el mensaje en simultáneo a lo largo y a lo ancho. Agradecemos especialmente a las iglesias del sur de California que nos dieron un apoyo valeroso y lleno de fe en nuestros alcances evangelísticos en la carpa nueva.

Y también me alegra el hecho de estar armando bibliotecas de videos y de subtitularlos en diferentes idiomas. Y estoy agradecido por el ministerio en las cárceles, así también como el evangelismo que llevan a cabo nuestros amigos de Desafío Juvenil. Gracias a Misiones Estudiantiles Una Voz y a su colaboración para formar más clubes bíblicos en escuelas públicas intermedias y secundarias, así como a preparar a las iglesias para movilizarse como misioneros en los recintos escolares.

Estoy agradecido a Actitud es Altitud [AIA, por sus siglas en inglés], que me hace llegar a lugares en los que no podría predicar el evangelio. Una gran bendición para mí y mi familia es mi hermano, Aaron, que nos ayuda a enfrentar estas oportunidades de charlas motivacionales a través del mundo, incluyendo el entrenamiento y la enseñanza. También estamos desarrollando una empresa de recursos educativos y estamos trabajando para ser parte de la industria cinematográfica.

Todo lo que hago es plantar semillas de esperanza, fe y amor. Ya sea a través de una película o una canción, al hablarles a los estudiantes sobre el *bullying*, o al dirigirme a los gobiernos y hablarles sobre la integración en la sociedad de niños con capacidades especiales, lo hago de todo corazón y enfocado en que, a través de todas las cosas, las personas sean llevadas a la verdad de una vida llena de propósito en Dios.

Al mirar a mi familia, estoy agradecido por el amor que he recibido en mi vida. Sin embargo, no hay nadie a quien le agradezca más que a mi alma gemela, Kanae. Se me caen las lágrimas cada vez que salgo de gira, porque estoy asombrado de la persona que ella es. Hace poco, en la iglesia, mientras el pastor hablaba sobre la tentación y los frutos del Espíritu, le dije que realmente me había casado con una mujer santa. Se rio y me contestó: "¡Ay, cariño! No soy santa". Pero quiero que sepas lo bendecido que soy por haberme casado con una mujer que es lo más cercano a ser santa. Ella es mi roca y mi todo, y me lleva más cerca de Dios. Nos amamos mucho, y sabemos que emprendimos juntos esta increíble travesía, junto con dos hijos... ¡y dos más para cuando leas estas palabras!

Kanae, te amo con todo mi corazón. Eres y siempre serás mi mejor amiga y el mejor regalo que jamás podría haber imaginado. ¡Es una enorme bendición pasar la vida contigo y ver a Dios moverse en nuestras vidas y a través de nosotros!

Nick Vujicic

es un evangelista, orador motivacional y director de Vida sin Extremidades, organización sin fines de lucro que difunde el evangelio de Jesús y ayuda a aliviar el dolor en el mundo. Nick habla regularmente a multitudes sobre cómo superar los obstáculos y alcanzar los sueños. Es invitado frecuente de programas de televisión, tales como *CBS Sunday Morning*, *LIFE Today* y *Oprah's Lifeclass*. Además, es anfitrión de su propio programa radial. Nick nació en Australia y ahora vive en el sur de California con su esposa, Kanae, y sus hijos.